普通高等学校"十四五"规划旅游管理类精品教材
高等学校旅游管理类专业产教融合系列规划教材

总主编 ◎ 吴忠军

旅游规划原理

Lü You GuiHua YuanLi

主　编 ◎ 吴忠军　徐尤龙
副主编 ◎ 吴思睿　关秋红

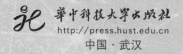

中国·武汉

内容提要

本教材主要讲述旅游规划的基本概念、发展历程、编制程序、编制类型、基础理论与编制方法,以及旅游资源、旅游市场、旅游市场定位、旅游空间布局、旅游产品规划、旅游设施规划、旅游保障体系规划、旅游规划的管理与实施等内容。本教材综合当前旅游规划经典教材和相关学术研究成果,结合国家相关法律法规、政策标准和优秀旅游规划案例,注重课程思政、产教融合和信息技术应用,具有较强的理论性和实践指导价值。本教材适合作为旅游管理专业旅游规划类课程教材,也适合作为旅游管理类师生和旅游规划从业者旅游规划理论学习的参考书。

图书在版编目(CIP)数据

旅游规划原理/吴忠军,徐尤龙主编. —武汉:华中科技大学出版社,2023.6
ISBN 978-7-5680-9541-9

Ⅰ. ①旅… Ⅱ. ①吴… ②徐… Ⅲ. ①旅游规划 Ⅳ. ①F590.1

中国国家版本馆 CIP 数据核字(2023)第 111718 号

旅游规划原理　　　　　　　　　　　　　　　　　吴忠军　徐尤龙　主编
Lüyou Guihua Yuanli

策划编辑:王　乾
责任编辑:张　琳　刘　烨
封面设计:原色设计
责任监印:周治超
出版发行:华中科技大学出版社(中国·武汉)　　电话:(027)81321913
　　　　　武汉市东湖新技术开发区华工科技园　　邮编:430223
录　　排:华中科技大学惠友文印中心
印　　刷:武汉科源印刷设计有限公司
开　　本:787mm×1092mm　1/16
印　　张:18.75
字　　数:441 千字
版　　次:2023 年 6 月第 1 版第 1 次印刷
定　　价:59.80 元

本书若有印装质量问题,请向出版社营销中心调换
全国免费服务热线:400-6679-118　竭诚为您服务
版权所有　侵权必究

前言
Preface

"旅游发展,规划先行"。科学合理的规划是旅游目的地发展的第一步,不经规划的开发必然是盲目而低效的。习近平总书记在北京市规划展览馆考察时曾强调:"规划科学是最大的效益,规划失误是最大的浪费,规划折腾是最大的忌讳。"习近平总书记的话同样适用于旅游规划。

我国的旅游规划始于1979年,迄今已有四十多年的发展历程。自2003年《旅游规划通则》(GB/T 18971—2003)国家标准颁布以来,已实施二十多年。旅游规划由无到有,理论和实践都取得了长足的发展。陈传康、郭来喜、卢云亭等老一辈专家为我国的旅游规划实践做出了许多有益的探索,邹统钎、吴必虎、马勇、陆林、冯学钢、马耀峰、唐代剑、杨晓霞等一批学者先后出版了旅游规划相关教材或专著,为旅游规划的教学和研究奠定了基础。

然而,旅游规划理论与实践结合不紧密的问题依然突出。随着"多规合一"、文旅融合、全域旅游等国家政策和旅游新业态发展的推动,原有的旅游规划教材已不能满足人才培养和业界需求。本教材博采众长,与时俱进,理论与实践相结合,主要讲解旅游规划编制的基本理论与方法,力图打造成我国旅游规划理论教学和指导规划实践的经典教材。

本教材具有以下特色及创新之处:

一是注重思政引领,与课程思政相结合。本教材致力于回答如何"与时俱进科学编制旅游规划",以响应习近平总书记提出的"规划科学是最大的效益"。综合当前我国旅游规划经典教材和相关学术研究成果,结合国家相关法律法规、政策标准和优秀旅游规划案例,为国家培养德才兼备的旅游规划专门人才。

二是注重产教融合,与旅游规划企业共同编写教材。依托桂林理工大学文化旅游现代产业学院,与该学院共建单位——桂林市七颗星旅游景观规划设计有限公司合作,邀请关秋红副总经理参与教材编写,并大量采用该公司的优秀旅游规划案例,以提升教材的科学性和实践指导性。

三是注重信息技术应用,线上与线下相结合。为了拓展知识面,本教材收集了大量旅游规划案例,采用扫码查看的方式,增强对知识点的理解;将理论与实践相结合,丰富阅读体验;为了检验和巩固学习效果,本教材每章设置若干二维码测试题,以练促学。

  本教材由桂林理工大学旅游与风景园林学院的吴忠军教授和徐尤龙副教授担任主编,由桂林理工大学艺术学院的吴思睿讲师和桂林市七颗星旅游景观规划设计有限公司的关秋红副总经理担任副主编。本教材共分为11章,编写分工如下:吴忠军教授负责第一章、第五章、第十一章;徐尤龙副教授负责第四章、第七章、第八章、第十章;吴思睿讲师负责第三章、第六章,关秋红副总经理负责第二章、第九章。全书由吴忠军和徐尤龙负责统稿和审稿。桂林理工大学旅游与风景园林学院研究生陈嘉仁、杨宗升、王诗意、李文媛、彭安近、明瑶、黄维、朱丽芬、李竹韵参与了本教材的资料收集、初稿撰写和修改校对等工作。华中科技大学出版社为本教材的顺利出版贡献良多,尤其感谢负责沟通协调等工作的王乾编辑。

  教材是传播文明成果的平台,是连接理论与实践的桥梁,是人才培养的核心。教材质量的好坏关乎教育根本、国之大计。站在前人的肩膀上,希望本教材能有所精进,但由于编者时间和水平的限制,本书存在不足之处在所难免。在规范引用学者们学术成果方面,也可能存在疏漏之处。欢迎全国旅游院校师生及社会各界人士提出宝贵的修改意见。在此一并感谢。

编者

于桂林理工大学屏风校区

2022年9月8日

目录
Contents

第一章　旅游规划概述 /001

第一节　旅游规划的概念与作用 /002
一、基本概念 /002
二、旅游规划的分类 /005
三、旅游规划的原则 /007
四、旅游规划与其他规划的关系 /009
五、旅游规划的作用及意义 /011

第二节　旅游规划的发展历程 /012
一、国外旅游规划的发展历程 /012
二、我国旅游规划的发展历程 /013
三、旅游规划的发展趋势 /016

第三节　旅游规划的要求 /017
一、旅游规划的编制要求 /017
二、旅游规划的技术要求 /017
三、旅游规划的伦理道德要求 /019

第四节　旅游规划的编制程序 /020
一、确定编制任务和编制单位 /020
二、组建规划编制班子 /021
三、旅游规划编制 /022
四、旅游规划评审与实施 /024

第二章　典型旅游规划的编制 /026

第一节　旅游发展规划的编制 /027
一、旅游发展规划的概念 /027
二、旅游发展规划的任务 /027

三、旅游发展规划的内容　　/027
　　四、旅游发展规划的成果要求　　/030
　　五、旅游发展规划的要点　　/031
第二节　旅游区规划的编制　　/031
　　一、旅游区概念性规划的编制　　/032
　　二、旅游区总体规划的编制　　/033
　　三、旅游区控制性详细规划的编制　　/038
　　四、旅游区修建性详细规划的编制　　/042
第三节　旅游专项规划的编制　　/045
　　一、旅游专项规划概述　　/046
　　二、典型旅游专项规划的一般要求　　/047
　　三、全域旅游规划的编制　　/048
　　四、乡村旅游规划的编制　　/051

第三章　旅游规划的基础理论　　/055

第一节　利益相关者理论　　/056
　　一、利益相关者理论概述　　/056
　　二、旅游规划的利益相关者构成　　/057
　　三、旅游规划的利益相关者协调途径　　/058
　　四、利益相关者理论在旅游规划中的应用　　/059
第二节　旅游系统理论　　/060
　　一、旅游系统的概念　　/060
　　二、旅游系统的构成　　/061
　　三、旅游系统理论在旅游规划中的应用　　/061
第三节　旅游地理学理论　　/062
　　一、区位理论　　/062
　　二、旅游地生命周期理论　　/064
　　三、区域空间结构理论　　/066
　　四、地域分异规律理论　　/067
　　五、景观生态学理论　　/068
第四节　旅游经济学理论　　/069
　　一、产业竞争力理论　　/069
　　二、增长极理论　　/071
　　三、体验经济理论　　/072
　　四、门槛理论　　/074
第五节　可持续发展理论　　/076
　　一、可持续发展的内涵　　/076
　　二、实现可持续发展的基本原则　　/076
　　三、旅游可持续发展的目标　　/077

四、可持续发展理论在旅游规划中的应用　　/077

第四章　旅游规划的编制方法与技术　/081

第一节　旅游规划的编制方法　　/082
　　一、问题导向的旅游规划编制方法　　/082
　　二、目标导向的旅游规划编制方法　　/085
　　三、社区参与导向的旅游规划编制方法　　/085
第二节　旅游规划的编制技术　　/088
　　一、旅游规划的资料收集与分析方法　　/088
　　二、旅游规划的技术支撑　　/093

第五章　旅游资源分类、调查与评价　/098

第一节　旅游资源分类　　/099
　　一、旅游资源分类的相关概念　　/099
　　二、旅游资源分类的原则　　/100
　　三、旅游资源分类的对象　　/100
　　四、旅游资源分类的方案　　/101
第二节　旅游资源调查　　/102
　　一、旅游资源调查的内涵、目的与要求　　/102
　　二、旅游资源调查的原则与类型　　/102
　　三、旅游资源调查的内容　　/104
　　四、旅游资源调查的方法　　/105
　　五、旅游资源调查的程序　　/106
第三节　旅游资源评价　　/109
　　一、旅游资源评价的概念　　/109
　　二、旅游资源评价的原则　　/109
　　三、旅游资源评价的内容　　/110
　　四、旅游资源评价的方法　　/114

第六章　旅游市场调查、定位与预测　/121

第一节　旅游市场调查　　/122
　　一、基本概念　　/122
　　二、旅游市场调查的内容　　/122
　　三、旅游市场调查的方法　　/124
　　四、旅游市场调查的程序　　/126
第二节　旅游市场定位　　/128
　　一、旅游市场定位概述　　/128

二、旅游市场细分　　/130
　　三、旅游目标市场选择　　/132
第三节　旅游市场预测　　/135
　　一、旅游市场预测的概念　　/135
　　二、旅游市场预测的原则　　/136
　　三、旅游市场预测的内容　　/136
　　四、旅游市场预测的方法　　/136
　　五、旅游市场预测的程序　　/139

第七章　旅游定位、发展战略与空间布局

/142

第一节　旅游定位　　/143
　　一、旅游定位的概述　　/143
　　二、旅游主题形象定位　　/144
　　三、旅游功能定位　　/147
　　四、旅游发展目标定位　　/148
　　五、旅游产业定位　　/151
　　六、旅游产品定位　　/152
　　七、旅游性质定位　　/153
第二节　旅游口号设计　　/153
　　一、旅游口号的概念和作用　　/153
　　二、旅游口号的设计原则　　/155
　　三、旅游口号的创意模式　　/156
　　四、旅游口号的评价方法　　/159
第三节　旅游发展战略　　/159
　　一、普遍性战略　　/160
　　二、针对性战略　　/162
第四节　旅游空间布局　　/164
　　一、旅游空间布局的概念与原则　　/164
　　二、旅游空间布局的内容　　/165
　　三、旅游空间布局的方法　　/166
　　四、旅游空间布局的表达方法　　/168
　　五、旅游空间布局的模式　　/169
　　六、典型旅游区的旅游功能分区　　/171

第八章　旅游产品、项目与线路规划　/178

第一节　旅游产品规划　　/179
　　一、旅游产品的概念　　/179

二、旅游产品的分类　　/179
　　三、旅游产品规划设计的原则　　/181
　　四、旅游产品规划设计的方法　　/181
第二节　旅游项目策划　　/182
　　一、旅游项目的概念　　/182
　　二、旅游项目主题创意　　/182
　　三、旅游项目策划的内容　　/183
　　四、旅游项目控制　　/184
第三节　旅游线路设计　　/186
　　一、旅游线路的类型　　/186
　　二、旅游线路设计的必要性　　/188
　　三、旅游线路设计的原则　　/189
　　四、区域旅游线路的设计　　/189
　　五、旅游区游览线路的设计　　/190
第四节　旅游商品规划　　/190
　　一、旅游商品概述　　/190
　　二、旅游商品规划的原则　　/192
　　三、旅游商品规划的要点　　/194

第九章　旅游设施规划　　/197

第一节　旅游基础设施规划　　/198
　　一、旅游交通规划　　/198
　　二、通信规划　　/202
　　三、供电规划　　/203
　　四、给排水规划　　/205
第二节　旅游服务设施规划　　/208
　　一、旅游住宿设施规划　　/208
　　二、旅游餐饮设施规划　　/210
　　三、旅游娱乐设施规划　　/211
　　四、旅游购物设施规划　　/213
　　五、游览设施规划　　/213
第三节　旅游解说系统规划　　/214
　　一、旅游解说系统概述　　/215
　　二、旅游景区解说系统的规划设计　　/217

第十章　旅游保障体系规划　　/226

第一节　"三区三线"与旅游用地规划　　/227
　　一、国土空间规划中的"三区三线"　　/227

二、旅游用地规划　/228

第二节　旅游容量规划　/230
一、旅游容量的概念　/230
二、旅游容量的测算方法　/230
三、旅游容量的应用　/235
四、旅游容量的调控对策　/235

第三节　旅游资源与环境保护规划　/237
一、旅游资源保护规划　/237
二、旅游环境保护规划　/241

第四节　旅游人力资源规划　/245
一、旅游人力资源规划的相关概念　/245
二、旅游从业人员的类型　/246
三、旅游人力资源需求预测　/247
四、旅游人力资源规划的内容　/248

第五节　旅游投融资规划　/250
一、旅游投资　/251
二、旅游融资　/255

第十一章　旅游规划的管理与实施　/261

第一节　旅游规划管理　/262
一、旅游规划立项管理　/262
二、旅游规划招投标管理　/262
三、旅游规划衔接和论证管理　/267
四、旅游规划评审管理　/268
五、旅游规划成果管理　/270

第二节　旅游规划实施　/272
一、旅游规划实施的主体　/272
二、旅游规划实施的内容　/273
三、旅游规划实施的要求　/274
四、旅游规划实施的影响评估　/274
五、旅游规划实施效果评估　/275

参考文献　/280

第一章
旅游规划概述

学习引导

人类有为未来谋划的习惯。"凡事预则立,不预则废"。在我们的社会发展中有许多规划,例如《全国主体功能区规划》《全国国土规划纲要(2016—2030年)》《中华人民共和国国民经济和社会发展第十四个五年规划和2035年远景目标纲要》等。这些规划和文件为我们指明了发展蓝图,对优化资源配置、促进区域协调和可持续发展起到重要的作用。"旅游发展,规划先行"。用规划指导开发,用理论指导实践。本书致力于回答如何科学编制旅游规划。那么,什么是规划?什么是旅游规划?旅游规划有什么作用?旅游规划经历了哪些发展历程?旅游规划的要求有哪些?旅游规划的编制程序是什么?这一章就来探讨这些问题。

学习目标

(一)知识目标
1. 了解:旅游规划的发展历程和编制程序。
2. 理解:旅游规划的作用与要求。
3. 掌握:旅游规划的概念与分类。

(二)能力目标
1. 能够辨别旅游规划的类型。
2. 能够按照旅游规划的要求和编制程序从事旅游规划实践。

(三)价值塑造目标
1. 认识到从事旅游规划工作的价值、科学精神与崇高使命。
2. 遵守旅游规划的相关法律、法规、标准和伦理道德规范。

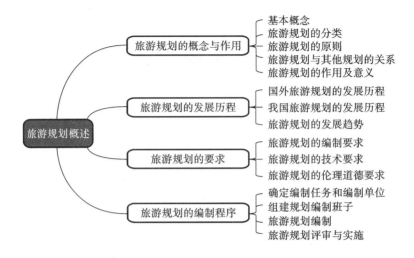

第一节　旅游规划的概念与作用

一、基本概念

(一) 规划

什么是规划（planning）？在古汉语中，"规"本义为校正圆形的器具，后来引申为规划、打算等，《淮南子·说山训》中有"事或不可前规，物或不可虑，卒然不戒而至"。在现代汉语中，规划是指"较全面或长远的计划"（《辞海》编委会，1999），是个人或组织针对特定对象未来整体性、长远性、基础性问题的思考和谋划，并在此基础上设计未来整套行动的方案。

在汉语中，与"规划"意思相近的一个词是"计划"。规划与计划既有区别又有联系，规划具有长远性、全局性、战略性、方向性、概括性，而计划具有短期性、具体性、战术性、执行性、操作性。总的来说，计划是规划的延伸与展开，规划里面包含着若干个计划。

在英语中，与规划相对应的英语词汇主要有 plan、planing、program、project 等，其中最常用的是 planing，意指"提前安排某种措施"（Fowleretal，1990）。

伯恩斯坦（1980）总结了规划的三个基本特征：必须与未来有关；必须与行动有关；必须由某个机构负责促进这种未来行动。

常见的规划类型有城市规划、风景名胜区规划、国土空间规划和环境保护规划等。从规划的目标看，城市规划的主要目标是创造有序的城市生产和生活空间，环境规划的主要目标是实现社会经济与环境的协调发展。规划的过程如图 1-1 所示。

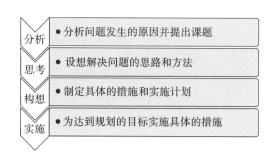

图 1-1　规划的过程示意图

(资料来源：马勇、李玺《旅游规划与开发》，高等教育出版社，2018年版。)

(二) 旅游规划

1. 旅游规划的定义

国内外学者关于旅游规划(tourism planning)给出了多个定义。具有代表性的定义有如下几种。

墨菲(Murphy，1985)认为，旅游规划是预测与调整系统内的变化，以促进有序的开发，从而提升旅游发展所产生的社会、经济与环境效益。

冈恩(Gunn，2004)认为，旅游规划是对旅游制定的规划行动和方案，以实现四个旅游发展目标：提高游客满意度；提高经济效益，改善企业状况；可持续地利用资源；社区与地区的整合。

杨晓霞、向旭(2013)认为，旅游规划是对某一区域内未来旅游系统的发展目标和实现方式的整体部署过程。

马勇和李玺(2018)将旅游规划总结为：以调查评价为基础、以预测和管理为手段、以优化和持续发展为目的，在旅游系统发展现状调查评价的基础上，结合社会、经济和文化的发展趋势以及旅游系统的发展规律，以优化总体布局、完善功能结构以及推进旅游系统与社会持续发展为目标的战略设计和实施的过程。

综合上述关于旅游规划的定义，结合旅游规划本身的特点，本教材主要采纳冯学钢等(2011)关于旅游规划的定义：旅游规划是根据规划对象的特性，结合旅游市场的需求，筹划未来旅游发展蓝图，并对整个旅游系统进行优化配置和科学部署的行动方案。

2. 旅游规划的内涵

综观国内外关于旅游规划的定义，结合我国的实际情况，可以大致得出以下共识(唐代剑等，2016)：

(1)旅游规划的现实根据是旅游规划地的旅游资源、发展条件和客源市场等状况。

(2)旅游规划的对象是旅游规划地的旅游系统。

(3)旅游规划的内容是对旅游资源、旅游环境、旅游设施和旅游服务等旅游系统要素的统筹安排。

(4)旅游规划的目的是显著提升游客的旅游体验质量和满意度，改善旅游企业状况，实现旅游规划所在地的经济效益、社会效益、生态环境效益最优化和可持续发展。

(5)旅游规划的工作性质是一种设想、部署和安排。

知识链接 1-1

3. 旅游规划的特征

旅游规划具有科学性、艺术性、政策性、目的性、系统性、层次性、地域性、时效性等属性特征。

(1)科学性。

旅游规划要面向未来、指导行动,而科学性事关规划的成败。旅游规划的科学性主要表现在三个方面:一是旅游规划编制的程序要科学,完整的旅游规划一般按照策划、可行性研究、概念性规划、总体规划、控制性详细规划、修建性详细规划等流程进行;二是编制旅游规划的方法要科学,旅游规划需要科学的理论支撑、科学前瞻的理念引领和科学的保障体系;三是编制旅游规划要有科学的态度,如实事求是、保持好奇心、勇于探索等。

(2)艺术性。

旅游规划的艺术性体现在规划的创造性,创新创意是旅游规划的关键。旅游规划要用艺术的眼光发现美,用艺术的素养绘就美,用艺术的手法创造美(刘锋,2013)。

(3)政策性。

旅游规划容易受政策的影响。旅游规划要顺应和落实国家与地方的旅游发展政策,而旅游规划本身也是政府政策的体现。

(4)目的性。

旅游规划是对特定时空旅游系统的统筹安排,有明确的规划范围、规划时限和目标任务。旅游规划的目的主要有三种:一是加强旅游地管理,保护旅游资源和环境;二是指导旅游开发,防止盲目性和无序建设;三是协调利益关系,完善旅游产业结构。

(5)系统性。

旅游规划的对象是旅游规划地的旅游系统,包含多方面的内容,需要系统优化。旅游规划本身也是一个系统工程,需要集思广益、多方协调。

(6)层次性。

旅游规划既有规划等级和规划范围的层次性,也有规划内容和规划深度的层次性。不同层次的旅游规划,其要求和侧重点有所差异。

(7)地域性。

旅游规划既是对某一特定地域旅游发展的规划,又是需要挖掘和彰显地域特色的规划。旅游规划要因地制宜,推动当地旅游发展。

(8)时效性。

旅游业是一个快速发展、不断变化、时尚性强的产业。旅游规划要能够紧跟时代的步伐,总体目标要有战略性、长期性,但项目建设、近期目标要具有针对性、灵活性。一个规划只能解决旅游地某个阶段面临的主要问题。时移势迁,旅游的供求矛盾会发生变化,旅游规划也需要及时更新。一般而言,旅游总体规划不超过20年,旅游区修建性规划不超过5年。其间,可根据各地的实际情况进行适当修订。

4. 旅游规划相关概念辨析

有两个概念与旅游规划关系密切,分别是旅游开发和旅游策划。

(1)旅游规划与旅游开发的关系。

旅游开发一般是指为发挥、提升旅游资源对游客的吸引力,使得潜在的旅游资源优势转化成为现实的经济效益,并使旅游活动得以实现的技术经济行为(马勇等,2018)。旅游开发的实质,是以旅游资源为"原材料",通过一定形式的挖掘、加工,达到满足旅游者的各种需求,实现各种资源要素的经济、社会和生态环境价值的目的。

总的来说,旅游规划是旅游开发的蓝图,旅游开发是推动旅游规划落地的重要环节。旅游规划是实施方案,旅游开发是建设过程。在处理旅游规划和旅游开发的关系时,要坚持"先规划,后开发"的原则。

(2)旅游规划与旅游策划的关系。

旅游策划是立足创新思维和创意,整合各种旅游业相关资源、信息和技术,动态地把握旅游市场规律,并通过科学分析方法和艺术手段,致力于引领和拓展旅游市场发展,实现旅游产品与旅游市场的最优匹配,开展对旅游业整体、要素和专项问题靶向的系列创新策划活动及其所拟定的原创方案或提升方案(江金波等,2018)。旅游策划与旅游规划的区别表现在以下三个方面。

①方案性质不同。旅游策划是决策方案,是无中生有;旅游规划是行动方案,是系统优化。

②思维模式不同。旅游策划是战术性、创造性思维,旅游规划是战略性、科学性思维。策划注重创意性、创造性和艺术性,规划注重战略性、逻辑性和技术性。

③先后顺序不同。一般而言,旅游策划在前,旅游规划在后。旅游规划中含有旅游策划,如旅游项目策划、旅游形象策划、旅游市场营销策划等。

罗兹柏(2014)认为,旅游策划与旅游规划的关系应是:策划引导规划,规划支撑策划,策划落实规划,两者可相互联系、相互渗透、相辅相成、融为一体。只有由策划统筹的旅游规划,才能成为具灵魂性、血肉性与经营性,可真正实现旅游发展目标的旅游规划。

二、旅游规划的分类

(一)按空间尺度分类

按空间尺度来分,可以将旅游规划分为国际旅游规划、国家旅游规划、地区旅游规划(一般指一国内部涉及多个地区的跨区域旅游规划,如《东北地区旅游业发展规划》)、省级旅游规划、市县级旅游规划、乡村旅游规划、旅游区规划和旅游景区(点)规划。

(二)按时间尺度分类

按时间尺度来分,可以将旅游规划分为近期旅游规划(1~5年)、中期旅游规划(6~10年)和远期旅游规划(10年以上)。

1. 近期旅游规划

近期旅游规划的规划期限为1~5年。近期旅游规划的不确定因素比较少,可以比较准确地预测规划期内各种因素的变动及影响情况。近期旅游规划需要对中远期旅游规划的各项任务予以具体的数量表现,并对实现规划目标的各项措施作出具体的安排。例如《宁夏全域旅游发展三年行动方案(2016—2018年)》《浙江省旅游业发展"十四五"规划》。

一般将规划期限为一年的旅游规划称为年度旅游计划。年度旅游计划内容比较详细和准确,是实现近期旅游规划目标的具体执行计划。

2. 中期旅游规划

中期旅游规划的规划期限为6~10年,主要任务是解决旅游发展中的一些重大问题,如发展战略、发展速度、旅游布局、发展目标等。例如《广西十万大山生态旅游发展规划(2021—2030)》。

3. 远期旅游规划

知识链接 1-3

远期旅游规划的规划期限在10年以上,是具有战略性、预见性和纲领性的旅游规划,不确定的因素比较多,对中短期旅游规划具有指导作用。例如《太行山旅游业发展规划(2020—2035年)》《本溪水洞国家级风景名胜区总体规划(2021—2035)》。

(三)按旅游规划的内容分类

1. 旅游发展规划

旅游发展规划按照范围划分为全国旅游发展规划(如《"十四五"文化和旅游发展规划》)、区域旅游发展规划(如《粤港澳大湾区文化和旅游发展规划》)和地方旅游发展规划。其中地方旅游发展规划又可分为省级旅游发展规划(如《广西"十四五"文化和旅游发展规划》)、地市级旅游发展规划(如《青岛市"十四五"旅游业发展规划》)和县级旅游发展规划(如《阳朔县"十三五"旅游业发展规划》)等。

2. 旅游区规划

旅游区规划是某一旅游区的综合性规划。根据规划和内容深度不同,旅游区规划又可以分为旅游区总体规划(如《阳朔十里画廊遇龙河景区生态旅游示范区总体规划》)、旅游区控制性详细规划(如《中国阳明文化园控制性详细规划》)和旅游区修建性详细规划(如《高迟梯田健康养生度假区修建性详细规划(2015—2019)》)。

3. 旅游专项规划

旅游专项规划可根据实际需要编制,主要包括旅游项目开发规划、旅游线路规划、旅游投融资规划、旅游地建设规划、旅游营销规划、旅游区保护规划、旅游公共服务规划等,如《广西旅游民宿发展规划(2020—2025年)》。

(四)按规划的性质分类

1. 旅游发展战略规划

旅游发展战略规划一般是指一国(或地区)对其旅游发展带有全局性、长远性、根本性和方向性的谋划和行动纲领。旅游发展战略规划是从更加宏观的视角来指导旅游的发展,综合考虑整体利益,解决旅游业发展的方向性问题,如《河南省"十四五"文化旅游融合发展规划》。

旅游发展战略规划有两个主要内容:一是旅游发展的战略目标,主要包括旅游发展所要达到的数量指标、增长速度、产业结构的变化、技术进步,以及提高旅游经济效益和社会综合效益的要求等;二是实现旅游发展战略目标的对策、途径和手段,即战略重点、战略举措等。简而言之,旅游发展战略规划所要解决的问题是"做正确的事",以及"正确做事的关键"。

2. 概念性旅游规划

概念性规划最早出现于建筑规划中,是指注重构思,不以实际建造为目的,不受或少受到实际建造的客观条件限制,不受原则或纲领约束的纯研究或探讨性、理想化的规划设计。马勇等(2020)认为,概念性旅游规划是适应现代旅游业对市场变化的要求,综合运用各种科学技术手段,以根据旅游地的资源特点与优势定位的原则,而提出的一种具有创造性和前瞻性的旅游规划手段。概念性旅游规划是一种在理想状态下对旅游开发地旅游业发展的未来的前瞻性把握和创造性构思,其内容以结构上、整体上的概要性谋划为主(王建军,2001),如《桂林红色文化旅游概念性规划》《广西东兴国家重点开发开放实验区珍珠湾国际旅游区概念性规划》。

3. 旅游建设规划

旅游建设规划是指导具体旅游项目建设活动的规划。与旅游战略规划相比,旅游建设规划基本不考虑旅游发展的战略性问题。这类规划的重点是旅游项目的场址选择和规划设计,包括项目规划、景观设计和建筑设计等具体规划内容,例如《遇龙河创建国家AAAAA级旅游景区提升规划》。

(五)按规划的权威等级分类

按规划的权威等级来分,可以分为上位规划、下位规划和等位规划。以《广西"十四五"文化和旅游发展规划》为例,国家《"十四五"文化和旅游发展规划》是上位规划,《桂林市"十四五"文化和旅游发展规划》是下位规划,《广西教育事业发展"十四五"规划》是等位规划。

旅游规划上下位区分和权威等级应遵循的原则:国家高于地方;长期高于短期;综合高于专项;强制高于指导。

我国规划类型多、级别多,功能各异。为了形成规划合力,避免规划之间相互矛盾、难以实施,中共中央、国务院《关于统一规划体系更好发挥国家发展规划战略导向作用的意见》(中发〔2018〕44号)明确规定:要坚持下位规划服从上位规划、下级规划服务上级规划、等位规划相互协调,建立以国家发展规划为统领,以空间规划为基础,以专项规划、区域规划为支撑,由国家、省、市、县各级规划共同组成,定位准确、边界清晰、功能互补、统一衔接的国家规划体系。

(六)国家标准分类方案

2003年发布实施的《旅游规划通则》(GB/T 18971—2003)国家标准将我国的旅游规划分为两大类:旅游发展规划和旅游区规划(见图1-2)。

三、旅游规划的原则

旅游规划应遵循的原则主要有六个。

(一)任务导向原则

旅游规划应有明确的目的和任务,针对特定规划对象、规划时限和规划性质,诊断规划对象(旅游目的地或旅游景区)存在的问题,提出目标任务、发展对策和保障措施。

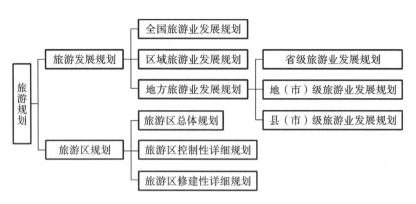

图1-2 《旅游规划通则》的分类方案

一般而言,旅游产品是旅游规划的核心内容。因此,旅游规划常以优化旅游产品体系为主导任务。

(二)突出特色原则

在旅游规划中,要挖掘当地特有的旅游资源,尽可能突出旅游资源特色,从战略上认识所拥有资源的优势,并通过开发措施强化其独特性,从而形成强大的吸引力和完整独特的旅游形象。如清明上河园以名画《清明上河图》1∶1复建,通过各种演艺和表现形式打造全国最大的宋文化主题公园,从而成为中原地区文旅融合的一个经典样本,吸引了海内外游客的到访。

(三)科学可行原则

旅游规划要实事求是,有前瞻性、创新性,提出的方案具有可操作性,项目能落地。旅游规划是为了指导未来的旅游开发建设,所以旅游规划要对市场发展趋势有准确的判断,适度超前,满足人们对优质旅游的需求。

(四)协调优化原则

旅游规划的本质是协调和优化旅游系统内外部各要素之间的关系,包括供求关系、功能分区、项目布局、线路设计等方面。旅游规划也要注重与上位规划或相关规划的协调,如旅游规划要注重与国土空间规划、自然保护地规划、文化遗产保护利用规划等规划的协调。

(五)效益兼顾原则

在旅游规划与开发中,要坚持经济效益、社会效益和环境效益兼顾。通过旅游资源规划开发,使潜在的旅游资源变成旅游产品,从而创造经济效益,并有助于调整区域产业结构,带动相关部门和行业发展。同时,通过发展旅游业扩大就业,促进国际和地区间的经济技术合作与文化交流,产生良好的社会效益。对旅游资源科学合理地开发利用,可以使自然资源和人文资源得到必要保护,从而产生良好的环境效益。

(六)可持续发展原则

旅游规划必须兼顾局部利益和全局利益、短期利益和长远利益,合理安排资源开发的序次,实现旅游资源的永续利用。对于那些不会破坏旅游资源和环境的项目,要以开发利用为主,可以大力开发建设;对于稀缺的、不可再生的旅游资源,应以保护为主,在不破坏资源的前提下,实施科学的有限开发策略。

四、旅游规划与其他规划的关系

知识拓展 1-1

(一)与国民经济和社会发展规划的关系

国民经济和社会发展规划,是我国社会主义现代化战略在规划期内的阶段性部署和安排,主要阐明国家或地方战略意图、明确政府工作重点、引导规范市场主体行为,是经济社会发展的宏伟蓝图,是全国各族人民共同的行动纲领,是政府履行经济调节、市场监管、社会管理、公共服务、生态环境保护职能的重要依据。国民经济和社会发展规划是区域发展的综合性规划,因此对于其他各类和各级的规划均具有约束性,其他规划的制定都应该以区域的国民经济和社会发展规划为依据。

旅游规划是区域国民经济和社会发展规划的重要组成部分。两者的区别在于,国民经济和社会发展规划是从区域社会经济发展的目标、发展预测和发展方针三方面来约束区域发展的;而旅游规划则是从产业或微观的角度来揭示区域内旅游发展的内在规律,研究制定相应的旅游发展目标、发展战略以及预测旅游发展趋势,并对旅游发展过程中的旅游资源开发与保护、旅游基础设施建设、旅游服务质量保证体系以及人力资源开发保障等内容进行规划。可见,区域国民经济和社会发展规划与旅游规划的关系是一种综合与专项或宏观与微观的对应关系。

(二)与国土空间规划的关系

过去,我国关于空间方面的规划类型较多,并由多个部门分头管理,造成了规划协调难、管理难、落实难等问题,严重阻碍了规划作用的发挥。为此,国家将2018年机构改革前的主体功能区规划、土地规划、城乡规划等规划合并成新的规划类型——国土空间规划。它是对一定区域国土空间开发保护在空间和时间上作出的安排。

《中共中央国务院关于建立国土空间规划体系并监督实施的若干意见》(中发〔2019〕18号)指出:国土空间规划是国家空间发展的指南、可持续发展的空间蓝图,是各类开发保护建设活动的基本依据。建立国土空间规划体系并监督实施,将主体功能区规划、土地利用规划、城乡规划等空间规划融合为统一的国土空间规划,实现"多规合一",强化国土空间规划对各专项规划的指导约束作用,是党中央、国务院作出的重大部署。

国土空间规划体系包含"五级三类",即国家、省、市、县、乡(镇)等五级,总体规划、详细规划、相关专项规划等三类(见图1-3)。国家、省、市、县编制国土空间总体规划,各地结合实际编制乡镇国土空间规划。相关专项规划是指在特定区域(流域)、特定领域,为体现特定功能,对空间开发保护利用作出专门安排,是涉及空间利用的专项规划。国土空间总体规划是详细规划的依据、相关专项规划的基础;相关专项规划要相互协同,并与详细规划做好衔接。

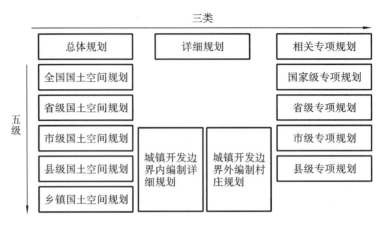

图 1-3 "五级三类"国土空间规划示意图

(资料来源:吕连琴《旅游规划》,郑州大学出版社,2021年版。)

在国土空间规划体系中,旅游区规划根据规划空间层次和项目落地细化程度的不同,可归入相关专项规划或详细规划。它必须以空间总体规划为依据,在空间规划的约束框架内进行编制。同时,要做好与其他专项规划的衔接和协调。

(三)与交通规划的关系

交通规划是城市或区域总体规划中的一个组成部分。狭义的交通规划指以汽车为主要运输工具的交通,广义的交通规划包括公路、航空、铁路、水路"四位一体"的立体交通格局。交通规划按时限分,有长期规划和短期规划两种。长期规划着重在贯彻新的交通政策、筹划新的交通系统和道路网、改变现有设施,期限一般为 15~20 年;短期规划着重在发挥现有设施的作用。

交通作为区域旅游产业发展的基础,其现状和发展情况对区域旅游业的发展速度有相当大的影响。道路交通设施的建设往往需要较长的周期和较大的资金投入,而旅游业一旦在区域形成则会以燎原之势迅猛发展,对旅游地包括旅游交通设施在内的各种旅游基础设施提出相当大的需求。如果区域旅游交通网络不能适应旅游业的发展,将会成为区域旅游业发展的"瓶颈"。因此,在进行区域旅游交通规划时就应采取适当超前于当前旅游业发展的策略,为未来旅游业的良性发展铺好路。

(四)与农业产业规划的关系

农业产业规划是对一个国家或地区的农业产业整体及其内部各层次产业发展的全面的、长远的计划。农业产业规划的主要任务是对区域内农业产业的发展方向、发展目标、发展思路、发展重点(包括环节重点和区域重点)和发展途径进行系统设计,获取最大的经济、社会和环境效益。旅游规划,尤其是乡村旅游规划和休闲农业规划,必须以农业产业规划为基础,充分利用种植业、畜牧业和林业优势,提高土地集约利用效能,将旅游产业布局与农业产业布局和农业技术选择相结合,将乡村旅游发展与休闲农业、高效现代农业紧密结合,促进当地农村经济的发展。

(五)"多规合一"的规划体系

"多规合一"是指在一级政府一级事权下,强化国民经济和社会发展规划、国土空间规划、环境保护规划、农业规划、交通规划等各类规划的衔接,确保"多规"确定的保护性空间、开发边界、城市规模等重要空间参数一致,并在统一的空间信息平台上建立控制体系,以实现优化空间布局、有效配置土地资源、提高政府空间管控水平和治理能力的目标。"多规合一"并非要把多种规划统一到一张图上,而是要统筹协调多种规划,把多种规划统一到相同的标准体系中,建立各种规划之间的协调衔接机制。各类规划应从综合角度加强各规划间的有效衔接与协调,上下级规划间解决好"引导性"与"实施性"问题,同级规划间解决好"发展性"与"限制性"问题,"政策性"与"功能性"问题。

旅游规划与国民经济和社会经济发展规划、国土空间规划、环境保护规划、自然保护地规划、文化遗产保护利用规划、交通规划等其他各类规划存在着相互指导、相互依赖、相互作用的关系,它们既相互交叉又有区别。旅游规划应该融入"多规合一"的体系,并随着外界环境的变化而不断地调整,从而促进旅游系统的整合,促进发展与建设两方面的整合,促进各种规划之间的衔接,促进多学科的融合,促进区域旅游竞争力的提高,实现旅游可持续发展。

五、旅游规划的作用及意义

(一)旅游规划的作用

旅游规划在合理保护和利用旅游资源、指导旅游开发、满足人们日益增长的旅游需求和保障区域旅游可持续发展等方面有着不可替代的作用。从经济学的角度来看,旅游规划是调节旅游供求关系的有效手段,有助于优化产品供给和促进供给侧结构性改革,满足多样化的旅游需求,提升旅游体验质量。旅游规划经政府相关部门审批后,是该区域进行旅游开发、建设的依据。

吴人韦(2000)将旅游规划的作用总结为六点:一是吸取人类文明的经验教训;二是确定旅游发展的合理目标;三是催化旅游系统要素的相互整合;四是规避旅游系统的发展风险;五是修正旅游发展的目标偏离;六是维持旅游系统的稳定运行。

马勇、李玺(2018)将旅游规划的功能总结为四个方面:一是在市场中合理配置旅游资源;二是制定区域旅游发展的战略目标;三是推进区域相关部门的协作,以实现旅游规划中的土地利用调整、旅游交通规划、公共服务设施安排、基础设施协调规划、劳动教育与科技安排、产业政策与管理机制调整等专项内容;四是保障区域旅游可持续发展。旅游规划能在遵循旅游自身系统规律的前提下,通过预先谋划和及时调整旅游系统的耦合结构,来维持区域旅游可持续发展所必经的内部变化,抵御环境变化所带来的风险,保证区域旅游发展的可持续性。

邓昭明等(2018)认为区域旅游规划有助于:优化国土开发空间格局,引导区域均衡发展;推进资源节约集约利用;促进自然生态系统的保护;助力生态文明制度建设。

综合学者们的研究成果和旅游规划的特性,旅游规划的作用主要体现为五个方面:

综合分析,合理保护和利用旅游资源;科学定位,满足人们日益增长的旅游需求;统筹安排,合理配置旅游发展资源要素;沟通协调,推进区域相关部门的协作;指导开发,保障区域旅游可持续发展。

(二)法定旅游规划的意义

2013年4月25日,全国人民代表大会常务委员会发布了《中华人民共和国旅游法》(以下简称《旅游法》)。《旅游法》中专设"旅游规划和促进"一章,明确规定了旅游发展规划的编制主体、规划内容、规划原则、规划衔接、规划评估等内容。《旅游法》的出台是旅游规划发展史上一个重要的里程碑和一个重大的转折点。其主要意义在于旅游规划的地位和作用首次在国家法律层面得到了认可和保障。《旅游法》明确了国务院和县级以上人民政府组织编制旅游发展规划的责任,要求将旅业发展纳入国民经济和社会发展规划。这意味着今后国家层面和地方层面的旅游发展规划将以国务院和地方政府的名义予以公布。旅游规划将与现行的其他空间规划管理体系共同承担起促进区域空间科学开发与规范建设的责任。旅游规划的法定化成为研究旅游规划科学性和艺术性的前提和基础。时任国家旅游局规划财务司司长吴文学(2013)认为法定旅游规划的现实意义和历史意义重大:一是确立了旅游规划的法律地位;二是增强了旅游规划的法律效力;三是完善了旅游规划的执行机制;四是对旅游行政管理部门提出了新的要求。

第二节 旅游规划的发展历程

一、国外旅游规划的发展历程

旅游规划兴起于西方发达国家,是旅游产业发展到一定阶段的产物。国外旅游规划总体上经历了四个发展阶段,分别是兴起阶段(20世纪初至60年代)、推广阶段(20世纪70年代)、快速发展阶段(20世纪80年代)和深入发展阶段(20世纪90年代至今)。

(一)兴起阶段(20世纪初至60年代)

国外旅游规划从微观起步。1904年,法国人在越南北部编制的沙巴度假村规划,是目前发现的最早的旅游规划。20世纪30年代,英国、法国、爱尔兰等国出现了微观的旅游规划,主要是为酒店、旅馆等旅游设施或项目做基础性的市场评估和选址。

1959年,美国夏威夷州编制的《夏威夷州规划》首次突出旅游规划内容,被视为现代旅游规划编制的标志。到了20世纪60年代,英国、法国相继出现了正式的旅游规划。1963年,联合国大会强调了旅游规划的重大意义。

冈恩(Gunn)是最早参与旅游规划实践的学者,提出了旅游发展规划的概念。这一时期的代表性旅游规划成果为罗奥艾·沃尔夫1960年发表的《安大略旅游地》。

(二)推广阶段(20世纪70年代)

这一阶段的特点是旅游规划受到多个国家和国际组织的认同,并开始推广和普及旅游规划。

在这期间,世界旅游组织贡献卓著:1970年以来,世界旅游组织积极推动旅游规划的发展,参与了菲律宾、斯里兰卡、尼泊尔、肯尼亚等国家的旅游规划编制工作。

20世纪70年代旅游规划的代表性成果有世界旅游组织的《综合规划》和《旅游发展规划调查》,前者为发展中国家提供了必要的技术指导手册,后者汇集了118个国家和地区的旅游管理机构和旅游规划调查结果。另外,1979年出版的冈恩(Gunn)撰写的《旅游规划》,是当时比较系统的旅游规划著作。由此,旅游规划开始进入较为正式的研究阶段。

(三)快速发展阶段(20世纪80年代)

这一阶段的特点是出现了旅游规划的修编热潮和许多旅游规划学术著作,旅游规划的理论体系基本形成,相关理论方法应用于旅游规划实践,如门槛理论、旅游地生命周期理论、社区方法、投入-产出分析法等。

这一阶段的代表性学术成果有墨菲(Murphy)的《旅游:社区方法》(1985)、盖茨(Getz)的《理论与实践相结合的旅游规划模型》(1986)、冈恩(Gunn)的《旅游规划》(第二版)(1988)、道格拉斯·皮尔斯(Douglas Pearce)的《旅游开发》(1989)、世界旅游组织出版的《国家与区域旅游总体规划的建立与实施方法》。

(四)深入发展阶段(20世纪90年代至今)

这一阶段国外旅游规划的发展现状为:旅游规划的标准程序框架基本形成,旅游规划者不仅需要考虑市场与资源的限制,国家政治经济和社会文化的情况,社区参与和利益相关者,还要考虑旅游规划的实施和资源的可持续利用。在旅游规划中,特别强调公平、有效、平衡、和谐、负责任、可适性、全面发展,以及经济文化完整性等原则。

这一阶段的代表性研究成果有爱德华·因斯凯普(Edward Inskeep)的《旅游规划:一种集成的和可持续的方法》和《国家和地区旅游规划》,以及世界旅游组织的《可持续旅游开发:地方规划师指南》和《旅游度假区的综合模式》,这些都是面向旅游规划师的理论和技术指导性著作,使旅游规划的内容、方法、程序日渐成熟。

这一阶段的代表性事件为:在1995年举行的世界可持续旅游发展大会上,颁布了《可持续旅游发展宪章》和《可持续旅游发展行动计划》,确立了可持续发展的思想方法在旅游资源保护、开发和规划中的地位,并明确了旅游规划活动需要对可持续发展的观念作出回应。

二、我国旅游规划的发展历程

我国旅游产业起步晚,旅游规划的体系、标准与规范建设都落后于城市规划。

迄今为止,我国旅游规划的发展经历了四个阶段,分别是资源导向旅游规划阶段(1979—1991年)、市场导向旅游规划阶段(1992—2002年)、旅游规划规范化发展阶段

(2003—2015年)和全域旅游规划整合阶段(2016年至今)。

(一)资源导向旅游规划阶段(1979—1991年)

这一阶段的特点是将旅游规划聚焦于旅游资源评价与开发,"百花齐放",自由发展。

这一阶段的代表性事件:1979年7月,邓小平在视察黄山时明确指示,发展黄山旅游"省里要有个规划",这是我国领导人提出编制旅游规划的开始;1979年,中国旅行游览事业管理总局(国家旅游局的前身)编制完成了《关于1980年至1985年旅游事业发展规划(草案)》,这是新中国的第一个国家级旅游规划;1985年年底,国务院常务会议决定把旅游业纳入我国国民经济和社会发展计划,确定了旅游业在国民经济中的产业地位。

中国的区域性旅游规划始于20世纪80年代。代表性的旅游规划实践成果如下:郭来喜1985年主持完成的"华北海滨风景区昌黎段开发研究",是地理专家从事区域旅游规划的范例;杨冠雄等1986年完成的"厦门旅游总体规划";陈传康1987年主持完成的"丹霞山风景名胜的旅游开发规划";郭康1988年完成的"秦皇岛市旅游总体规划";范家驹1990年完成的"上海旅游发展战略规划研究"。

这一阶段代表性的旅游规划研究成果:1986年,东北师范大学和吉林省旅游局联合编印的《旅游资源与规划》;1988年出版的卢云亭的《现代旅游地理学》,提出了旅游资源"三三六评价体系";1990年出版的丁文魁的《风景名胜区的开发与规划编制》。

这一阶段出台的相关标准规范有《风景名胜区管理暂行条例》(1985)和《旅馆设计规划行业标准》(1990)等。

(二)市场导向旅游规划阶段(1992—2002年)

这一阶段的特点是重视满足旅游市场的不同需求,走向规制,理论研究"百家争鸣"。

这一阶段的代表性事件:1992年,我国经济体制由计划经济转型为社会主义市场经济;深圳华侨城集团的系列主题公园——锦绣中华、世界之窗、中国民俗文化村、欢乐谷等的规划和开发取得了成功,使市场导向旅游规划理念深入人心,研究市场成为旅游规划的核心工作;国际旅游规划专家介入我国省域旅游规划的编制中,如四川、山东、云南、海南、甘肃、贵州、黑龙江等省相继邀请世界旅游组织的专家单独或联合编制旅游发展规划。

在旅游规划实践方面:1992年孙大明、范家驹等完成了"海南省旅游发展规划大纲",这是我国第一部省级区域旅游规划成果。城市规划带动了城市旅游规划的发展,如王兴斌1992年完成的"三亚市旅游发展战略规划"、陈传康1992年完成的"深圳市旅游发展规划"等。郭来喜等1997年编制完成了"北海市旅游业发展与布局总体规划(1997—2020)"。该规划采用当时诸多的先进技术,旅游资源普查全面,市场调查详细,是当时最系统的规划成果,为后来业界编制地方旅游发展规划提供了参考样本。

在旅游规划学术研究方面:1993年邹统钎所著的《旅游开发与规划》出版,这是国内第一部系统的旅游规划著作,1996年他的《旅游度假区发展规划:理论、方法与案例》

出版;1997年范业正完成了国内第一篇旅游规划方面的博士论文《区域旅游规划与产品开发研究》;2001年吴必虎所著的《区域旅游规划原理》出版,被誉为中国旅游规划研究领域"百科全书"式的大成之作。此外,1999年出版的吴人韦的《旅游规划原理》、2000年出版的王兴斌的《旅游产业规划指南》和2002年出版的马勇的《旅游规划与开发》都有较强的代表性。

(三)旅游规划规范化发展阶段(2003—2015年)

该阶段我国旅游规划向规范化、标准化和专项化方向发展。借鉴了城市规划编制工作的经验和教训,在体现中国旅游规划特色的同时,在技术和方法上努力实现与国际接轨,对于旅游规划行业的发展起到了积极的促进作用。

这一阶段的代表性事件:2003年,受北京、西安、上海、桂林四个城市成为中国首批向世界各国推介的最佳旅游目的地城市的影响,我国出现了建设最佳旅游目的地的热潮;2003年,我国颁布了多个与旅游规划编制相关的国家标准,如《旅游规划通则》(GB/T 18971—2003)、《旅游资源分类、调查与评价》(GB/T 18972—2003)、《旅游区(点)质量等级的划分与评定》(GB/T 17775—2003)等;2013年,《中华人民共和国旅游法》出台并颁布实施,旅游规划上升为法定规划,其地位和作用首次在国家法律层面得到了认可和保障。

旅游规划实践方面的代表性成果:我国第一个跨省域多部门联合编制的《长江三峡区域旅游发展规划》(2003);多部门联合编制的专项旅游规划《2004—2010年全国红色旅游发展规划纲要》(2004)等。

旅游规划理论研究方面的代表性成果:2004年出版的由马勇、李玺、李娟文所著的《旅游规划与开发》;2005年出版的由陆林编著的《旅游规划原理》;2008年出版的由李庆雷、明庆忠编著的《旅游规划:技术与方法》;2010年出版的由吴必虎、俞曦所著的《旅游规划原理》;2011年出版的由冯学钢、吴文智、于秋阳编著的《旅游规划》,由马耀峰主编的《旅游规划》;2013年出版的由杨晓霞、向旭主编的《旅游规划原理》。

(四)全域旅游规划整合阶段(2016年至今)

2016年,国家旅游局提出"全域旅游"发展理念,即指在一定区域内,以旅游业为优势产业,通过对区域内经济社会资源尤其是旅游资源、相关产业、生态环境、公共服务、体制机制、政策法规、文明素质等进行全方位、系统化的优化提升,实现区域资源有机整合、产业融合发展、社会共建共享,以旅游业带动和促进经济社会协调发展的一种新的区域协调发展理念和模式。全域旅游发展政策是我国旅游业从"景点旅游"向"全域旅游"转变的历史阶段的必然产物。全域旅游理念一经提出,就引起了地方政府和社会各界的强烈反响,各地纷纷创建全域旅游示范区。全域旅游示范区的创建要求促使旅游规划编制单位更新规划理念和技术。

全域旅游理念指导下的"全域旅游规划",旨在充分调动各利益相关主体力量来实现旅游目的地在经济、社会、生态等各方面协调发展、共生共荣的发展目标。全域旅游规划作为谋划全域旅游的专项规划,需推动多部门协调推进,借助"多规合一"实现"一张蓝图干到底"。

该阶段的重要政策文件有国务院办公厅发布的《关于促进全域旅游发展的指导意见》（国办发〔2018〕15号）、2019年文化和旅游部发布的《文化和旅游规划管理办法》等。

旅游规划理论研究方面的代表性成果：2016年出版的由唐代剑等所著的《旅游规划理论与方法应用》；2018年出版的由刘德谦所著的《旅游规划七议》；2018年出版的由马勇主编的《旅游规划与开发》；2021年出版的由李晓琴、朱创业主编的《旅游规划与开发》（第二版）。

三、旅游规划的发展趋势

（一）规划编制的规范化

随着政府部门对旅游规划编制的日益重视和相应旅游规划条例的出台及不断完善，旅游规划的编制过程越来越规范化。一是对规划单位和从业人员的规范，实行严格的资格审查和等级评定制度，旅游规划编制队伍将更加专业化，规划人员的知识结构更为复杂化；二是对各级旅游规划编制的规范，旅游规划的工作程序、规划内容和技术标准将更加科学化、规范化与统一化。

（二）规划技术的整合化

旅游规划整合应用科学方法和现代技术的要求越来越高，如旅游产业统计方法、生态影响评估方法、旅游市场预测方法、地理信息系统（GIS）、无人机技术、大数据技术、模型制作、动画展示、虚拟现实和增强现实技术等。

（三）规划层次的有序化

规划层次的有序化体现在三个方面：一是旅游规划要遵循由上而下的原则，作为国土空间规划下属的专项规划，要与国民经济与社会发展规划、国土空间总体规划相适应；二是旅游规划要与同一层次的相关规划做好衔接，如与交通规划、环境保护规划、服务业规划等其他规划协调，避免重复建设；三是旅游规划自身层次的合理化，从内容上表现为"旅游策划—旅游总体规划—旅游详细规划"的技术体系，从空间上遵循"区域旅游规划—旅游区规划—旅游项目规划"三级控制体系，下位规划必须以上位规划为总纲和依据。

（四）规划实施的协作化

由于旅游规划是一项跨行业、跨部门的综合行动方案，在实施过程中往往存在权责不明、协调不足等问题。因此，旅游规划在实施过程中要建立旅游发展协调机制，加强部门之间的分工与协作，共同推进旅游规划的有效实施。

（五）规划竞争的市场化

随着政府在旅游规划中直接参与程度的减弱，旅游规划编制对规范化和市场化的要求逐步提高。旅游规划编制单位确定的方式由以直接委托为主过渡到以公开招标为主，促进规划编制单位在旅游规划市场中公平竞争。

（六）旅游规划的创新化

旅游规划的创新主要包括规划理念的创新、规划项目的创新、游憩方式的创新、规划技术方法的创新。从旅游业发展的动力上来讲，是否具有创新性是评价旅游规划质量的重要指标。国家正在倡导的全域旅游、"多规合一"等，对创新旅游规划提出了新的挑战。汪德根和钱佳（2014）总结了创意时代的旅游规划体系创新，即旅游资源广泛化、旅游项目体验化、旅游产品创意化、旅游营销多元化。

知识链接 1-4

第三节 旅游规划的要求

一、旅游规划的编制要求

根据《旅游规划通则》(GB/T 18971—2003)，旅游规划编制的要求如下。

（1）旅游规划编制要以国家和地区社会经济发展战略为依据，以旅游业发展方针、政策及法规为基础，与城市总体规划、土地利用规划相适应，与其他相关规划相协调；并根据国民经济形势，对上述规划提出改进的要求。

（2）旅游规划编制要坚持以旅游市场为导向，以旅游资源为基础，以旅游产品为主体的经济、社会和环境效益可持续发展的指导方针。

（3）旅游规划编制要突出地方特色，注重区域协同，强调空间一体化发展，避免近距离不合理重复建设，加强对旅游资源的保护，减少旅游资源的浪费。

（4）旅游规划编制鼓励采用先进方法和技术。编制过程中应当进行多方案的比较，并征求各有关行政管理部门的意见，尤其是当地居民的意见。

（5）旅游规划编制工作所采用的勘察、测量方法与图件、资料，要符合相关国家标准和技术规范。

（6）旅游规划技术指标，应当适应旅游业发展的长远需要，具有适度超前性。技术指标参照《旅游规划通则》(GB/T 18971—2003)的附录 A（资料性附录）来选择和确立。

（7）旅游规划编制人员应有比较广泛的专业构成，如旅游、经济、资源、环境、城市规划、建筑等方面。

二、旅游规划的技术要求

（一）旅游规划要符合规划地相关的法律法规

由于旅游规划经过审批后具有一定的法律效力，旅游规划的编制必须遵循规划所在国或地区现行的相关法律法规。

1. 旅游规划应遵守的相关法律

《中华人民共和国旅游法》(2013 年颁布)；

《中华人民共和国环境保护法》(1989年颁布,2014年修订);
《中华人民共和国文物保护法》(1982年颁布,2017年修正);
《中华人民共和国森林法》(1984年颁布,2019年修订);
《中华人民共和国草原法》(1985年颁布,2021年修正);
《中华人民共和国土地管理法》(1986年颁布,2019年修正);
《中华人民共和国水法》(1988年颁布,2016年修正)。

2.旅游规划应遵守的相关行政法规、部门规章

《风景名胜区条例》(2006年颁布,2016年修订);
《中华人民共和国自然保护区条例》(1994年颁布,2017年修订);
《森林公园管理办法》(1994年颁布,2016年修改);
《文化和旅游规划管理办法》(2019年颁布)。

(二)旅游规划要有创造力

旅游是一项求新、求异的活动。如果旅游规划千篇一律,就无法满足游客的需求。创新是旅游规划的内在要求,创造力是旅游规划从业者的必备素质。只有具有创造力的旅游规划成果,才有实施价值和市场潜力。

(三)走合作规划的道路

旅游规划并非一门学科、一人所能胜任,合作是旅游规划编制的必由之路。旅游规划涉及众多学科专业,一个优秀的旅游规划必定是多学科综合研究、群策群力的结果。旅游规划是集体智慧的结晶,旅游规划者应与政府机关、企事业单位、私人投资者、当地居民、游客等利益相关者合作。

(四)旅游规划指标要具有弹性和发展性

旅游规划的基础是对未来发展形势的判断和预测。但影响旅游业发展的内外部条件是不断变化的。缺乏灵活性的旅游规划会造成大量的人力、物力和财力的浪费。因此,旅游规划不应该一成不变,而应当根据形势及时作出调整。所以,旅游规划中制定的指标体系应有一定的弹性,为未来发展预留一定的调整空间。

(五)旅游规划成果的规范性

我国旅游规划的成果应该符合相关标准的要求,这些标准主要如下:
《旅游规划通则》(GB/T 18971—2003);
《风景名胜区总体规划标准》(GB/T 50298—2018);
《风景名胜区详细规划标准》(GB/T 51294—2018);
《国家森林公园设计规范》(GB/T 51046—2014);
《旅游资源分类、调查与评价》(GB/T 18972—2017);
《旅游区(点)质量等级的划分与评定》(GB/T 17775—2003);
《旅游度假区等级划分》(GB/T 26358—2022);
《旅游厕所质量要求与评定》(GB/T 18973—2022);

《国家公园设立规范》(GB/T 39737—2020)。

三、旅游规划的伦理道德要求

道德准则是用来提醒个人行为是否可取,伦理则是对道德标准的寻求。旅游伦理准则是配合行政、经济和法律手段,调节旅游活动中发生的人与人之间、人与自然之间的道德和利益关系的行为规范。面对新一轮的改革,旅游业在当下中国被置于重要地位。我国旅游规划在历经资源和市场两个导向化明显的阶段后,已经进入到一个更加集成式、体系化的发展阶段。因此,需要从伦理层面和更加宏观的角度关注旅游规划中的道德约束和价值导向(冯学钢等,2014)。

(一)旅游规划者的职业伦理

坚守职业伦理是对旅游规划者的最低道德要求。旅游规划者应当在旅游规划活动中尽量保持价值中立,避免发生价值偏离。伴随社会经济文化的变化,自然环境的变迁,旅游规划者应具有历史使命感,站在更加全面客观的角度重新审视旅游规划活动。将旅游规划伦理内化为个人的内在信念,推动旅游规划伦理道德准则标准化、实践化。旅游规划既是科学,又是艺术。旅游规划者在坚持理性和道德的同时,发挥创意的力量,还原旅游规划引领旅游活动丰富人类精神生活和社会生活的本质,促进后工业化时代国民休闲的品质提升,承担当代旅游规划者应有的历史责任。

(二)旅游规划的生态伦理

以往以资源和市场为导向的旅游规划容易违背生态伦理,造成资源破坏和景观雷同等现象。旅游业提倡生态旅游、负责任的旅游和可持续旅游等旅游形式,关注旅游者、旅游从业者、旅游企业在参与旅游业活动中的伦理准则和道德行为。旅游规划强调重视生态伦理与环境伦理,坚持可持续发展原则,适度开发旅游资源,采取公众参与等手段,最终达到"天人合一"的最高境界。以往偏重"人与自然"关系的生态伦理,当前需更加注重"人与文化、遗产"的关系处理。旅游活动带来的生态环境影响往往较易察觉,而社会环境影响更加隐蔽也更加深远。旅游规划者不想看到的商业化驱逐本地原生文化现象严重且随处可见(如许多古城的旅游开发现状),当地文化生态已被破坏并且很难恢复。随着旅游功能由经济性向更广泛的社会性和文化性转变,新型城镇化过程中地域文化的保护要求更加迫切。

(三)旅游规划的社会精神伦理

旅游伦理既包含普适性伦理,又有针对自然、社区、企业、个人的伦理,伦理不限于"人与自然"的关系准则,同时也包含"人与人"关系的道德标准,也就是社会的伦理准则。因此,旅游规划伦理还需要对旅游规划中涉及的社会性、历史性、人文性要素给予同等的关注。旅游不仅是经济活动,更是社会活动,旅游活动应该促进人与人的相互理解和尊重,以及社会的和谐与进步。旅游规划应该给予旅游者和当地居民更多的人文关怀,在提升旅游者的旅游体验质量的同时,尊重和保护当地居民的惯常生活方式。

第四节　旅游规划的编制程序

旅游规划的编制程序总的来说可以分为四个环节：第一环节是确定编制任务和编制单位，第二环节是组建规划编制班子，第三环节是旅游规划编制，第四环节是旅游规划评审与实施。

一、确定编制任务和编制单位

该环节主要包括四项内容：旅游规划的可行性研究，编制旅游规划项目任务书，确定规划编制单位，签订规划编制合同。

(一) 旅游规划的可行性研究

在确定旅游规划编制任务之前，要先进行旅游规划的可行性研究，以分析开发该旅游区的必要性和可行性。研究的内容包括区域旅游开发价值、区域旅游市场前景、区域旅游投入产出分析、旅游容量测算等。

(二) 编制旅游规划项目任务书

在通过旅游规划的可行性研究论证之后，规划委托方要编制旅游规划项目任务书，以明确旅游规划任务应完成的内容。任务书的主要内容包括规划的范围与时限、规划的目标与任务、规划的内容纲要与成果要求、规划经费预算等。

(三) 确定规划编制单位

目前，国内从事旅游规划编制的单位主要有专业的旅游规划设计企业(如达沃斯巅峰、绿维文旅等)、高等院校附属的旅游规划设计院(研究所)，以及政府部门附属的旅游规划设计院、城乡规划设计院等。

委托方确定规划编制单位，通常有公开招标、邀请投标、直接委托等形式。公开招标是指委托方以招标广告的方式邀请不特定的旅游规划设计单位投标；邀请投标是指委托方采用招标邀请书的方式邀请特定的旅游规划设计单位投标；直接委托是指委托方直接委托特定的旅游规划设计单位进行旅游规划的编制工作。选择旅游规划编制单位的主要依据如下：规划单位的综合实力、汇报内容、报价等；已承担旅游规划的数量及质量，以及专家评价和社会评价；编制人员的专业背景、职称、学历等。

(四) 签订规划编制合同

旅游规划是一种经济行为。确定好编制单位后，为了明确权责、保障双方的合法权益，规划委托方应与选定的编制方签订旅游规划编制合同。合同书中必须明确规划项目的名称、性质与任务、成果形式与要求、项目完成时间、项目经费及其支付方式和时间、委托方和承担方的各项权利和义务、违约责任等。合同书中规划性质与任务、成果形式与要求等内容应符合《旅游规划通则》的相关要求。

二、组建规划编制班子

旅游规划的综合性、关联性特点,要求在组织旅游规划编制班子时,注意处理好各种关系,实现各部门、各方面专业人员的最佳组合。旅游规划编制班子一般包括旅游规划领导小组、旅游规划课题组和旅游咨询(顾问)小组。

(一)旅游规划领导小组

旅游规划领导小组一般由编制旅游规划所在地政府主要或分管领导担任组长,政府相关部门的负责人为成员。相关部门一般包括文化和旅游、自然资源、发展改革、住建规划、交通运输、生态环境、农林水利等部门。旅游规划相关部门的组成根据规划的性质、类型和任务而定。

旅游规划领导小组的主要任务如下:确定旅游规划编制的基本原则和要求;审议规划大纲、文本和图件;征求相关部门对规划编制的意见;协调规划编制过程中出现的问题。

(二)旅游规划课题组

课题组是旅游规划编制的核心队伍,其人员组成由规划对象和规划任务而定。一般而言,旅游规划课题组由核心组和外围组组成。核心组成员包括旅游规划、旅游管理、旅游策划、旅游市场、旅游经济、园林建筑、国土空间规划等方面的专业人员,队伍比较稳定;外围组成员包括公共管理、生态环境、社会学、农林水利、历史文化、民族宗教、地理地质、工程造价、旅游企业等方面的专家学者。

在旅游规划课题组的组建中要注意处理好以下三个方面的关系。

一是旅游规划专家与当地旅游管理干部相结合。对于规划地旅游业的发展情况,当地的旅游管理干部最熟悉,他们对影响旅游业发展的主要问题有切身的感受。因此,在旅游规划的过程中,需要旅游规划专家和当地旅游管理干部的密切配合。

二是旅游专家与相关学科专家相结合。旅游规划编制班子不宜由单一学科专业人员组成。除旅游专家外,还应包括经济管理、市场营销、历史文化、园林建筑、国土空间规划等方面的专家。在编制旅游规划的过程中,各学科的专家应扬长避短、优势互补。

三是本地专家与外地专家相结合。本地专家是具有地方性知识的专家学者,对当地历史和现状了解的深度和广度非外人能及。外地专家可以引入编制旅游规划的新理念和新方法,取其在市场意识、产业意识、服务意识和可持续发展意识等方面的长处。外地专家既可以来自国内,也可以来自国外。有本地专家参与,旅游规划才比较接地气;有外地专家参与,旅游规划更能出新意。实践表明,以本地或国内专家为主、外地或外国专家为辅的旅游规划编制模式效果最为理想。

(三)旅游咨询(顾问)小组

旅游咨询(顾问)小组是由委托方与受托方协商,聘请与特定旅游规划关系紧密的高水平专家。其职责是对旅游规划中出现的问题进行专业咨询,提出修改意见,帮助课题组解决一些仅凭自身难以解决的问题。

三、旅游规划编制

旅游规划编制是整个程序的核心环节,分为制订工作计划、前期资料收集与分析、旅游资源与市场调查、专题研究与补充调查、撰写旅游规划初稿、征求意见、规划成果定稿七个步骤。

(一)制订工作计划

签订旅游规划编制合同和确定课题组成员后,要围绕目标任务制定旅游规划编制的工作计划。计划内容包括:明确工作阶段、内容及进度安排,制定资料收集清单和实地调研计划,拟定规划大纲,明确人员分工等。

(二)前期资料收集与分析

资料收集是规划文本写作的第一步。收集足够丰富的资料才能作出最科学合理的规划。系统研究国家、本地区和上一级政府的旅游及相关政策法规,全面评估规划区内外自然生态环境和经济社会状况及其对规划项目的影响。旅游规划要收集的前期资料包括基础资料、旅游资料和外部环境资料三大部分。

基础资料和旅游资料都是关于规划地的内部资料,通常由旅游规划的委托方提供,外部环境资料是关于规划地外部旅游环境的资料,一般由规划课题组自行收集。基础资料包括勘察测绘资料(如地形图、行政区划图、旅游地图)、气象水文资料、历史文化资料(如地方志)、社会经济资料(如近五年统计年鉴、地方社会经济发展五年规划、年度政府工作报告)、政策法规资料(如地方性法规和政策文件)、媒体宣传资料等。旅游资料包括规划对象的旅游资源介绍图文资料,相关规划文本和图件(如旅游规划、国土空间规划、城乡规划、交通规划、环保规划等)、近五年当地旅游统计资料,已积累的旅游市场调研资料,政府主管部门及各旅游区、旅游企业的资料(如机构、人力资源、经营项目及业绩等),在建项目与计划开发项目资料,等等。外部环境资料主要是网络资料,包括国内外旅游发展动态、供求状况、竞合关系、相关案例和研究成果等。将前期收集的资料进行整理和分析,为后期规划组进行实地考察做好准备。

(三)旅游资源与市场调查

根据委托方提供的资料和线索,规划组进驻规划地现场,进行详细考察,对规划涉及的所有领域进行调查研究。

旅游资源调查是指通过实地考察、访谈等方式对旅游区的资源进行核查、分析和汇总,以获得第一手旅游资源总体情况。旅游资源调查是进行旅游规划的必备性基础工作和重要环节,既是对前期资料收集的完善补充,又能为旅游规划总体布局、功能分区、旅游产品设计和项目设计提供现场思路。

旅游市场调查是指通过问卷调查法、网络文本分析法、特定人群访谈法等方法来了解旅游市场相关情况,从而开发有针对性的旅游产品,引导旅游需求。旅游市场调查的内容主要分为客源地市场环境分析和市场需求分析两个方面，包括旅游者的旅游偏好、心理动机、行为特征、人口统计学特征、旅游市场规模、旅游市场竞合关系等。旅游市场调查的地点，既包括规划地，也包括目标客源地，有必要时还要涉及周边地区、同类地区。

通过对调查资料进行综合研究、总结、提炼，发现有价值的线索，并从规划项目基础资料的研究当中得出初步分析结论。调查研究结论要与委托方进行对接，取得共识。

（四）专题研究与补充调查

实地考察并对资料进行综合研究后，根据研究的结论确定旅游发展的总体思路，并以总体思路为指导，拟定规划大纲，确定规划重点。

根据规划人员拟定的规划大纲，针对确定的规划重点内容、重点项目展开专题研究，特别是对于针对性发展战略、旅游产品开发与项目策划、目标客源市场等，要组织专业队伍专门研究，以保证重要规划内容、重点旅游项目的科学性。专题研究实际就是对前期调研资料的应用过程和规划创意过程。

要根据项目设计的需要进行补充调查，以获得更加充分的资料与依据。补充调查一般都是围绕具体的项目展开的。补充调查既包括规划地的环境、资源等情况的深入调查，也包括同类项目或相关项目的专业考察。

（五）撰写旅游规划初稿

在充分掌握基础资料、认真研究的基础上，按照规划大纲进行规划文本的撰写。初稿撰写的主要内容包括：确立规划区旅游主题，包括主要功能、主打产品和主题形象；确立规划分期及各分期目标；提出旅游产品及设施的开发思路和空间布局；确立重点旅游开发项目，确定投资规模，进行经济、社会和环境评价；形成规划区的旅游发展战略，提出规划实施的措施、方案和步骤，包括政策支持、经营管理体制、宣传促销、融资方式、教育培训等。在上述基础上撰写规划文本和附件，绘制旅游规划草图，形成规划初稿（征求意见稿）。

（六）征求意见

旅游规划初稿完成后，应以征求意见稿的形式提交给委托方广泛征求各方意见，并在此基础上，对规划初稿进行修改完善。

首先，要征求委托方上级主管部门和本地（委托方）相关部门的意见。该环节一般采用会议方式，对无法参会的相关部门，也可以采用书面方式征求意见。

其次，召开有相关学科专业人士参加的意见咨询会，听取他们对规划草案的意见和建议。

最后，征求规划地利益相关者代表的意见。利益相关者主要包括规划区域内的企事业单位、当地居民等，对于不同的利益相关者群体分别召开座谈会，让他们充分发表意见。

向社会征求意见，要通过书面形式或设立专门的信息反馈渠道。部门意见除在征求意见会、研讨会上提出和讨论外，要形成专门的书面意见。

(七)规划成果定稿

将征集到的关于旅游规划的各种意见和建议进行梳理、归纳,经过与规划委托方讨论、磋商,规划组对规划文件进行修改,吸收合理部分,修改完善文本、图件和附件,形成旅游规划送审稿。

四、旅游规划评审与实施

根据相关规定和要求,由旅游行政主管部门会同委托方组织专家组对规划编制组(被委托方)提交的送审稿进行评审,规划编制组根据评审意见进行修改并提交最终成果(评审修订稿或终稿),经专家组审查同意后完成规划编制任务。

旅游规划终稿由旅游规划委托方按规定的程序报批,经过批准后的旅游规划具有地方性法规性质,成为指导旅游地开发的规范性文件。一般而言,旅游发展规划由当地旅游部门组织实施,旅游区规划由旅游区开发单位或项目建设单位实施。

知识链接 1-6

本章要点

(1)旅游规划是根据规划对象的特性,结合旅游市场的需求,筹划未来旅游发展蓝图,并对整个旅游系统进行优化配置和科学部署的行动方案。

(2)旅游规划具有科学性、艺术性、政策性、目的性、系统性、层次性、地域性、时效性等属性特征。

(3)旅游规划应遵循的原则主要有六个:任务导向原则、突出特色原则、科学可行原则、协调优化原则、效益兼顾原则、可持续发展原则。

(4)《旅游规划通则》(GB/T 18971—2003)将我国现阶段的旅游规划分为两大类:旅游发展规划和旅游区规划。根据规划的范围和层次,旅游发展规划分为全国旅游发展规划、区域旅游发展规划和地方旅游发展规划;旅游区规划分为旅游区总体规划、旅游区控制性详细规划、旅游区修建性详细规划。

(5)我国旅游规划的发展经历了四个阶段:资源导向旅游规划阶段(1979—1991年)、市场导向旅游规划阶段(1992—2002年)、旅游规划规范化发展阶段(2003—2015年)和全域旅游规划整合阶段(2016年至今)。

(6)旅游规划的要求包含编制要求、技术要求和伦理道德要求。

(7)旅游规划的编制程序总的来说可以分为四个环节:一是确定编制任务和编制单位,二是组建规划编制班子,三是旅游规划编制,四是旅游规划评审与实施。

核心概念

规划　planning
旅游规划　tourism planning
旅游开发　tourism development
旅游策划　tourism scheme
概念性旅游规划　conceptual tourism planning
旅游建设规划　tourism construction planning
全域旅游规划　all-for-one tourism planning

思考与练习

一、选择题（请扫描边栏二维码）

二、简答题

1. 阐述旅游规划与旅游开发的关系。
2. 阐述旅游规划与旅游策划的关系。
3. 旅游规划的作用有哪些？
4. 简述我国旅游规划的发展历程。
5. 旅游规划的编制要求有哪些？
6. 简述旅游规划的编制程序。

三、案例分析题

请选取一个旅游规划案例，对照旅游规划的编制要求，进行分析和评价。

四、实践操作题

请绘制旅游规划的编制程序图。

推荐阅读

1. 杨晓霞,向旭.旅游规划原理[M].北京:科学出版社,2013.
2. 冯学钢,吴文智,于秋阳.旅游规划[M].上海:华东师范大学出版社,2011.
3. 马勇,李玺.旅游规划与开发[M].4版.北京:高等教育出版社,2018.
4. 唐代剑,等.旅游规划理论与方法应用[M].北京:中国旅游出版社,2016.
5. 吴承照.中国旅游规划30年回顾与展望[J].旅游学刊,2009,24(1).
6. 孙中山.建国方略[M].北京:中国长安出版社,2011.
7. 于涵,王忠杰,蔺宇晴,等.中国自然保护地规划研究回顾与展望——基于研究层次的视角[J].中国园林,2021,37(7).

第二章
典型旅游规划的编制

学习引导

旅游规划类型多样。不同类型的旅游规划编制有着不同的规划目的、要求、内容、方法以及成果要求,能够解决的实际问题也不尽相同。孟子曰:"不以规矩,不能成方圆。"旅游规划的编制有其标准规范。《旅游规划通则》(GB/T 18971—2003)明确了我国主要旅游规划类型的编制任务、主要内容和成果要求。本章基于国家标准,致力于回答如何编制典型的旅游发展规划和旅游区规划,并做了有益补充,如旅游专项规划的编制。

学习目标

(一)知识目标
1. 了解:不同类型旅游规划的特点及编制依据。
2. 理解:不同类型旅游规划的概念及其相互关系。
3. 掌握:各类典型旅游规划的编制内容及成果要求。

(二)能力目标
1. 能够辨别旅游规划案例的类型并进行点评。
2. 能够按照所学知识从事典型旅游规划的编制工作。

(三)价值塑造目标
1. 培养学生遵守标准规范的规则意识,理论与实践相结合的旅游规划意识。
2. 通过学习我国优秀旅游规划案例,培养从事旅游规划职业使命感和荣誉感。

思维导图

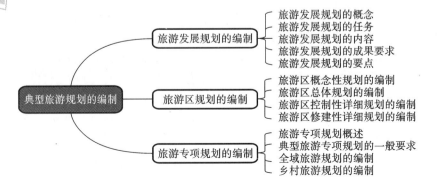

案例导入 2-1

第一节 旅游发展规划的编制

一、旅游发展规划的概念

(一)旅游发展规划的定义

根据《旅游规划通则》(GB/T 18971—2003)的定义,旅游发展规划(tourism development planning)是根据旅游业的历史、现状和市场要素的变化所制定的目标体系,以及为实现目标体系在特定的发展条件下对旅游发展的要素所做的安排。旅游发展规划实质是指目的地旅游业发展规划。

(二)旅游发展规划的分类

按规划的范围和政府管理层次来分,旅游发展规划可分为全国旅游业发展规划、区域旅游业发展规划和地方旅游业发展规划。地方旅游业发展规划又可分为省级旅游业发展规划、地市级旅游业发展规划和县级旅游业发展规划等。

按规划时限来分,旅游发展规划包括近期发展规划(3~5年)、中期发展规划(6~10年)和远期发展规划(11~20年)。

(三)旅游发展规划的依据

旅游发展规划的法律依据是《中华人民共和国旅游法》第十七条,"国务院和省、自治区、直辖市人民政府以及旅游资源丰富的设区的市和县级人民政府,应当按照国民经济和社会发展规划的要求,组织编制旅游发展规划"。

旅游发展规划的编制应当以国民经济和社会发展计划为依据,与经济增长和相关产业的发展相适应。地方各级旅游发展规划均依据上一级旅游发展规划,并结合本地区的实际情况进行编制。不同层次和不同范围的旅游发展规划应当相互衔接、相互协调,并遵循下级服从上级、局部服从整体的原则。

二、旅游发展规划的任务

旅游发展规划的任务是明确旅游业在国民经济与社会发展中的地位与作用,提出旅游业发展目标,优化旅游业发展的要素结构与空间布局,安排旅游业发展优先项目,促进旅游业持续、健康、稳定发展。

知识链接 2-1

规划案例 2-1

三、旅游发展规划的内容

《中华人民共和国旅游法》第十八条指出:"旅游发展规划应当包括旅游业发展的总

体要求和发展目标,旅游资源保护和利用的要求和措施,以及旅游产品开发、旅游服务质量提升、旅游文化建设、旅游形象推广、旅游基础设施和公共服务设施建设的要求和促进措施等内容。"

根据《旅游规划通则》(GB/T 18971—2003),旅游发展规划的主要内容包括以下十个方面。

1. 规划区旅游业发展背景分析

全面分析规划区旅游业发展历史与现状、优势与制约因素,以及与相关规划的衔接。以《"十四五"旅游业发展规划》为例,其衔接的规划为《中华人民共和国国民经济和社会发展第十四个五年规划和2035年远景目标纲要》,"十三五"时期的发展成就包括:旅游业作为国民经济战略性支柱产业的地位更为巩固;旅游成为小康社会人民美好生活的刚性需求;旅游成为传承弘扬中华文化的重要载体;旅游成为促进经济结构优化的重要推动力;旅游成为践行"绿水青山就是金山银山"理念的重要领域;旅游成为打赢脱贫攻坚战和助力乡村振兴的重要生力军;旅游成为加强对外交流合作和提升国家文化软实力的重要渠道。

2. 规划区旅游业发展趋势分析

以《"十四五"旅游业发展规划》为例,"十四五"期间,我国旅游业面临的发展机遇为旅游业高质量发展、新发展格局、创新驱动、文旅融合等。"十四五"旅游业发展的主要挑战包括:国际环境严峻复杂,受疫情影响,全球旅游业不确定性增加;国内旅游业发展不平衡不充分的问题仍然突出,创新动能尚显不足,治理能力和水平需进一步提升,国际竞争力和影响力需进一步强化。

3. 提出规划区旅游业发展的指导思想和基本原则

旅游规划的指导思想是指在整个旅游规划编制过程中必须坚持和贯彻的总体思路及基本观点,是为了保障规划目标的实现而制订的指导旅游规划编制的行动指南。指导思想通常是用一段精练的语言,高度概括出旅游规划所要实现的发展路线、战略任务、效益水平和理想目标。指导思想一定要与国家和地方政府的政策方针保持一致,要坚持因地制宜、综合协调等原则。旅游规划指导思想的主要内容一般由三个部分构成,即政策文件指导、发展实施路径、总体发展目标,三个部分通过合适的词语进行连接(马勇等,2020)。

以《"十四五"旅游业发展规划》为例,"十四五"旅游业发展的指导思想是高举中国特色社会主义伟大旗帜,全面贯彻党的十九大和十九届历次全会精神,坚持以习近平新时代中国特色社会主义思想为指导,坚持稳中求进工作总基调,以推动旅游业高质量发展为主题,以深化旅游业供给侧结构性改革为主线,注重需求侧管理,以改革创新为根本动力,以满足人民日益增长的美好生活需要为根本目的,坚持系统观念,统筹发展和安全、统筹保护和利用,立足构建新发展格局,在疫情防控常态化条件下创新提升国内旅游,在国际疫情得到有效控制前提下分步有序促进入境旅游、稳步发展出境旅游,着力推动文化和旅游深度融合,着力完善现代旅游业体系,加快旅游强国建设,努力实现旅游业更高质量、更有效率、更加公平、更可持续、更为安全的发展。

旅游规划的基本原则是指在旅游规划编制过程中所遵循的基本准则和约束标准(见表2-1)。

表 2-1 代表性旅游发展规划的基本原则

序号	规划名称	基本原则
1	《"十三五"旅游业发展规划》	坚持市场主导,坚持改革开放,坚持创新驱动,坚持绿色发展,坚持以人为本
2	《"十四五"旅游业发展规划》	坚持以文塑旅、以旅彰文;坚持系统观念、筑牢防线;坚持旅游为民、旅游带动;坚持创新驱动、优质发展;坚持生态优先、科学利用
3	《"十四五"文化和旅游发展规划》	坚持正确方向;坚持以人民为中心;坚持创新驱动;坚持深化改革开放;坚持融合发展
4	《四川省"十四五"文化和旅游发展规划》	坚持以人民为中心;坚持创新发展;坚持融合发展;坚持绿色发展
5	《浙江省旅游业发展"十四五"规划》	坚持以文塑旅,以旅彰文;坚持主客共享,惠民富民;坚持生态优先,品质至上;坚持数字赋能,创新驱动;坚持依法治理,优化环境;坚持系统观念,整体智治

4.提出旅游业发展目标及指标

确定发展目标是整个旅游发展规划的核心。旅游规划的目标体系包括总体目标和分目标两个部分。总体目标明确规划期末规划区希望实现的综合地位;分目标则分别就旅游活动的经济效益、社会发展和生态环境提出需要达到的具体指标。经济效益指标包括不同发展时期的年接待游客量、旅游收入与创汇目标、旅游开发的宏观经济效益等;生态环境指标包括旅游环境容量和水、大气、噪声等环境质量建设目标;社会发展指标主要包括区内居民人口调控、产业发展引导、服务就业的预测与安排等方面(见表2-2)。

表 2-2 "十三五"期间我国旅游业发展主要指标

指标	2015年实际数	2020年规划数	年均增速/(%)
国内旅游人数/亿人次	40	64	9.86
入境旅游人数/亿人次	1.34	1.50	2.28
出境旅游人数/亿人次	1.17	1.50	5.09
旅游业总收入/万亿元	4.13	7.00	11.18
旅游投资规模/万亿元	1.01	2.00	14.65
旅游业综合贡献度/(%)	10.8	12.00	—

(数据来源:整理自《"十三五"旅游业发展规划》)

5.明确旅游产品开发的方向、特色与主要内容

旅游产品规划的核心是特色。一个大的旅游区域的旅游产品要形成体系,既要有核心产品,也要有支撑产品和配套产品。

6. 提出旅游发展重点项目，并对其空间及时序作出安排

确定重点旅游项目的依据主要包括：能产生轰动效应和联动效应；有利于招商引资；有利于开发有特色的旅游产品；有利于吸引游客并方便其游览观光和休闲度假；有利于通过旅游产品开发带动地区经济、文化发展和生态环境保护；有利于旅游开发和行业管理。

7. 提出要素结构、空间布局及供给要素的原则和办法

旅游发展要素除旅游资源外，还包括旅游接待设施、旅游基础设施、旅游保障体系、旅游人力资源等。对旅游接待设施和基础设施要明确总需求量，以及合理的数量比例、类型结构、档次结构和地域分布。

8. 按照可持续发展原则，提出合理的措施，处理好保护与开发利用的关系

这里主要涉及旅游资源和环境的保护规划。

9. 提出规划实施的保障措施

(1) 政策法规的配套完善。
(2) 按照大旅游的要求，加强旅游行业组织管理。
(3) 旅游专业人才的培养与引进。
(4) 对资金筹集、旅游投入提出合理建议等。

10. 投资分析

通过财务方法对规划实施的总体投资分析，主要包括旅游设施建设、配套基础设施建设、旅游市场开发、人力资源开发等方面的投入与产出方面的分析。投资分析还要明确项目投资的主体和全面分析旅游发展带来的社会效益、经济效益和环境效益。其中，基础设施类的项目一般由政府投资，应侧重于社会效益的评价；经营类项目一般由企业投资，侧重于经济效益的评估。

四、旅游发展规划的成果要求

旅游发展规划成果包括规划文本、规划图表及附件。

(一) 规划文本

旅游发展规划文本的内容一般包括前期回顾与现状分析、指导思想、基本原则、发展目标、重点任务、工程项目、保障措施等内容。旅游发展规划文本的具体要求包括：符合国家和地方发展规划；发展目标尽可能量化；发展任务具体明确、重点突出；工程项目和政策举措具有必要性、可行性；对需要国家和地方政府安排投资的规划，应事先征求发展改革、财政等相关部门意见。

规划文本是表达规划的意图、目标和对规划的有关内容提出的规定性要求，具有法律效力。旅游规划文本是旅游规划的主要成果形式，是对旅游规划成果的一种简明扼要的说明。旅游规划文本一般不讲过程，只讲结果，一般不进行解释和背景介绍。旅游规划文本是规定性语言的条款，内容提纲挈领、思路清晰、文字简洁、用语规范，着重讲清楚是什么、做什么，不必阐述为什么。规划文本的文字表达应当规范、准确、简练、肯定、含义清楚，符合旅游规划和其他相关规划的技术要求与规范。

规划案例 2-2

规划案例 2-3

知识拓展 2-1

(二)规划图表

旅游发展规划图表包括规划图件和相关表格,是旅游发展规划成果的重要组成部分,经审批后,与规划文本具有同等效力。规划图件是用图纸表达现状和规划设计内容,规划图件应以规划地近期测绘的地形图为底图,规划图上应显示出现状和地形。图件上应标注图名、比例尺、图例、绘制时间、规划设计单位名称和技术负责人签字。规划图表所表达的内容与要求应与规划文本一致。

旅游发展规划的图件主要包括区位分析图、旅游资源分析图、旅游客源市场分析图、总体布局图等,其图纸比例可根据功能需要与实际情况确定。规划图纸应当准确表示规划区的地域范围或空间位置,规划图纸所表达的内容清晰、准确,与规划文本内容相符。旅游发展规划相关表格有旅游业发展目标主要指标表、旅游项目表、任务分解表等。

(三)附件

附件包括规划说明书和基础资料等。这些材料主要围绕规划文本的内容进行必要的说明和论证。其中,说明书和基础资料是大多数规划必不可少的附件。旅游规划说明书主要是对规划文本各项条款的阐释、说明和补充。规划说明书的主要内容包括描述现状、分析问题及其原因、论证规划意图、解释规划文本、提出保障措施等。基础资料主要包括旅游资源调查与评价汇编,旅游客源市场调查(抽样调查资料和分析结果)等。

五、旅游发展规划的要点

旅游发展规划的要点包括以下五方面。

一是正确判断、评估旅游业在当地国民经济中的地位。

二是科学研判区域旅游业发展的阶段、生命周期特征和未来一段时期内的发展趋势。

三是客源市场调查、分析和预测,并明确市场定位。

四是旅游资源调查、分类、对比和评价,总结特色,确立开发利用方向。

五是以旅游资源为基础,以客源市场为导向,以旅游产品开发为核心,注重空间布局和综合配套。

知识链接 2-2

第二节 旅游区规划的编制

根据《旅游规划通则》(GB/T 18971—2003)的定义,旅游区(tourism area)是以旅游及其相关活动为主要功能或主要功能之一的空间或地域。旅游区规划(tourism area planning)是指为了保护、开发、利用和经营管理旅游区,使其发挥多种功能和作用而进行的各项旅游要素的统筹部署和具体安排。

旅游区规划按层次可分为概念性规划、总体规划、控制性详细规划和修建性详细规划。

一、旅游区概念性规划的编制

(一)旅游区概念性规划的概念

1. 旅游区概念性规划的定义

旅游区概念性规划是根据投资企业出于前期与政府洽谈投资的需要,或者出于企业内部决策的需要,对于旅游区的发展方向、投资价值、投资风险进行研究,提出大致的发展定位、规划布局和操作步骤,编制的初步规划(陈南江,2014)。旅游区概念性规划的对象主要是旅游项目,因此又可以称为旅游项目概念性规划或概念性旅游规划。

2. 旅游区概念性规划的特点

旅游区概念性规划往往是一个区域早期编制的旅游规划,是编制其他类型旅游规划的基础。总体来看,旅游区概念性规划具有以下特点。

(1)根据旅游地的资源特点与优势进行定位,因地制宜,实事求是。

(2)仅关注旅游发展中的重点问题,规划内容不需要面面俱到。

(3)注重科学技术应用与学科交叉。

(4)体现旅游规划战略部署,具有操作指导意义。

(5)编制灵活,接受模糊论证。

(6)讲究研究方法与思维的创新性,注重前沿性研究。

3. 旅游区概念性规划的优越性

概念性旅游规划强调的是创新性、前瞻性和指导性,是旅游发展战略规划的思路研讨,在实践中表现出较大的优越性:更具想象空间和创造性思维,更具前瞻性和生命力;讲究结构上、整体上的谋划,抓主要矛盾;运用模糊论证,允许存在偏差;少数旅游规划人员即可完成,不需要复杂的技术流程;快速灵活,低成本,高效率,便于及时编制、及时修订,适应现代旅游市场竞争的需要,应用范围广。

(二)旅游区概念性规划的内容要求

1. 旅游区概念性规划的文本内容

旅游区概念性规划的文本应包括以下内容。

(1)着重阐述规划区的发展环境,包括区域发展战略、产业发展政策、旅游区发展存在的重大问题。

(2)对规划区现状进行调查和总结分析,利用总结概括性语言对资源开发条件、市场趋势条件进行科学客观评价。

(3)明确规划区发展定位,确定客观的全局性的发展方向与设想。

(4)明确规划区空间格局布局,进行合理科学的功能分区。

(5)提出规划区的核心产业项目或特色主题项目,塑造核心吸引物。

(6)提出规划区商业运作模式,明确旅游投入产出效益方向。

2.旅游区概念性规划的图件内容

旅游区概念性规划的图件内容包括区位图、旅游资源分布图、概念规划总图、功能分区图、分区项目意向图等。

3.旅游区概念性规划的审定方式

与旅游策划一样，旅游区（项目）概念性规划不需要进行"评审"，应当通过"论证"对成果质量进行审定。

二、旅游区总体规划的编制

《文化和旅游规划管理办法》指出，总体规划是指导全国文化和旅游工作的中长期发展规划，是其他各类规划的重要依据，规划期与国家发展规划相一致，落实国家发展规划提出的战略安排，专项规划、区域规划、地方文化和旅游发展规划须依据总体规划编制。

旅游区总体规划是为了指导旅游区的旅游资源与环境保护、旅游项目开发建设和运营管理而编制的综合性、整体性、长远性规划。旅游区总体规划是旅游区内其他各类规划的重要依据，旅游区专项规划、控制性详细规划和修建性详细规划须依据旅游区总体规划编制。

（一）旅游区总体规划的编制依据

《旅游规划通则》（GB/T 18971—2003）中指出：旅游区在开发、建设之前，原则上应当编制总体规划。小型旅游区可直接编制控制性详细规划。

1.法律法规

旅游区总体规划必须严格遵守已经颁布实施的法律法规，如《中华人民共和国旅游法》《中华人民共和国城乡规划法》《中华人民共和国森林法》《中华人民共和国环境保护法》《中华人民共和国文物保护法》《中华人民共和国水法》《中华人民共和国土地管理法》《中华人民共和国自然保护区条例》《风景名胜区条例》等。

2.国家标准

编制旅游区总体规划时常用的国家标准包括《旅游规划通则》（GB/T 18971—2003）、《旅游区（点）质量等级的划分与评定》（GB/T 17775—2003）、《旅游资源分类、调查与评价》（GB/T 18972—2017）、《旅游厕所质量要求与评定》（GB/T 18973—2022）、《旅游饭店星级的划分与评定》（GB/T 14308—2010）、《游乐园（场）服务质量》（GB/T 16767—2010）、《旅游度假区等级划分》（GB/T 26358—2022）、《国家生态旅游示范区建设与运营规范》（GB/T 26362—2010）、《民族民俗文化旅游示范区认定》（GB/T 26363—2010）、《风景名胜区总体规划标准》（GB/T 50298—2018）等。

3.相关规划

相关规划包括旅游区所在区域和上级区域的国民经济与社会发展五年规划及中长期发展规划、旅游业发展规划、国土空间规划及交通、环保、城乡、农林等相关行业规划。

(二)旅游区总体规划的范围与期限

1. 规划范围的确定

旅游区规划范围原则上应由规划委托方提出初步方案,规划受托方根据旅游规划的技术进行确定,一般不能将自然地理单元割裂开。确定旅游区规划范围的基本原则包括旅游资源与生态环境条件的完整性、历史文化与社会要素的连续性、旅游开发方向的关联性与开发目标的协调性、旅游区功能布局的必要性和旅游区管理的便利性。

2. 规划时限的确定

旅游区规划时限的确定主要考虑旅游区建设的实际需要,同时应尽量与地方经济社会发展计划的年限相衔接。旅游区总体规划的期限一般为 10~20 年,同时可根据需要对旅游区的远景发展作出轮廓性的规划安排。对于旅游区近期的发展布局和主要建设项目,亦应作出近期规划,期限一般为 3~5 年。以《桂林漓江风景名胜区总体规划》为例,该规划期限为 2013—2025 年,共 13 年。其中,近期为 2013—2015 年,中期为 2016—2020 年,远期为 2021—2025 年。

(三)旅游区总体规划的任务与技术指标

1. 旅游区总体规划的任务

旅游区总体规划的任务包括分析旅游区客源市场、确定旅游区的主题形象、划定旅游区的用地范围及空间布局、安排旅游区基础设施建设内容、提出开发措施。

2. 旅游区总体规划的技术指标

旅游区总体规划的技术指标主要包括建设经济技术指标、经济效益指标、生态环境指标、社会发展指标四个方面。旅游区建设经济技术指标应明确旅游区各项土地利用的面积与比例,旅游区绿化率等;经济效益指标应明确旅游区在不同发展时期的年游客接待量、旅游收入与创汇目标、旅游区开发的经济效益等;旅游区生态环境指标包括旅游区的环境容量,水、大气、噪声等环境质量建设指标;旅游区社会发展指标主要包括区内居民人口控制、产业发展引导、提供就业岗位等方面。

(四)旅游区总体规划的内容

旅游区总体规划的内容包括如下 13 个方面。

1. 界定旅游区范围,进行现状调查和分析,对旅游资源进行科学评价

现状调查是确定规划思路的基础性工作,主要内容包括区域特征调查、政策法规与相关组织机构调查、旅游资源调查、旅游基础设施和旅游产业现状调查等。其中,区域特征调查主要是对区位特征、自然环境、历史沿革、人口特征、文化背景、经济发展、土地利用、环境质量等的调查;政策法规与相关组织机构调查主要是对现有旅游开发政策和规划、政府和旅游组织结构、投资政策和资金来源、旅游相关法律和法规、旅游教育和培训机构等的调查。

2. 旅游区客源市场的分析与预测

根据旅游区所处地理位置和资源属性,实事求是地进行市场调研和预测,细分并选择出符合规划区域实际的旅游目标市场。旅游区的客源市场分析与预测的主要内容包括需求总量、地域结构、消费结构等。

3. 确定旅游区的性质和主题形象

旅游区的性质通常包括旅游区的资源特色、旅游服务功能和旅游区类型等级等。旅游区的主题形象是吸引旅游者的关键因素之一，是旅游区总体规划中需要重点研究的问题。

4. 确定旅游区的功能分区和土地利用，提出规划期内的游客容量

功能分区主要解决如何在旅游区范围内合理地安排旅游基础设施和旅游服务设施，确定用地，划定范围，并限定各类设施建筑的体量、风格、高度、容量、用途等。旅游区的功能区一般包括观光游览区、旅游接待区、休闲度假区、文化娱乐区、商业服务区、行政管理区、居民生活区等。不同的旅游区所划分的功能区有差别，应根据旅游区的具体情况进行规划。

5. 旅游交通规划

旅游区的交通规划可以分为外部交通规划和内部交通规划两个部分。一方面，应确定规划旅游区的外部交通系统的布局和主要交通设施的规模与位置；另一方面，应确定规划旅游区的内部交通系统的布局、类型和规模，以及道路系统的走向、断面和交叉形式。

6. 景观系统和绿地系统规划

旅游区景观系统规划主要包括景观廊道的设计与保护、景观的培育和景观设施的规划等。旅游区绿地系统规划主要包括绿地系统的面积、位置、类型、特色等。

7. 旅游基础设施、服务设施和附属设施规划

旅游基础设施主要包括供电系统、给排水系统、通信系统、医疗系统、治安管理系统等；旅游服务设施主要包括住宿设施、餐饮设施、娱乐设施、购物设施、游憩设施等；附属设施主要指旅游规划区域的管理设施。在旅游区总体规划中，应对上述各类设施的数量、类型、特色与空间布局等进行相应的规划。

8. 防灾系统和安全系统规划

不同类型旅游区防灾系统的内容有所差别。比如，山区主要涉及泥石流、山体滑坡等地质灾害的预防；森林要考虑火灾和病虫害的预防；海滨一般涉及台风等灾害的预防。防灾系统既要考虑灾害对游客、当地居民和旅游区工作人员的危害，也要考虑灾害对旅游资源和环境的危害。

安全是旅游者外出旅游最关心的问题。建立旅游安全系统是旅游业可持续发展的基本保障。在现代旅游活动中，不安全的因素随处存在，据国际相关机构统计，平均每5万名旅游者中就有1人在旅途中发生意外。随着现代旅游中惊险、奇特项目的不断增多，旅游安全规划就更加紧迫和重要。旅游安全规划应坚持"安全第一，预防为主"的方针，将规划的重点放在安全事故的预防上。同时，也应加强旅游救援体系、旅游保险等补救性措施的规划。

9. 旅游资源保护规划

研究并确定旅游区资源的保护范围和保护措施。通常将旅游区划分为核心保护区、重点保护区和外围保护地带。核心保护区是旅游资源的精华所在，要绝对保护，不允许设置各类旅游设施，一般禁止游客进入；重点保护区主要保护有价值的植被、自然

景观和原生风貌，游客可以进入，但一般不允许修建永久性建筑物；外围保护地带是旅游区周边的地区，一方面要保护自然植被和原生态风貌，避免建造破坏景观的建筑物，另一方面要严控建设污染型厂矿企业。旅游区资源及其环境保护的主要措施有划定保护区界线、明确保护对象、通过政府立法保护、成立专门的旅游区管理委员会、把开发和保护结合起来。

10. 旅游区环境卫生系统规划

旅游区环境卫生系统规划是旅游区环境保护的依托，既包括大量环境卫生设施（如厕所、垃圾桶、垃圾处理站等）的建设和空间布局，也包括旅游区环境卫生服务制度的建设，并提出预防和治理污染的措施。

11. 旅游区近期建设规划，并进行重点项目策划

旅游区规划中，近期项目的确定和重点项目策划对整个旅游区发展目标的实现至关重要。近期建设规划是一个目标具体、依据可靠、措施得当、切实可行的行动计划，是政府管理部门审批建设项目的重要依据。

近期建设规划的主要内容包括：确定建设项目的主要内容和投资规划；近期建设项目的空间布局和用地安排；在综合平衡的基础上，统筹安排各建设项目的重要程度、先后次序、建设年限和标准；根据投资规模落实规划资金和筹资渠道；估算新建、扩建、改建和维护项目的投资等。

12. 旅游区投入产出分析

旅游区投入产出分析主要从投资规模、收支平衡两个角度来论证旅游规划方案的经济可行性，具体内容包括以下四点。

一是投资概算。旅游区总投资费用主要包括土地出让费用，建筑物投资费用，户外设施费用，教育培训、市场调研、营销宣传、技术咨询、不可预见费用等。

二是经营成本概算。旅游区的经营成本一般包括设施维护费用、员工工资、保险、贷款利率、固定资产税、所得税、管理费用、宣传营销费用等。

三是接待能力与营业量估算。主要预测旅游区开业后的预计销售价格、折扣价、人均消费额、游客接待量、旅游总收入等。

四是投资收益分析。重点分析建设周期、旅游产品生命周期、保本经营状况、正常经营状况、最佳经营状况、投资回收期等。

13. 提出总体规划的实施方案和管理意见

为了避免旅游规划落地难的命运，增强旅游规划的可操作性，应提出详细的规划实施步骤、措施和方法，以及规划、建设、运营中的管理意见。

(五) 旅游区总体规划的成果要求

旅游区总体规划成果形式包括规划文本、图件及附件。

1. 规划文本的内容与要求

(1) 规划文本的内容。

《〈旅游规划通则〉实施细则》指出，旅游区规划文本的内容应包括现状与条件分析、规划总纲、总体布局与项目规划、专项规划、分期规划与投资效益、规划实施的对策与措施六个方面。其中：现状与条件分析部分包括旅游区现状与建设背景分析、旅游资源与

开发条件综合评价;规划总纲部分包括规划依据、规划范围、规划时限、规划指导思想、规划目标、旅游区性质与主题形象、市场分析与客源规模预测、环境容量分析;总体布局与项目规划部分包括总体布局结构与功能分区、旅游项目与景点规划、游览路线设计与网络组织;专项规划部分包括旅游服务设施规划、道路交通规划、给排水规划、电力电信规划、资源保护规划、景观与绿地系统规划、防灾与安全规划、土地利用规划、经济社会调控规划、旅游营销规划等;分期规划与投资分析部分包括分期建设规划、建设项目投资估算、经济效益分析;规划实施保障措施与建议部分主要包括资金筹集与运作、产业发展引导、旅游区管理、人员培训、政策保障措施、有关问题的处理建议等。

(2)规划文本的要求。

规划文本是旅游规划的正式内容。旅游区总体规划的文本与旅游发展规划的文本在使用效力、撰写要求上基本一致。规划文本的格式应规范,符合法规条文的写作惯例(条例式);文字表述应当规范、准确、简练、肯定、含义清楚,符合旅游规划和其他相关规划的技术要求与规范。

2. 规划图件的内容与要求

(1)规划图件的内容。

旅游区总体规划图件包括基本图件和备选图件。基本图件为国家标准明确的必备图件,包括旅游区区位图、综合现状、旅游市场分析图、旅游资源评价图、总体规划(布局)图、功能分区图、道路交通规划图、近期建设规划图。备选图件根据规划任务书确定,包括旅游项目与景点规划图、旅游线路设计图、旅游资源保护规划图、基础设施规划图、绿化规划图、景观系统规划图、环境小品示意图、道路断面选样图、重点项目效果图等。

(2)规划图件的要求。

旅游区总体规划图件以地形图为底图,根据旅游区范围的大小选择适当比例的地形图。其中,小型旅游区图纸比例为 1∶2000~1∶10000,中型旅游区图纸比例为 1∶10000~1∶25000,大型旅游区图纸比例为 1∶25000~1∶50000。

规划图纸要标明规划名称、图名、图例、比例尺、指向标、规划期限、制图日期、编制单位、相关文字说明等内容。规划图纸应与规划内容相一致,要素表示必须准确无误。

3. 规划附件的内容与要求

旅游区总体规划的附件一般包括规划说明书和其他基础资料等。这些材料主要围绕规划文本的内容进行必要的说明和论证。其中,说明书和基础资料是大多数规划必不可少的附件。

(1)规划说明书的内容与要求。

旅游规划说明书主要是对规划文本各项条款的阐释、说明和补充。规划说明书的内容主要包括旅游区现状与建设背景、旅游资源与开发条件综合评价,规划范围、依据、性质及指导思想,市场分析与客源规模预测,环境容量;总体布局与功能分区,旅游项目与景点规划,游览路线设计与网络组织;道路交通规划、给排水规划、电力电信规划、资源保护规划、景观与绿地系统规划、防灾与安全规划、土地利用规划、旅游营销规划;分期建设规划,建设项目投资估算,经济效益分析;规划实施保障措施与建议等内容。

规划说明书一般以章节的表现形式撰写。规划内容的阐述应尽量详细,应阐述旅游区的现状条件、资源质量与等级,具体分析客源市场的地域分布及组成、消费潜力与年龄结构等,明确指出旅游区的性质与指导思想,提出旅游区的空间布局和具体项目设计与建设内容,详细阐述各专项规划的具体内容,以及旅游区建设投资估算、经济效益分析和保障措施等。资料分析应依据充分、翔实可靠,规划设计内容必须切合当地实际、有较强的逻辑性。

(2)其他基础资料的内容与要求。

其他基础资料主要包括旅游资源调查与评价汇编、旅游客源市场调查资料、地方社会经济发展情况、文化背景与地方文史资料、民间传说、当地旅游业发展情况分析、地方旅游业管理办法与相关政策、相关重要工程介绍、古树名木名录、植物名录、环境质量资料等。

基础资料的编写可根据旅游区的实际情况进行适当筛选,但所引用资料必须翔实可靠,能反映地方社会、经济、文化、自然环境的真实面貌。

三、旅游区控制性详细规划的编制

(一)旅游区控制性详细规划概述

1. 旅游区控制性详细规划的概念

旅游区控制性详细规划是在旅游区总体规划的基础和框架下,对特定旅游区内的建设开发用地进行深入的控制性规划设计(马勇等,2020)。

随着旅游开发与资源保护之间的矛盾日益激烈,旅游区的控制性详细规划应运而生。旅游区控制性详细规划强调土地类型划分并控制其使用结构,既能体现旅游发展的特色,又能保护景区的原生性、生态性及可持续性(郝玲等,2015)。

旅游区控制性详细规划通过一些量化的指标体系,对旅游区的土地使用、景观系统、设施配套、行为活动等进行定量、微观的控制。旅游区控制性详细规划是旅游区总体规划意图在用地与空间上的具体深化与落实,以旅游区的重点地段范围为规划对象,深化规划地段的相关具体控制内容,包括旅游容量、居民容量、景物保护、参观游览、旅游设施、基础工程、土地利用等方面,并确定各类用地的各项控制指标和规划管理要求(岳邦瑞,2005)。

知识链接 2-3

2. 旅游区控制性详细规划的依据

《旅游规划通则》7.3.1 中指出:在旅游区总体规划的指导下,为了近期建设的需要,可编制旅游区控制性详细规划。具体的编制依据是,在旅游区总体规划或分区规划的指导下,参照旅游区总体规划的相关规划技术依据。

3. 旅游区控制性详细规划的要求

旅游区控制性详细规划要详细到各项建设指标的确定,包括:发展目标进一步细分;发展战略和策略要具体到操作计划和方案;明确各项接待服务设施的占地、建筑面积和内部功能;各项基础设施的具体指标确定,如给排水的管线、供电设备的负荷指标、道路的路面结构和具体宽度等;绿化的树种和栽培方式;资源和环境的保护对象和指标要求等。

(二)旅游区控制性详细规划的范围、任务与技术指标

1. 旅游区控制性详细规划范围的确定

根据旅游区实际情况,确定旅游设施与建筑重点布置的区块作为控制性详细规划的编制范围。

2. 旅游区控制性详细规划的任务

旅游区控制性详细规划的任务是以总体规划为依据,详细规定区内建设用地的各项控制指标和其他规划管理要求,为区内一切开发建设活动提供指导。

3. 旅游区控制性详细规划的技术指标

旅游区控制性详细规划的技术指标主要包括土地使用性质控制、土地使用强度控制、旅游综合环境质量控制三个方面。

(1)土地使用性质控制,须明确旅游区内各地块的利用功能、规模与具体位置,必须做到定性、定量、定位;定性即明确地块的使用方向,定量即确定旅游项目与设施的用地面积和建筑量,定位即确定建设项目的具体位置和界线。

(2)土地使用强度控制,即限定建设地块的建筑规模与容量,以减少对旅游区内自然环境的破坏,使旅游区开发的经济效益、环境效益和社会效益相协调。

(3)旅游综合环境质量控制,主要包括内外道路关系控制、环境景观控制、工程管线控制。

旅游区控制性详细规划的主要控制指标包括用地性质、用地面积、建筑密度、建筑限高、容积率、绿地率、建筑后退红线、建筑间距、建筑体量、尺度、色彩、风格、交通出入口方位、停车泊位、各级道路的红线位置、控制点坐标和标高等。

(三)旅游区控制性详细规划的主要内容

旅游区控制性详细规划的主要内容包括以下五点。

(1)详细划定规划范围内各类不同性质用地的界线,规定各类用地内适建、不适建或者有条件地允许建设的建筑类型。

(2)划分地块,规定建筑高度、建筑密度、容积率、绿地率等控制指标,并根据各类用地的性质增加其他必要的控制指标。

建筑密度是指项目用地范围内各种建筑物、构筑物和堆场占地面积的总和占项目总用地面积的百分比。建筑密度的计算公式为

$$建筑密度 = \frac{建筑物占地面积 + 构筑物占地面积 + 堆场占地面积}{项目总用地面积} \times 100\%$$

构筑物一般是指人们不直接在内进行生产和生活的建筑物,如桥梁、堤坝、隧道、围墙、台阶等。堆场就是堆放东西的场地,如煤堆场、矿石堆场、垃圾堆场等。

容积率是指项目用地范围内总建筑面积与项目总用地面积的比值。当建筑物单层高度超过8米,在计算容积率时该层建筑面积加倍计算。容积率的计算公式为

$$容积率 = \frac{项目总建筑面积}{项目总用地面积} \times 100\%$$

绿地率是指项目区用地范围内各类绿地面积的总和占项目总用地面积的百分比。绿地率的计算公式为

$$绿地率 = \frac{各类绿地面积总和}{项目总用地面积} \times 100\%$$

(3)规定交通出入口方位、停车泊位、建筑后退红线、建筑间距等要求。建筑红线是指城市规划管理中,控制城市道路两侧沿街建筑物或构筑物靠临街面的界线,由道路红线和建筑物控制线组成。《民用建筑设计统一标准》(GB 50352—2019)规定:除骑楼、建筑连接体、地铁相关设施及连接城市的管线、管沟、管廊等市政公共设施以外,建筑物及其附属的下列设施不应突出道路红线或用地红线建造。

(4)提出对各地块的建筑体量、尺度、色彩、风格等要求。

(5)确定各级道路的红线位置、控制点坐标和标高。

(四)旅游区控制性详细规划的作用

1. 承上启下

旅游区控制性详细规划是旅游区总体规划的具体化,且为修建性详细规划确定控制指标。旅游区控制性详细规划具有宏观与微观、整体与局部的双重属性,既有整体控制,又有局部要求。

2. 旅游区土地利用和资源开发的重要技术依据

旅游区控制性详细规划详细规定了土地使用性质和使用强度。

3. 与管理结合、与开发衔接,是旅游规划管理的依据

"三分规划,七分管理"是旅游区建设的成功经验。控制性详细规划把旅游总体规划的战略方向与修建性详细规划的具体实施联结在一起,强化规划实施的指导性、可操作性。这样有利于规划管理条例化、规范化、法治化,有利于规划、管理和开发三者的有机衔接。

4. 促进旅游业的可持续发展

节约集约用地,保障可持续发展是旅游区控制性详细规划的宗旨,有利于促进资源节约型、环境友好型社会的建设。

5. 构建利益相关者群体交流平台,调解利益冲突

旅游区控制性详细规划强调的是在具体空间而非抽象空间进行规划,该旅游区内的自然人文禀赋、活动、权益都应予以考虑。在编制和实施过程中,政府、开发商、规划师和社会公众的利益诉求错综复杂,每一个控规方案的生成都是一次利益冲突的交锋,科学合理、规则性强的控规有利于调解利益冲突和旅游区开发建设的良性发展(黄明华等,2020)。

(五)旅游区控制性详细规划的成果要求

旅游区控制性详细规划的成果形式包括规划文本、图件及附件。

1. 规划文本的表达

旅游区控制性详细规划文本主要以条例化、指标化、图则化的形式反映规划的各项控制指标与控制要求。

2. 规划图件的内容与要求

(1)规划图件的基本要素。

旅游区控制性详细规划的图件包括旅游区综合现状图,各地块的控制性详细规划

图,各项工程管线规划图等。旅游区控制性详细规划图件的比例尺一般为1∶1000～1∶2000。规划图纸要标明规划名称、图名、图例、指向标、比例尺、规划期限、规划日期、编制单位等内容。旅游区控制性详细规划图件应与规划内容相一致,要素表示必须准确无误。

(2)基本图件及要求。

规划用地区位图:表示规划用地与周围环境、城市及主要交通干道的关系。

规划用地现状图:展示现状地物要素,比例为1∶2000。

规划总平面图:标注各类建设项目与设施的空间布局、建设规模等,比例为1∶2000～1∶5000。

道路交通规划图:表示旅游区内的路网结构,标注道路坐标、标高、道路断面形式,比例为1∶2000～1∶5000。

绿化规划图:特色景观的展示与培育规划,绿地系统规划,比例为1∶2000～1∶5000。

工程管线规划图:标注各类工程管线的管径、平面位置、控制点坐标和标高,比例为1∶2000～1∶5000。

土地利用规划图:标注土地使用性质与使用强度,包括使用密度与容积率,比例为1∶2000～1∶5000。

局部效果图:形象展示主要建筑与设施的空间关系。

(3)备选图件。

旅游区控制性详细规划的备选图件为旅游资源评价图、市场分析图、功能分区图、游览线路组织图、旅游资源保护规划图、景观分析图、景象构思图、环境小品示意图、建筑方案选样图等。

3. 规划附件的内容与要求

旅游区控制性详细规划的附件一般包括规划说明书、基础资料、专题报告和相关文件等。

(1)规划说明书的主要内容。

旅游区控制性详细规划说明书主要应反映以下内容:旅游区现状;规划依据、性质、范围;规划构思与空间布局;旅游项目与景点规划;游览路线设计;道路交通控制规划;旅游服务设施规划;竖向规划;工程管线控制规划;绿地系统规划;土地利用规划;建筑风貌控制规划;主要经济技术指标;建设项目投资匡算;经济效益分析;规划实施措施。

小型旅游区直接编制控制性详细规划的,应当根据旅游区规划的实际情况,在符合控制性详细规划内容要求的基础上,可适当增加旅游区总体规划的相关内容,如资源分析与评价、客源市场分析、主题定位与形象设计等。

(2)规划基础资料的要求。

编制控制性详细规划应收集整理以下基础资料与图件:总体规划或分区规划对本规划地块的规划要求;相邻规划地段已批准的规划资料;土地利用现状资料;准确反映现状的地形图、建筑物现状资料;工程设施与管网现状资料;当地历史文化传统资料;当地环境质量资料;其他有关资料。

四、旅游区修建性详细规划的编制

旅游区修建性详细规划是指以旅游区总体规划和控制性详细规划为依据,针对近期即将建设的地段,对各种构成要素进行深入细致的部署,用以指导建筑设计、景观设计或施工图设计的规划层次。修建性详细规划比控制性详细规划更为具体和深入,对旅游区开发建设的指导作用更强。

旅游区修建性详细规划是旅游规划体系中最为具体、最为细致的一个工作阶段,是联系总体规划(或控制性详细规划)与方案设计(建筑设计、景观设计或施工图设计)的重要环节,也是整个旅游规划体系中对于规划深度和具体内容较难把握的一个规划阶段(张宏等,2012)。

(一)旅游区修建性详细规划的编制依据

《旅游规划通则》规定:对于旅游区当前要建设的地段,应编制修建性详细规划。具体而言,是在旅游区总体规划和控制性详细规划的指导下,参照旅游区总体规划和控制性详细规划的相关规划技术依据。

为保证规划的系统性与衔接性,修建性详细规划应当遵照其上位规划所规定的总体规划和原则性规划目标。修建性详细规划的上位规划主要指该旅游区的总体规划和控制性详细规划。以《崇左市国家生态旅游度假区蝴蝶谷修建性详细规划》为例,该规划的编制依据有《广西花山风景名胜区总体规划(2013—2030)》《左江花山岩画文化景观保护管理总体规划》《左江花山岩画文化景观旅游总体规划(2016—2025)》和《宁明段花山景区控制性详细规划》等。

(二)旅游区修建性详细规划的任务

旅游区修建性详细规划的任务是在总体规划或控制性详细规划的基础上,进一步深化和细化,用以指导各项建筑和工程设施的设计和施工。修建性详细规划是控制性详细规划的具体化,在控制性详细规划的基础上对各类设施与建筑作出具体安排,针对特定地段,考虑内部各种要素相互之间的影响,研究该地段范围内各种资源保护、利用和建设方案,对建筑空间和艺术处理加以明确,核算各地块的技术经济指标,为各项工程设计和工程施工提供技术依据。

(三)旅游区修建性详细规划的特点

(1)以具体、详细的建设项目为依据,实施性较强。
(2)规划业主通常是项目的投资建设主体,既可以是政府部门,也可以是企事业单位,甚至是自然人。
(3)采用模型、透视图、建筑方案图等形式表现项目,具有直观、形象的特点。

(四)旅游区修建性详细规划的要素

空间安排、尺度界定、材料选择和景观色彩是旅游区修建性详细规划的四大要素。
(1)空间安排包括建筑和道路等基地的定位和走线,以及建筑内部的空间分割。

(2)尺度界定包括建筑的三维尺度、道路的剖面尺度、景观的视觉尺度、立地的竖向尺度等。

(3)材料选择包括建筑材料、铺装材料、花木种类、小品用材、基础设施材料等。

(4)景观色彩既要考虑色彩搭配,也要考虑不同季节、时间的色彩变化效果。

(五)旅游区修建性详细规划编制的准备工作

1. 熟悉上位规划相关内容

做好一个特定地块的修建性详细规划,不仅需要了解上位规划对该地块作出的各种控制性规定和引导性意见,还需要了解周边各地块的自然条件、功能定位、建设规模、与该地块的关系,以及该地块在整个旅游区的功能定位、空间序列等。

2. 精确划定规划范围

旅游区修建性详细规划是对旅游区内特定地段的空间利用方案进行部署,其研究的空间范围应有明确的边界。在控制性详细规划阶段,已经根据各类用地的不同性质,详细划定了一些地块界线,这个界线就是确定修建性详细规划用地范围的依据。在旅游区规划编制工作实践中,有时委托方要求在完成总体规划成果后,直接编制修建性详细规划,此时仅轮廓性地确定了旅游区的功能分区,并没有精确划定各功能区的边界。需要编制修建性详细规划的地块,其用地范围界线一般会小于总体规划阶段所划分的功能区。

3. 准备基础图件

编制旅游区修建性详细规划需要使用的基础图件,包括专业调查底图和规划设计底图。在编制总体规划阶段,已经形成了一些图件成果,但总体规划涉及的空间范围比较大,图件比例尺较小,一般情况下难以满足修建性规划编制阶段要求。因此,需要重新收集、绘制较大比例尺的基础图件。现在可供利用的基础地理信息比较丰富,很多地方都已完成 1∶10000 地形图测绘工作,另外通过互联网也可获得一些高清晰度的卫星影像图。但是旅游区修建性详细规划成果图比例尺应达到 1∶500~1∶2000,有时需要对预定的规划用地范围进行重新测绘或补充测绘。

4. 对旅游资源做进一步的调查和研究

在编制总体规划时,对规划区内所有旅游资源都进行过调查和评价,但在编制修建性详细规划时,还需要对旅游资源做进一步的调查和研究。一方面是因为承担规划工作任务的单位可能发生变化,即便仍然由编制总体规划的单位继续编制修建性详细规划,但专业结构要求不同,参与规划编制工作的人员会有一些调整,需要通过现场调研,才能比较准确地把握旅游资源的特征;另一方面因为规划侧重点和规划深度不同,旅游资源分析的角度也会有所区别,在前一个规划阶段做过资源调查的规划人员,也需要根据修建性规划的技术特点,重新认识和评价规划范围内的旅游资源。在这一阶段,应重点围绕旅游资源单体或群体形成的背景、旅游资源单体的细部特征以及旅游资源单体在开发利用中的相互关联性等,进行重新调查和研究。

(六)旅游区修建性详细规划的内容

旅游规划实践中,旅游区修建性详细规划的内容主要包括总平面设计、建筑单体设计、竖向设计、道路设计、基础设施管线设计、景观小品设计六个方面。

1. 总平面设计

总平面设计是对规划场地的总体安排，包括建筑总平面和景观环境总平面。总平面设计图上应标明规划建筑、绿地、道路、广场、停车场、水面、景观小品等的位置和用地范围。

2. 建筑单体设计

建筑单体设计包括该单体的建筑图、结构图、给排水、采暖及通风、电气设计等方面。建筑单体设计不涉及单体建筑以外的管网、道路、绿化、消防、中水处理等设计内容。

3. 竖向设计

竖向设计是指开发建设地区（或地段）为满足道路交通、地面排水、建筑布置和城市景观等方面的综合要求，对自然地形进行利用、改造，确定坡度、控制高程和平衡土方等而进行的规划设计。竖向设计是与水平面垂直方向的设计，包含地形设计、道路、广场、桥涵和其他铺装场地的设计。竖向设计的表示方法主要有设计标高法、等高线法和局部剖面法三种。

4. 道路设计

旅游区的道路包括车行道、步游道、消防道、绿道等。道路设计的内容包括线路选择、断面设计、结构层设计、排水设计等。

5. 基础设施管线设计

旅游区的基础设施管线主要包括给排水、供电、通信、油气等。基础设施管线设计内容包括走线、高程、管径和接口等。

6. 景观小品设计

园林设计中的景观小品是景观中的点睛之笔，一般体量较小、色彩单纯，对空间起点缀作用。而旅游区的景观小品则是景观、文化和功能的融合性物件，主要分为园林小品、文化小品、休憩建筑等。

（七）旅游区修建性详细规划的成果要求

旅游区修建性详细规划不需要撰写文本，只需要提供图件和规划设计说明书。

旅游区修建性详细规划需要提供的主要图件包括综合现状图、修建性详细规划总图、道路及绿地系统规划设计图、工程管网综合规划设计图、竖向规划设计图、鸟瞰图、透视效果图等。

1. 主要规划图纸

（1）综合现状图：利用符合工程测量标准的用地现状地形图，标注现有建筑物、构筑物、道路、绿地、管线工程等在图上的准确位置。

（2）规划总平面图：标明用地及建筑物的使用性质，标明各类建筑、场地的位置、尺寸，并对新建和改造建筑做出不同的标示。

（3）竖向规划图：对规划用地的地形作出设计处理，并标明道路的红线、断面、长度、坡度、曲线半径、交叉点和转折点的标高等。

(4)道路规划图:表示旅游区内的路网结构,标注道路坐标、标高、道路断面形式。

(5)绿地系统规划图:特色景观的展示与培育规划,绿地系统规划。

(6)工程管线规划图:标明各类管线的位置、标高、坡度、相互之间的关系。

(7)主要建筑与主要干道的平面、立面、剖面规划设计图。

(8)鸟瞰图或透视效果图等。

2.规划设计说明书

旅游区修建性详细规划说明书主要对图件进行说明,包括各种技术经济分析。旅游区修建性详细规划说明书的内容包括以下九个方面。

(1)综合现状与建设条件分析。

(2)用地布局。

(3)景观系统规划设计。

(4)道路交通系统规划设计。

(5)绿地系统规划设计。

(6)旅游服务设施及附属设施系统规划设计。

(7)工程管线系统规划设计。

(8)竖向规划设计。

(9)环境保护和环境卫生系统规划设计。

3.规划设计深度与图纸比例

修建性详细规划的设计深度,应满足各类建筑和各项工程的设计需要。旅游区修建性详细规划图纸的比例尺一般为1:500～1:2000。

旅游区修建性详细规划图件需要表达的内容较为丰富,包括规划对象在整个旅游区所处的区位、详细规划总图、各专项规划图、用地竖向规划图、效果图等,采用的底图也不相同,要把这些图纸安排在统一的幅面里,有一定的难度。采用改变比例尺、增添或删减文字说明、调整文字说明部分字体大小和行间距、适当合并或拆分图件(调整每一张图纸的信息量)等,可以解决上述难题(张宏等,2008)。

第三节 旅游专项规划的编制

在旅游业与其他产业深度融合的大背景下,在旅游者追求个性、标新立异的大市场环境下,旅游的全域化、差异化趋势不断加强,各种旅游专项规划层出不穷,迅速成为旅游规划理论与实践中不可或缺的重要组成部分。

作为旅游规划的一种类型,旅游专项规划编制应符合旅游规划编制的基本原理与要求,遵循旅游规划编制的基本原则与方法。但旅游专项规划的编制还需充分揭示其特殊性,反映其专题性。

一、旅游专项规划概述

(一)旅游专项规划的概念与依据

1. 旅游专项规划的概念

旅游专项规划(别称"专项旅游规划"),是指针对旅游地或旅游区特定课题的研究和规划安排,根据实际需要编制的旅游规划(马耀峰等,2011)。旅游专项规划最早由 Inskeep 于 1991 年提出,但至今学术界对旅游专项规划的理解存在差异,概念界定也众说纷纭。有的将专项规划简单认为是一些专题研究,这些规划有时独立,有时是综合规划中的一部分;有的将旅游策划、旅游地形象策划与营销规划、旅游人力资源开发规划纳入专项规划。

唐代剑(2016)认为,旅游专项规划包含三层含义:第一,是对某一领域的旅游开发与发展做出的时空安排,是在旅游发展与产业融合的大框架下对专项旅游发展要素的统筹谋划与配置;第二,旅游专项规划就是重点围绕某一领域、某一要素而进行的对规划背景的认知、发展目标的确立、具体方案与项目的设计、进度安排以及保障措施、后续监管的落实等;第三,旅游专项规划既可以是宏观层面、产业层面的专项规划,也可以是社区层面、景区层面的专项规划,并且其内涵随着旅游实践的发展而不断丰富。

2. 旅游专项规划的依据

《旅游规划通则》(GB/T 18971—2003)指出:旅游区可根据实际需要,编制项目开发规划、旅游线路规划和旅游地建设规划、旅游营销规划、旅游区保护规划等功能性专项规划。

(二)旅游专项规划的类型

1. 从旅游配套要素角度演变而成的旅游专项规划

旅游配套要素既包括传统的吃、住、行、购、娱及水电、用地等,还包括现代旅游业发展所需要的人力资源、信息技术等。从旅游配套要素角度演变而成的旅游专项规划类型主要有绿道规划、旅游营地规划、旅游厕所规划、旅游线路规划、旅游营销规划、旅游公共服务体系规划等。例如《"十三五"全国旅游公共服务规划》《广西旅游民宿发展规划(2020—2025 年)》《武夷山国家森林步道(福建段)旅游专项规划(2021—2030)》等。

2. 从社会经济发展角度涌现出的旅游专项规划

旅游是区域社会经济发展的重要组成部分,旅游规划必然会打上地方社会经济发展的烙印,从而产生各种旅游专项规划,并且受到区域社会经济发展背景、特色以及阶段性的深刻影响。如随着人类对自身生存环境的关注,开始追求回归自然,生态旅游、环境保护等专项规划得到广泛的重视。为弘扬爱国主义精神以及满足对革命老区旅游扶贫的需要,红色旅游规划大量涌现。

从经济社会发展角度涌现出的旅游专项规划类型主要有生态旅游规划、红色旅游规划、温泉旅游规划、景区创 A 提升规划、智慧旅游规划、全域旅游规划、旅游扶贫规划等。例如,《福建省红色旅游发展规划(2018—2022 年)》《保山温泉之都旅游总体规划》《遇龙河创建国家 AAAAA 级旅游景区提升规划》《广西十万大山生态旅游发展规划

（2021—2023）》等。

3. 从产业融合角度孕育出的旅游专项规划

这类旅游规划是旅游业与工业、农业、商贸业、文化、体育、健康养生等相关产业融合的产物，包括工业旅游规划、乡村（农业）旅游规划、商贸旅游规划、体育旅游规划、大健康旅游规划等类型。例如，《福建省邮轮旅游产业发展规划（2020—2035年）纲要》《安徽省"十四五"乡村旅游发展规划》《广西大健康老年旅游发展规划（2022—2025年）》等。这类旅游规划既可以站在产业发展层面，对两类或多类产业的共同发展作出安排；也可以站在社区或旅游区层面，以特色产业为基础，对旅游发展要素作出合理配置。

知识链接 2-4

二、典型旅游专项规划的一般要求

根据《〈旅游规划通则〉实施细则》，典型旅游专项规划主要包括旅游项目开发规划、旅游线路规划、旅游投融资规划、旅游地建设规划、旅游营销规划、旅游区保护规划、旅游服务设施规划等。

（一）旅游项目开发规划的一般要求

旅游项目开发规划的编制可参照旅游区总体规划和控制性详细规划的基本要求，重点突出项目开发的可行性和必要性分析，加强客源市场的分析与预测，并根据旅游开发项目的建设需要适当强化规划图纸和规划深度。

（二）旅游线路规划的一般要求

旅游线路规划按其功能分类可以划分为观光型、休闲度假型、购物型、科考型、探险型、专题型旅游线路。其编制应在对所在地及周边区域的旅游业发展和景点建设情况进行研究分析的基础上，重点加强客源市场结构分析，并结合线路踩点踏勘，提出合理可行的旅游线路组织策略。

（三）旅游投融资规划的一般要求

旅游投融资规划的编制，应在对所在地及周边区域的投资环境进行比较分析的基础上，重点突出项目开发的可行性和必要性分析以及投资效益分析，适当加强客源市场的分析与预测，提出投融资项目的招商方案和配套政策措施等内容。

（四）旅游地建设规划的一般要求

旅游地建设规划的编制可参照旅游区控制性详细规划和修建性详细规划的基本要求，适当增加旅游区总体规划所要求的资源评价、客源市场分析以及效益分析等内容，并根据旅游开发建设的实际需要适当强化规划图纸和规划深度。

（五）旅游营销规划的一般要求

旅游营销规划包括战略规划和战术规划，战略规划是长期的综合性规划，而战术规划是短期（1～3 年）的针对性规划，也称为营销行动计划（Burke & Resnick，1991）。其编制应重点突出客源市场的分析与预测,根据目标细分市场的发展潜力,提出针对性强的市场营销策略和具体营销方案。

(六)旅游区保护规划的一般要求

旅游区保护规划的编制可参照旅游区总体规划的基本内容要求,重点加强对旅游资源开发利用现状的分析和环境容量分析,划分重点保护对象和范围,提出切实可行的保护措施。同时,应加强区内旅游资源单体的保护。旅游区保护规划内容大致可以分为地质地貌旅游资源的保护规划、水体旅游资源的保护规划、生物旅游资源的保护规划、文物古迹旅游资源的保护规划和民族风情旅游资源的保护规划。

(七)旅游服务设施规划的一般要求

旅游服务设施规划的编制,应对本区域旅游接待服务设施(宾馆酒店、旅游交通、旅游餐馆等)经营现状全面了解和分析的基础上,结合市场需求情况分析,合理确定旅游服务设施的总量、结构、布局和建设时序。

三、全域旅游规划的编制

全域旅游规划是全域旅游发展阶段下的旅游规划表现形式,具有立足全域公共支撑、产业融合、多规合一等特征,集总体规划、执行体系、行动方案等为一体。全域旅游规划与传统旅游规划在编制要求、主体内容、规划依据等方面有很多相同点,但在规划侧重点、规划理念、规划方法等方面却存在明显不同。当前,全域旅游规划模式主要有特征引导型、创建引领型和传统升级型等几类典型模式(徐彤等,2021)。

(一)全域旅游规划的内涵性质

全域旅游规划具有丰富的内涵性质,全域旅游规划是统筹区域整体旅游发展的总体规划,是创建全域旅游示范区的行动指南和规划蓝图,是内容丰富的综合执行体系,还是"多规合一"理念指导下多种规划的结合体。

1. 全域旅游规划是统筹区域旅游发展的总体规划

全域旅游规划既有创新性也有继承性。全域旅游规划是新阶段、新背景下旅游发展总体规划的一种特殊表现形式,是运用全域旅游新的产品观、发展观、产业观,将区域整体作为全域旅游目的地进行规划,从而指导区域旅游总体发展。

2. 全域旅游规划是全域旅游示范区创建的规划蓝图和行动指南

当前,全域旅游规划的编制主体主要为全域旅游示范区创建单位,全域旅游规划是在《全域旅游创建导则》和《全域旅游示范区验收标准》的指导下,结合地方区域旅游资源特色和旅游产业发展水平制定的全域旅游发展规划。全域旅游规划带有明显的全域旅游示范区创建属性,是全域旅游示范区创建的规划蓝图和行动指南。

3. 全域旅游规划是内容丰富的综合执行体系

一般性质的旅游发展规划只包括规划文本、说明书和图件,而全域旅游规划则不仅包括传统的规划三大件,还囊括了旅游人才、"旅游+"、投融资等专项规划成果,涵盖了实施方案、行动计划和改革专项方案等多项配套成果,构建了一套内容丰富的综合规划成果执行体系。

4. 全域旅游规划是多种规划的结合体

全域旅游规划是"多规合一"理念指导下的旅游产业规划，是多种规划的结合体。全域旅游规划集国民经济与社会发展规划的战略性和整体性、区域发展规划的统筹性和整合性、城乡规划的空间性和体系性、土地利用规划的资源保障性和资源配置性、产业发展规划的项目性和产业性、环境保护和资源保护规划的控制性、旅游规划自身具备的市场性和创意性等于一体，是多种规划属性的集成体，是"多规合一"理念指导下形成的新兴产业规划。

知识拓展 2-2

(二) 全域旅游规划的基本特征

全域旅游规划具有以下基本特征。

1. 全域旅游规划是跳出旅游立足全域的新型旅游发展规划

全域旅游规划既有专业性又有综合性，全域旅游规划侧重产业融合和综合发展，注重区域整体，强调充分发挥旅游的引领带动作用。

2. 全域旅游规划是基于新理念指导下的新型旅游规划

全域旅游规划需要创新产业观、资源观和营销观，要突破传统观光旅游的局限，立足全域思维，用全域理念去发现新资源、新价值，通过全域营销、联动营销打造全域旅游精品，推动全域旅游目的地建设。

3. 全域旅游规划是公共服务支撑下的新型旅游规划

全域旅游规划强调公共服务和服务设施支撑功能与传统旅游规划有着明显的不同。全域旅游规划的规划范围是全区域，不是单指旅游景区。全域旅游规划侧重景区内外的公共服务和服务设施的综合提升，注重全域旅游服务体系的完善。

4. 全域旅游规划具有强调整体环境服务优化的特点

全域旅游规划注重全域整体环境的美化和区域旅游服务的优化打造，认为旅游发展应告别景点旅游时代的景区内外两重天的发展困局，需加强对目的地全域生态环境、社会环境等的统一优化打造，推动建设全域美景一体化发展的新型旅游目的地。

5. 全域旅游规划强调"多规合一"理念

全域旅游规划编制既要注重加强与国土空间规划、国民经济与社会发展规划等主要规划的衔接，又要注重加强与交通、水利、文化、体育等专项规划的衔接，不是单就旅游谈旅游。

6. 具有较强的产业融合属性

全域旅游规划强调产业联合联动，立足传统旅游产业，不断创新旅游新业态，注重发挥旅游综合产业的产业属性优势，强调构建大产业体系。

7. 全域旅游规划侧重构建现代旅游治理体系，强调改革旅游管理体制机制

在全域旅游发展中形成的"1+3+N"的全域旅游综合管理机制已经成为我国探索综合管理体制机制改革重要的成功案例，对区域整体现代治理体系的构建具有重要的探索和实践意义。

知识链接 2-5

(三) 全域旅游规划的典型模式

全域旅游规划是在全域旅游理念指导下的新兴旅游产业发展规划，其规划内容体

系仍处于探索期。当前针对全域旅游规划的规划内容体系,主要有以下几种模式:一是基于全域旅游的基本特征,立足全资源、全产业、全体系、全社会等几大方面,系统构建的特征引导型全域旅游规划,典型代表有《南京市全域旅游发展规划》,其特色性明显但综合性有待提升;二是立足于旅游发展总体规划基本要求,在传统旅游发展规划的基础上,运用全域旅游发展理念编制的传统升级型全域旅游规划,主要代表有《青海省全域旅游发展规划》等,该类型具有较强的综合性,但全域旅游特色性仍需加强;三是在深入把握全域旅游发展本质和核心要求的基础上,立足全域旅游示范区创建的创建引领型全域旅游规划,主要以《海南省全域旅游建设发展规划》为代表,围绕创建工程为核心,操作性强但综合性仍需加强。徐彤和张毓利(2021)构建了包含全域旅游三年行动方案、全域旅游发展模式等系统配套的综合系统型全域旅游规划模式,具体如表2-3所示。

表2-3 全域旅游规划典型模式比较

类型	典型代表	规划成果体系	规划主体内容框架	评价
特征引导型全域旅游规划	《南京市全域旅游发展规划》	全域旅游规划+全域旅游五年行动计划+各区特色发展规划+各区五年行动计划	规划文本主要包括七章:第一章,发展现状与问题分析;第二章,整体发展思路与路径;第三章,全资源整合;第四章,全产业融合;第五章,全体系覆盖;第六章,全社会参与;第七章,体制机制改革创新	立足全域旅游发展核心特征,丰富全域旅游发展;不足之处是综合性不强
传统升级型全域旅游规划	《青海省全域旅游发展规划》	全域旅游规划+全域旅游实施意见+"旅游+"产业融合任务分解表	主要包括十四章内容:规划总纲,规划背景,总体定位,全域统筹点线面建设,青海全域旅游区域协作,全域"旅游+"产业融合规划,完善配套、提升全域旅游产业要素,全域旅游产品与新业态创新规划、文旅扩容与倍增规划,全城生态红线天网工程,旅游品牌("大美青海")全域营销工程,智慧旅游服务建设工程,全域旅游优质服务提升工程,乡村振兴战略下的旅游扶贫工程,全域旅游保障体系,全域旅游投融资体系	在传统旅游规划核心内容的基础上,借助全域旅游发展核心理念,充实规划内容,完善传统规划内容体系;不足之处是特色性不明显

续表

类型	典型代表	规划成果体系	规划主体内容框架	评价
创建引领型全域旅游规划	《海南省全域旅游建设发展规划》	一个重点规划建设文本	规划文本主要包括十一章,分别为:规划总纲;综合分析;总体定位;全域统筹"点线面"建设;全域旅游产品提升;全域旅游产业融合;全域旅游国际化建设工程;全域旅游标准化建设工程;全域旅游信息化建设工程;全域生态文化保护工程;全域旅游实施保障工程	紧密围绕全域旅游示范区创建要求,以创建系列工程为主要架构谋划打造全域旅游目的地;主要立足于全域旅游示范区,创建综合性、多规合一有待加强
综合系统型全域旅游规划	《××市全域旅游规划》	"1+4"的规划成果体系,一个全域旅游发展总体规划加三年行动方案、全域旅游专项规划、全域旅游指导意见和全域旅游某某模式四个配套成果体系	构建了"三大篇二十一部分"的全域旅游规划体系。一是基础分析篇。主要包括规划总论、资源重新评价、市场全面分析、发展现状诊断、未来发展展望与竞合发展分析。二是总体规划篇。主要内容包括发展总体思路、发展空间布局、产品体系规划、公共服务规划、服务要素规划、营销体系规划、产业融合规划、城镇乡村规划、保护控制规划与创建体系分工等。三是实施保障篇。包含投资体系、改革治理体系、政策支撑体系、人才支撑体系与规划实施体系等内容	构建了系统完善的全域旅游规划体系,既包括部规顶层的规划引领,又包括实施意见和三年行动方案的具体实践指导,具有系统性、操作性、综合性等优势

(资料来源:徐彤,张毓利《全域旅游规划的本质特征、典型模式与内容体系探析》,《四川旅游学院学报》,2021(2)。)

四、乡村旅游规划的编制

乡村旅游规划是一种典型的旅游专项规划。下面我们以乡村旅游规划为案例,总结其规划类型和规划要点。总的来说,乡村旅游规划可以分为三种类型,分别是区域型乡村旅游规划、社区型乡村旅游规划和园区型乡村旅游规划。

(一)区域型乡村旅游规划

区域型乡村旅游规划,一般是指在特定的行政区域内,对规划期乡村旅游发展所作出的统一安排和部署，从而更好地推动整个地区的乡村旅游与农业农村的协调发展。这类规划的编制要把握好三个要点。

（1）在规划指导思想与目标定位中把握好旅游业与农业（村）的联动发展。

（2）在规划思路中体现旅游发展与"乡村振兴"的客观要求。

（3）在空间布局中做到彰显资源特色，优化结构体系。

（二）社区型乡村旅游规划

社区型乡村旅游规划就是以乡村社区为依托，以社区规划理论为指导，充分协调各方利益关系，明确乡村旅游发展的方向与目标、乡村旅游功能定位与空间布局，统筹安排开发项目，策划特色旅游产品，并对相关配套要素进行合理配置。其编制要点如下。

（1）全面协调农村利益相关者的利益。社区型乡村旅游规划要协调好村民与旅游者、外来旅游企业和基层政府等的利益关系，保障乡村旅游发展的可持续性。

（2）引导乡村旅游业态多样化、差异化，避免同质化过度竞争。

（3）培育乡村旅游社会化组织，以促进分工协作和利益协调，规范市场秩序。

（4）完善地方特色旅游资源的保护措施，调动公众的积极性，开发多元旅游项目，促进地方特色旅游资源可持续发展（王晶晶等，2020）。

（三）园区型乡村旅游规划

园区型乡村旅游规划是以农业园区为依托的特色旅游区规划。现代农业发展中，高科技农业园区、特色农作物种植园区、农产品标准化生产基地等各种大规模农业园区蓬勃发展，这些园区对旅游者有较强的吸引力。园区型乡村旅游规划可以参照旅游景区规划，从策划、总规、详规等层面进行规划，其重点是对规划区（红线）范围内的旅游产品体系、旅游项目设计、旅游基础设施和服务设施配套、支撑和保障措施等作出时空安排和制度安排。园区型乡村旅游规划的编制要点如下。

（1）强调农业的基础性地位。牢固树立"农业为本，旅游为末"的发展理念，不能本末倒置。

（2）提倡精细化农业景观与产品设计。打造景观农田，探索创意农业，以文化彰显特色，增强项目的参与性，提供角色化体验。

（3）融入科技元素。现代农业离不开科技应用，这是农业园区吸引游客的重要法宝。

（4）综合规划基础设施建设和农业技术设施建设，为整个园区发展提供设施保障。

规划案例 2-4

本章要点

（1）旅游发展规划是根据旅游业的历史、现状和市场要素的变化所制定的目标体系，以及为实现目标体系在特定的发展条件下对旅游发展的要素所做的安排。

（2）旅游区是以旅游及其相关活动为主要功能或主要功能之一的空间或地域。

(3)旅游区规划是指为了保护、开发、利用和经营管理旅游区,使其发挥多种功能和作用而进行的各项旅游要素的统筹部署和具体安排。

(4)旅游区总体规划是为了指导旅游区的旅游资源与环境保护、旅游项目开发建设和运营管理而编制的综合性、整体性、长远性规划。旅游区总体规划是旅游区内其他各类规划的重要依据,旅游区专项规划、控制性详细规划和修建性详细规划须依据旅游区总体规划编制。

(5)旅游区总体规划的任务包括:分析旅游区客源市场,确定旅游区的主题形象,划定旅游区的用地范围及空间布局,安排旅游区基础设施建设内容,提出开发措施。

(6)旅游区控制性详细规划是在旅游区总体规划的基础和框架下,对特定旅游区内的建设开发用地进行深入的控制性规划设计。旅游区控制性详细规划的技术指标主要包括土地使用性质控制、土地使用强度控制、旅游综合环境质量控制三个方面。

(7)旅游区修建性详细规划是指以旅游区总体规划和控制性详细规划为依据,针对近期即将建设的地段,对各种构成要素进行比较深入细致的部署,用以指导建筑设计、景观设计或施工图设计的规划层次。空间安排、尺度界定、材料选择和景观色彩是旅游区修建性详细规划的四大要素。

(8)旅游专项规划包含三层含义:第一,是对某一领域的旅游开发与发展做出的时空安排,是在旅游发展与产业融合的大框架下对专项旅游发展要素的统筹谋划与配置;第二,旅游专项规划就是重点围绕某一领域、某一要素而进行的对规划背景的认知、发展目标的确立、具体方案与项目的设计、进度安排以及保障措施、后续监管的落实等;第三,旅游专项规划既可以是宏观层面、产业层面的专项规划,也可以是社区层面、景区层面的专项规划,并且其内涵随着旅游实践的发展而不断丰富。

(9)典型旅游专项规划主要包括旅游项目开发规划、旅游线路规划、旅游投融资规划、旅游地建设规划、旅游营销规划、旅游区保护规划、旅游服务设施规划等。

(10)乡村旅游规划可以分为三种类型,分别是区域型乡村旅游规划、社区型乡村旅游规划和园区型乡村旅游规划。

 核心概念

旅游发展规划　tourism development planning
旅游区规划　tourism area planning
旅游区总体规划　master planning of tourism area

旅游区控制性详细规划　regulatory planning of tourism area
旅游区修建性详细规划　constructive detailed planning of tourism area
旅游专项规划　special tourism planning

思考与练习

一、选择题（请扫描边栏二维码）

二、简答题

1. 旅游发展规划的主要内容有哪些？
2. 旅游发展规划的要点有哪些？
3. 旅游区总体规划的内容有哪些？
4. 旅游区控制性详细规划的主要内容有哪些？
5. 旅游区控制性详细规划的作用有哪些？
6. 旅游区修建性详细规划的内容有哪些？
7. 请举例说明旅游专项规划的类型。
8. 旅游区总体规划、控制性详细规划和修建性详细规划对图纸要求有何差异之处？

三、案例分析题

请任意选取一个旅游规划案例，认真研读，运用本章所学知识，并结合自身旅游经历，分析评价其优点和不足之处。

推荐阅读

1. 杨晓霞，向旭.旅游规划原理[M].北京：科学出版社，2013.
2. 唐代剑，等.旅游规划理论与方法应用[M].北京：中国旅游出版社，2016.
3. 陈南江.旅游规划的管理优化：体系、标准与规范[J].旅游学刊，2014(5).
4. 张宏，魏华梅，寇俊.旅游景点修建性详细规划理论与编制方法研究[J].地域研究与开发，2012，31(3).
5. 高捷，赵民.控制性详细规划的缘起、演进及新时代的嬗变——基于历史制度主义的研究[J].城市规划，2021，45(1).
6. 国家质量监督检验检疫总局.旅游规划通则：GB/T 18971—2003[S].北京：中国标准出版社，2003.
7. 《"十四五"文化和旅游发展规划》
8. 《"十四五"旅游业发展规划》
9. 《广西"十四五"文化和旅游发展规划》

第三章
旅游规划的基础理论

学习引导

理论是指导实践的明灯。要科学编制旅游规划,就要有科学的理论支撑。理论纷繁多样,每种理论都有自己的解释力范围,就像夜晚的路灯,只能照亮周边一小块地方。因此,需要学习多种基础理论,掌握其在旅游规划中的应用,用理论来指导旅游规划实践。那么,旅游规划有哪些基础理论?本章将学习这些内容。

学习目标

(一)知识目标

1. 理解:旅游规划的基础理论。
2. 掌握:旅游规划基础理论在旅游规划实践中的应用。

(二)能力目标

1. 能够分析和辨别旅游规划的理论运用。
2. 能够运用旅游规划的相关理论从事旅游规划实践。

(三)价值塑造目标

1. 突出我国学者在旅游规划基础理论研究方面的贡献,增强理论自信和文化自信。
2. 培养创新意识和科学精神,使学生树立正确的旅游规划立场和价值观。

旅游规划原理

思维导图

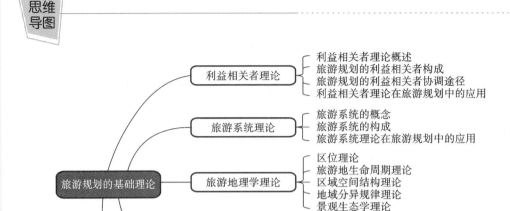

案例导入 3-1

第一节 利益相关者理论

一、利益相关者理论概述

"利益相关者"(stakeholder)是一个来自管理学的概念。弗里曼(Freeman)1984 年在他的著作《战略管理:利益相关者方法》一书中给出了经典定义:一个组织的利益相关者是指任何可以影响组织目标或被组织目标影响的群体或个人。利益相关者可以分为所有权利益相关者、经济依赖性利益相关者和社会利益相关者。这些利益相关者有他们各自的观点和目标,而且观点和目标可能各不相同,甚至有所冲突,组织的目的在于协调各群体(包括强势群体和弱势群体)的利益。

1988 年,国外旅游研究者开始将"利益相关者"一词引入旅游领域,并运用于旅游目的地规划、管理与协作的研究之中。1999 年 10 月 1 日,世界旅游组织大会在第十三届会议通过的《全球旅游伦理规范》中明确使用了"利益相关者"一词,并提出了旅游业发展中不同利益相关者行为参照标准,标志着"旅游利益相关者"概念已正式得到官方认可。

我国最早将"利益相关者"概念引入旅游领域的是张广瑞 2000 年将世界旅游组织通过的《全球旅游伦理规范》翻译并引介至国内。国内最早将"利益相关者"概念引入旅游规划的是 2001 年由中山大学旅游发展与规划研究中心主持的《桂林市旅游发展总体规划(2001—2020)》。将利益相关者理论引入旅游规划,可以提升旅游规划的科学性和可行性，有助于整合各方力量资源并形成协同效应，增强旅游目的地的竞争力。

二、旅游规划的利益相关者构成

旅游规划的利益相关者主要有旅游规划委托方、旅游规划团队、政府部门、旅游企业、当地居民、旅游者、非政府组织、其他利益相关者等。

(一)旅游规划委托方

旅游规划委托方包括政府部门、旅游企业或旅游开发商等。政府部门在旅游规划过程中主要履行协调、立法、规划与投资四方面职能。负责旅游规划的政府部门主要是旅游行政管理机构，作为规划的委托方，在协调经济增长、改善环境和社会影响方面发挥积极作用。旅游企业是依法设立的以营利为目的的从事旅游生产经营活动的独立核算的经济组织。一般情况下，作为旅游规划委托方的旅游企业主要是旅游景区企业和综合性的旅游集团。旅游开发商是旅游规划的主要利益诉求方，他们非常关心旅游项目的可行性和回报性，并希望能参与其中，以获得最大限度的经济效益。

作为委托方，在旅游规划中必须注意两个问题：一是加强与政府各个相关部门的沟通，做好与政府利益相关者的利益协调，保证旅游规划的科学性、可操作性；二是加强对旅游市场全面、深入的了解，旅游规划既要考虑资源因素，也要考虑市场需求、竞争优势等。

(二)旅游规划团队

旅游规划团队主要包括旅游规划编制团队、旅游规划咨询专家和评审专家。旅游规划团队主要由各高等院校、科研机构及业界的专家学者组成。旅游规划是规划团队成员了解旅游行业，并为旅游业发展出谋划策的重要渠道。在旅游规划中，规划团队必须与当地政府、企业，以及社区居民充分沟通，共同完成旅游规划的制定。旅游规划专家应具有强烈的社会责任感，理性对待旅游规划，立足于旅游地可持续发展，兼顾经济、社会和生态环境效益，把委托方、社区居民、消费者等利益相关者的要求充分考虑进去。

(三)政府部门

政府部门特指除委托方以外的旅游规划的监管、审批和协调部门。旅游规划的监管部门主要有旅游政策法规部门、发改委、财政部门、监察部门等。旅游规划的审批部门一般为规划委托方的上级旅游行政管理部门。旅游规划的衔接部门主要包括发改委、自然资源、生态环境、住建、交通运输、农业农村等政府部门。编制旅游规划时要广泛征求各相关部门的意见，与上位规划及各部门规划相衔接。

(四)旅游企业

在特定旅游规划中，属于利益相关者的旅游企业除旅游规划委托方外，还包括规划范围内的吃、住、行、游、购、娱旅游六要素企业，如旅游景区、旅行社、旅游餐馆、酒店客栈、旅游交通公司、旅游购物企业、旅游演艺公司等。追求健康的经营环境，是旅游企业最根本的价值取向，具体包括：良好的政策环境和合理的经济负担（税收、社区贡献等）；

有经过培训、高素质并热爱旅游业的劳动力资源(主要是当地就业者);充足的和高质量的客源以保障经营收益(游客数量、停留时间和消费额)。

(五)当地居民

当地居民又称社区居民,包括规划区范围内的普通居民和旅游从业人员。旅游规划是当地人谋求社会经济发展的一种举措,当地居民的态度和行为对规划实施影响重大,而且他们通常是旅游规划实施后的受益者或受害者。当地居民的友好态度、社区的环境以及社区参与都是规划者在进行产品开发与设施建设时需要考虑的内容。

由于旅游规划一般是由政府、企业委托编制的,因此,政府、企业的利益和要求,往往成了旅游规划考虑的优先要素。明显处于弱势地位的社区居民,便容易成为被忽视的群体,从而导致旅游规划和旅游发展与社区居民相互脱离,产生了众多问题。注重与社区的交流,让社区居民参与旅游规划,提供更多的旅游就业机会正在成为越来越多的旅游规划专家、学者关心的重要问题。社区居民参与旅游规划的一个重要前提是规划给他们带来利益(如追求健康的居住和生活环境,可观的收益和就业机会,优质的基础设施和公共服务),而社区居民的主动参与是当地旅游业发展的内在动力。通过参与,可以减少社区居民与当地政府、旅游开发商、旅游企业、旅游者之间的矛盾冲突,从而降低旅游业发展的阻碍,更好地实现当地旅游业的可持续发展(石美玉,2008)。

(六)旅游者

旅游者是指旅游规划所在地现实或潜在的旅游者。旅游规划必须关注旅游者的需求,清楚地掌握他们对旅游地发展的感知水平和利益表达。旅游规划要体现对旅游者的人文关怀,为旅游者提供便捷、难忘和物超所值的旅游体验。追求高质量的旅游经历,是旅游者最根本的价值取向,具体包括:旅行过程中的健康、安全保障;较高的旅游性价比和满足感。

(七)非政府组织

非政府组织是非政府性质的公共机构或组织实体,是介于政府与社会、政府与企业之间的一种中间组织。与旅游规划相关的非政府组织主要有政协、工商联、妇联、党团组织、旅游行业协会、民间社团、地方商会、环保协会、文物保护组织等。

(八)其他利益相关者

除以上利益相关者外,旅游规划的利益相关者还包括下位规划编制团队或旅游规划实施主体、规划地影响规划实施或被规划实施影响的其他非旅游类企业或事业单位等。

三、旅游规划的利益相关者协调途径

旅游规划中涉及的利益群体较多且关系复杂,存在利益冲突,需要进行利益协调。旅游规划的利益相关者协调的途径有三种。

(一)开展利益相关主体诉求调查

在进行旅游规划之前,通过对利益相关主体开展诉求调查,了解他们的角色定位和利益诉求。这些利益相关主体诉求调查包括社区居民的社会发展诉求调查、管理机构的绩效诉求调查、投资机构的盈利诉求调查、潜在旅游者的体验诉求调查以及弱势群体的诉求调查等。调查结果为旅游规划的目标设置、产品或项目设计、相关政策的制定等提供了充分的依据。

(二)建立有效的沟通机制

在旅游规划过程中,要充分考虑各方利益,做到上情下达和了解民意。有效的沟通机制包括召开咨询论证会,实行共同决策制度、信息公开与反馈制度或区域公投制度等。通过沟通机制的建立,让利益相关主体了解规划方的举措并积极配合,促使旅游规划的编制、实施成为各利益相关主体的责任,共同促进地方旅游业的健康发展。

(三)提高各利益相关主体的参与程度

在旅游规划过程中积极促成社区居民、游客、政府、开发商等各种利益相关者的规范性参与和协作十分必要。一方面要提高当地社区居民参与的广度、深度和可行度;另一方面可以聘请顾问和领导小组参与规划,包括政府相关职能管理部门负责人和投资方的代表等。

四、利益相关者理论在旅游规划中的应用

(一)旅游规划利益相关者分类管控对策

孟德鲁(Mendelow)于1991年提出了利益相关者权力-利益矩阵。该矩阵根据利益相关者持有权力的大小和涉及自身利益(或感兴趣程度)的大小将利益相关者分为四种类型(见图3-1)。基于利益相关者权力-利益矩阵,在对一个旅游地进行规划时,首先,必须重视旅游开发商、旅游经营商、当地政府部门等构成的关键利益相关者(权力和利益都大),他们对旅游规划的认可度在很大程度上决定了规划的成败;其次,要格外关注那些权力小、利益大的相关者(如当地居民、旅游者、非政府组织等),保证他们能获取充分的信息,避免误会和不合作行为;再次,要谨慎对待那些权力大、利益小的相关者(如生态环境局、自然资源局等),要充分征求他们的意见并使其满意;最后,适度关怀那些兴趣小、影响小的群体,如与旅游关联较小的企事业单位和社区。

Sheehan & Ritchie(2005)将旅游目的地的利益相关者按照其威胁性与合作性分为四类——支持型、边缘型、反对型和混合型,并对其分别采取整合(最大限度地整合和开发其合作潜力)、监控(做决策时注意其利益)、防御(尽量减少对其依赖,并找出改变其地位的方法)和联合(如合资、合作、并购等)战略。

(二)社区居民参与旅游规划及社区调控

社区居民是旅游发展的重要参与方。在参与内容上,社区居民可以参与旅游产品

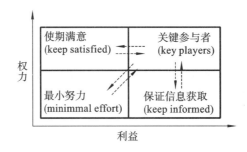

图 3-1　孟德鲁的利益相关者权力-利益矩阵

开发与运营、旅游基础设施和服务设施建设、旅游资源和生态环境保护等;在参与方式上,社区居民可以参与旅游规划编制、旅游项目策划、旅游项目投资、旅游项目经营、旅游服务和管理等。旅游规划要欢迎社区居民参与,加强与社区居民的沟通与交流,充分实现信息的透明化和决策的民主化。

社区调控是旅游规划的重要内容。在旅游规划过程中,首先,对社区居民的利益给予高度的关注与重视,创造条件和机会,让当地社区参与旅游规划的过程和重大决策的制定;其次,旅游规划完成以后应向社会公示,争取能够得到社区居民的认可,以激发他们的自豪感,使他们积极参与旅游规划的实施过程。

加拿大旅游专家 Murphy 于 1985 年在其专著《旅游:一种社区规划方法》中就提倡使用最能体现利益相关者理念的社区规划方法,强调从社区的利益出发,由社区控制开发过程,确定发展目标,并据此作出规划,其核心概念是社区发展、社会承载力,目的是追求经济、社会、文化、生态之间的平衡。

知识链接 3-2

规划案例 3-1

第二节　旅游系统理论

旅游系统理论的根基是系统论。系统论认为,系统是由相互联系的各个部分和要素组成的具有一定结构和功能的有机整体。构成整体的各个局部称为子系统,子系统下面包括更低一级的子系统,最低级的为组成系统的各要素。系统论的基本思想有两点:一是把研究或处理的对象看成是一个系统,从整体上考虑问题;二是特别注重各个子系统之间的有机联系。从系统论角度来看,旅游活动就是一个具有高度复杂性与开放性的系统。

一、旅游系统的概念

旅游系统(tourism system)这一概念由美国著名的旅游规划专家冈恩(Gunn)于1988 年在其著作《旅游规划》(第二版)中率先提出,并指出旅游系统由供给板块和需求板块两个部分组成。冯学钢、吴文智、于秋阳(2011)认为,旅游系统是伴随旅游活动的发生、进行到完成而形成的,由游客子系统、出行子系统、接待子系统和支持子系统所组成的具有一定功能和结构的现代经济、社会、环境综合体。

二、旅游系统的构成

关于旅游系统的构成，众说纷纭。我国学者陈安泽和卢云亭于1991年提出旅游系统由供给系统和需求系统构成。他们进一步指出供给系统包括旅游地域系统、旅游服务系统、旅游教育系统、旅游商品系统四个子系统。旅游地域系统作为主要部分，又包含旅游资源、旅游区或旅游地结构、旅游生态环境、旅游路线、旅游中心城镇五个方面内容。

吴必虎(2000)提出了由旅游市场子系统、旅游者出行子系统、旅游目的地子系统和旅游发展支撑子系统四个子系统构成的旅游系统模型。

马勇和李玺(2018)认为旅游系统可以划分为旅游客源市场子系统、旅游目的地吸引力子系统、旅游企业子系统以及旅游支撑与保障子系统四个部分。

本书采纳冯学钢、吴文智、于秋阳(2011)的观点，即旅游系统由游客子系统、出行子系统、接待子系统和支持子系统构成。其中，游客子系统是需求系统，包括本地游客、国内游客和国际游客；出行子系统是中介系统，包括交通设施、旅行服务、营销宣传、信息指引等；接待子系统是供给系统，主要包括旅游吸引物、旅游设施和旅游服务，为抵达目的地的游客提供游览、娱乐、食宿、购物等综合体验；支持子系统是保障系统，由政策法规、旅游环境、人力资源、安全保障等因素组成(见图3-2)。

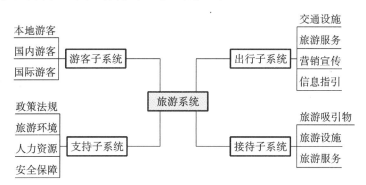

图3-2 旅游系统结构示意图

三、旅游系统理论在旅游规划中的应用

(一)全盘考虑，综合规划

全盘考虑系统要素之间的关系，即围绕旅游活动的开展，旅游规划要厘清组成旅游系统的各个关联要素之间的关系，并在此基础上整体考虑。

综合配置各种资源与要素，保持要素之间合理的匹配关系，保证旅游系统结构的最优化，以最少的投入产出最大的综合效益。

(二)内外兼顾，区域合作

任何一个区域的旅游业规划都应该既着眼于本区域的旅游要素，同时以更广阔的视野考虑本区域旅游业与其他邻近区域旅游业的合作与交流,共同实现区域旅游业快速发展。

(三)信息反馈,动态修正

旅游规划不仅是一个分析和决策的过程,也是一个信息加工和处理的过程,它遵循着系统的信息反馈与修正原理。在旅游规划编制过程中会不断发现新的问题、新的矛盾,这就需要根据反馈回来的信息不断对规划进行修改和完善,甚至重新编制(见图3-3)。

图 3-3　旅游规划中的信息反馈与修正过程

第三节　旅游地理学理论

地理学是最早用来研究旅游现象的理论,也是指导旅游活动和旅游业发展最重要、最广泛和最成熟的理论。旅游地理学(tourism geography)主要研究人类旅游活动与地理环境、社会经济发展的相互关系,以及由此形成的旅游地域综合体的发展机制、类型、结构、规模、功能、布局规律。

旅游地理学应用于旅游规划的相关理论主要包含区位理论、旅游地生命周期理论、区域空间结构理论、地域分异规律理论、景观生态学理论五个子理论。

一、区位理论

(一)区位理论概述

区位(location)是人类行为活动的空间,它不仅包括行为活动的地理位置,而且还包括行为活动与各种地理要素之间的相互联系和相互作用。区位理论是关于人类活动的空间分布及其空间中的相互关系的学说,具体地讲,是研究人类经济行为的空间区位选择及空间区内经济活动优化组合的理论(刘树成,1994)。区位理论起源于1826年杜能(Von Thunen)创立的"农业区位论",经历了古典区位论、近代区位论和现代区位论三大发展阶段。到目前为止,区位理论研究和应用范围遍及工业、农业、商业、贸易、交通、旅游等多个领域,形成的理论主要包括工业区位论、农业区位论、中心地理论、城市地域结构理论、空间相互作用理论以及一般区位论等。

区位主体在空间区位中的相互运行关系称为区位关联度。区位关联度影响投资者和使用者的区位选择。一般来说,投资者或使用者都力图选择总成本最小的区位,即地租和累计运输成本总和最小的地方。

(二)旅游区位

旅游区位(tourism location)是旅游区、旅游景区或景点与其客源地相互作用中的相关位置、可达性及相对意义,它可以看成一个旅游点对其周围客源地的吸引和影响,或一个客源地对其周围旅游点的选择性与相对偏好。旅游区位是一个外延广泛的概念,从上述空间相互作用模式出发,可分为客源区位、资源区位、交通区位和认知区位四种。客源区位是从客源地断面看待周围几个旅游景点的吸引力及可达性,如深圳旅游资源并不丰富,但由于紧邻港澳客源市场,因而客源区位优越;资源区位是旅游资源及景点对周围客源市场吸引力及相对价值,北京市旅游资源丰富,能吸引大批中外游客,表明资源区位突出;交通区位是指从客源地到旅游区的空间距离及可达程度;认知区位是指客源地游客对旅游区景物的认同感及观赏心理。黄帝陵风景区对普通外国游客并没有多大吸引力,然而海外中华儿女却对黄帝陵有着特殊的认同感,每年清明时节大批海外华侨前来拜祭,就是认知区位所致(孙根年,2001)。

(三)旅游区位相关理论

与旅游区位相关的理论有 RBD 理论和环城游憩带理论。

1. RBD 理论

RBD 英文全称为"recreational business district",中文翻译为"游憩商业区"或"旅游商业区",由 Stansfield 等于 1970 年提出。RBD 特指建立在城市核心区,由大型购物中心、商业步行街、特色购物街(各类纪念品商店、餐馆)、旧城历史文化中心、旅游景观、休闲娱乐场所等高度集中组成,吸引了大量旅游者的一个特定商业旅游休闲街区。四川成都的宽窄巷子、锦里就属于 RBD。RBD 已经成为传承城市文脉,展示城市形象和特色,实现主客交流与共享的重要窗口。

2. 环城游憩带理论

环城游憩带理论(ReBAM)由吴必虎于 1999 年提出,认为环城游憩带实际上指发生于大城市郊区,主要为城市居民光顾的游憩设施、场所和公共空间。特定情况下还包括位于城郊的外来旅游者经常光顾的各级旅游目的地,一起形成的环大都市游憩活动频发地带。环城游憩带以回归自然为主题,形成了乡村旅游区、度假区、生态观光等休闲活动场所,有时也包含以回归自然为主、服务于外来旅游者的资源与设施景观,给游憩者提供一个休闲和恢复身心健康的自然环境。环城游憩带包含四大要素:环(城市)体现区位;城市体现市场(客源);游憩体现产品(项目);分布形式表现为非圈、非点(不连续的一个带)。之所以称为"带",一方面说明 ReBAM 需要比较大的单体规模及群体规模(非点),另一方面表明 ReBAM 要因地制宜、适度发展,而不是发展成为一个封闭的圈。

(四)区位理论在旅游规划中的应用

1. 区位分析与选择

根据区位理论,旅游规划中区位分析与选择主要考虑以下几个方面:首先,要分析旅游区域的地理位置，包括地域范围、经纬度、区域内外部交通以及区域的自然环境、社会经济、历史文化等条件。其次，要选择旅游区域的区位优势。通过对有形优势与无形优势、绝对优势与相对优势、局部优势与全局优势的因素比较分析，为旅游活动的开展确定最有利的场所。

2. 旅游项目的选址

旅游项目选址一方面是方便为游客服务，另一方面是为了保护旅游资源，提高土地的利用效率。因此，根据区位理论，将旅游活动中的吃、住、行、游、购、娱等要素在空间上合理布局，尽量做到人流畅通、功能合理、使用方便、景观和谐。

3. 旅游线路设计

旅游线路设计主要包括两个方面的内容：一是区域性旅游线路的设计；二是旅游区（点）游览线路的设计。区域旅游有周游型和逗留型两种类型，其线路设计有所不同。周游型线路一般是环线模式，线路应尽可能串联更多的游览点；逗留型线路一般是两点往返式，线路应尽可能便捷。旅游区（点）游览线路设计需要考虑的因素包括安全、便捷、特色、串联更多的景点等，其路径类型包括步游道、车行道、特种交通线路等。

二、旅游地生命周期理论

（一）理论概述

旅游地生命周期理论（tourism area life cycle，TALC）是描述旅游地演进过程的重要理论，用于揭示旅游地从开始、发展、成熟到衰退阶段的发展规律。生命周期最早是生物学领域中的术语，主要用来描述某种生物从出现到灭亡的演化过程。后来，"生命周期"一词被许多学科用来描述相类似的变化过程。影响旅游地生命周期的主要因素为旅游产品吸引力、目的地的自然环境与社会环境、消费者需求的变化以及管理者的经营策略和方针。

（二）旅游地生命周期理论模型

目前比较典型的旅游地生命周期理论模型是巴特勒（Butler）模型和普罗格（Plog）模型。

1. 巴特勒模型

1980年，巴特勒在《旅游地生命周期概述》一文中，借用产品生命周期模式来描述旅游地的演进过程，提出旅游地生命周期理论。巴特勒将旅游地的生命周期演变分为六个阶段，即探索阶段、起步（参与）阶段、快速发展阶段、稳固阶段、停滞阶段、衰落或复兴阶段，并构建了旅游地生命周期"S"曲线模型（见图3-4）。

巴特勒模型可以概括为四方面内容：第一，旅游地的时空变化形态，包括游客接待量随时间延展的"S"形变化和旅游要素由核心到外围的扩散；第二，旅游地演化路径出现六个阶段性的特征变化；第三，影响旅游地演化的基本要素是游客接待量；第四，旅游发展会导致旅游吸引力的下降，人为的管控可实现旅游地复兴或者延长生命周期，但旅游地发展突破承载力阈值后，衰退可能难以避免。

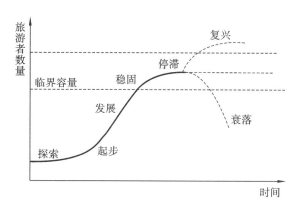

图 3-4 旅游地生命周期理论的巴特勒模型

2. 普罗格模型

1973年,普罗格从旅游者的心理特征出发提出了旅游地生命周期的心理图式假说,即认为旅游地所处的生命周期阶段与旅游者的心理有关。旅游者按照心理类型可以分为五类,分别是多中心型、近多中心型、中间型、近自我中心型和自我中心型。多中心型游客的特点是兴趣广泛多变,喜好新奇的事物,爱冒险,不愿随大流。与多中心型游客相反,自我中心型游客比较保守,谨小慎微,不爱冒险,喜欢熟悉的氛围和活动。中间型属于表现特点不明显的混合型,近多中心型和近自我中心型则属于以上两种带有极端倾向性特点的过渡类型(见图3-5)。

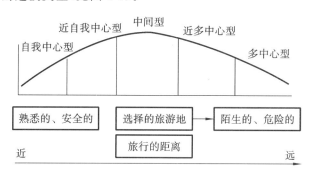

图 3-5 旅游生命周期理论的普罗格模型

普罗格研究认为,旅游地生命周期的发展阶段实际上是旅游地对不同类型旅游者吸引力变化的阶段。旅游地尚未开发时,多中心型的旅游者由于富有探险精神而来到旅游地,使旅游地的发展进入起步阶段;随着多中心型的旅游者日渐增多,近多中心型的旅游者也开始涌入旅游地,旅游地的基础设施和接待服务逐渐完善,旅游地进入快速发展阶段;继而旅游地优越的旅游设施和服务开始吸引大多数中间型旅游者,他们的加入使旅游地进入成熟阶段;当旅游地发展成为大众型的旅游目的地之后,近自我中心型和自我中心型的旅游者开始参与进来,而原先多中心型的旅游者则逐步放弃该旅游地,转而去寻找新的旅游地,这样该旅游地就进入了衰落期。

(三)旅游地生命周期理论在旅游规划中的应用

(1)诊断旅游地所处的发展阶段,预测旅游地的发展走向,指导旅游地的营销策略。

(2)为旅游规划调整提供依据,通过规划调整提高旅游地的接待能力,改善旅游地的服务设施,进而延长旅游地的生命周期。

(3)指导旅游产品创新开发,成功的旅游产品创新可以为旅游地的发展注入新的动力和活力,有助于旅游地在稳固已有客源市场的基础上,开发新的客源市场,从而创造新的效益。

三、区域空间结构理论

(一)理论概述

区域空间结构是通过一定的空间组织形式将分散于各地的相关资源和要素有机结合起来的区域发展"函数",表现为区域内各种经济活动的空间分布状态、空间组合形式及区域差异变动态势(李国平等,2013)。区域空间结构形成及其演化不仅有自然禀赋、地理区位、历史文化、基础设施分布、政策制度、劳动力流动、资金流动、市场发育程度等被普遍关注的影响因素,也有信息、科技、生态环境、体制创新等新因素。一般而言,区域空间结构由点、线、网络和域面四个基本要素组成。这些具有不同特质或经济意义的点、线、面依据其内在的经济技术联系和空间位置关系相互连接在一起,就形成了有特定功能的区域空间结构。

(二)旅游区域空间结构演化规律

旅游区域空间结构演化遵循以下发展规律:原始均衡结构(见图 3-6(a));增长极结构(见图 3-6(b));核心-边缘-外围结构(见图 3-6(c));网络一体化结构(见图 3-6(d))。

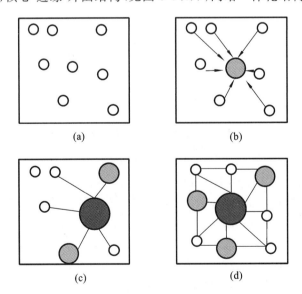

图 3-6 区域空间结构演化规律

(三)区域空间结构理论在旅游规划中的应用

区域空间结构理论在旅游规划中的运用表现在多个方面:区域旅游业空间布局结

构一般在一定范围内,选择若干资源价值高、具有开发潜力并且有重要交通干线经过的地带作为发展轴予以重点开发,在各发展轴上确定中心城镇或旅游点(增长极);从旅游流来看,通过它的中心作用和游客的集聚与扩散带动区域内经济快速稳定增长。到旅游业发展较为成熟的阶段,由商品、资金、技术、信息、劳动力等生产要素的流动网及交通、通信网连接起来的各类旅游节点和轴线形成旅游网络,由此产生的网络开发理论开始在更大范围内对各要素进行合理的调配。如长江三角洲旅游圈、环渤海旅游圈、丝绸之路旅游带等已经形成了各具特色的区域性旅游经济圈(带),丰富和完善了我国旅游业空间结构的内涵。

四、地域分异规律理论

知识拓展 3-1

(一)理论概述

地域分异也称为区域分异,即地区差异性。地域分异规律是指地理环境各组成部分及整个景观在地表按一定的层次发生分化,并按确定的方向呈现有规律分布的现象。地域分异规律广泛存在于自然地理现象和人文地理现象之中,旅游资源也不例外。从南到北,从东到西,从低到高,无论是自然旅游资源还是人文旅游资源都存在地域差异,主要表现在以下几个方面。

1. 纬度地带性

由于太阳辐射能按纬度分布不均,地球上不同的纬度地带会产生气候分区,形成不同的地文景观、水域风光、生物景观和天象与气候景观。同时受其影响,民居民俗、遗址遗迹、人文活动等也呈现出相应的纬度地带性分异。

2. 经度地带性

由于地球自西向东自转以及海陆分布不均衡,地表不同经度地带的降雨量和蒸发量产生极大差别,形成不同经度地带的各种自然和人文景观。

3. 垂直地带性

地球上同一地域因海拔高度的不同而产生地貌和生物变化,从而使旅游资源随着海拔高度的不同呈现出不同的垂直地带性。

4. 不规则地带性

地球表面一些大的地形地貌单元,如高原、平原、山地、盆地、丘陵、岛屿、湖泊等,会影响单元区域内旅游资源的分布,从而出现不规则地带性分异。

地域分异规律是旅游产生的基本条件之一。旅游资源的地域分异规律导致不同旅游地区之间的差异性,正是在这种区域差异性的吸引驱动下,才使旅游者产生了空间移动行为。

(二)地域分异规律理论在旅游规划中的应用

在旅游规划过程中必须遵循地域分异规律。首先,旅游规划要寻求差异,突出本地特色,发挥本地优势,做到"人无我有,人有我优,人优我特",切忌照搬、模仿、抄袭。其次,根据地域分异规律进行旅游规划,寻求具有相对一致性的旅游资源区域。根据不同性质、不同特色的旅游资源区域确定相应的开发方向、开发主题、开发方式、开发规模和管理对策。最后,确定不同旅游地的旅游市场形象、旅游促销策略、旅游产品定位和旅游开发模式等。

五、景观生态学理论

(一)理论概述

景观生态学(landscape ecology)是地理学与生态学之间的交叉学科,它表示支配一个区域不同地域单元自然生物综合体的相关分析,由德国植物学家特罗尔(C. Troll)于19世纪中期提出。金万洲(2008)认为,景观生态学是对不同尺度上景观空间变化的研究,主要研究内容包括景观系统的整体性、景观要素的异质性、景观研究的尺度性、景观结构的镶嵌性、生态流的空间聚集与扩散、景观演化的不可逆性与人类主导性以及景观价值的多重性。旅游规划,尤其是景区、景点规划,在空间尺度上与景观相当,也重视时空特色和生态学思想。

景观生态学将景观空间结构抽象成三种基本单元,斑块(patch)、廊道(corridor)、基质(matrix),简称斑廊基结构。全华、王丽华(2003)还在斑廊基之外增加了一个构成——缘。

斑块又称葩嵌,是空间的点状结构或块状结构,代表与周围环境不同的相对均质的非线性区。它具有活化空间结构的性质。旅游斑块指由景点及其周围环境形成的以自然景观或人文景观为主的地域,如旅馆、景点等。斑块主要用于布局旅游规划的功能项目,在以平坦地形为主的规划区内,小丘就可以看作斑块,布局登山旅游项目;而在以起伏地形为主的规划区内,一块平地就可以作为斑块,布局休憩性项目。

廊道是不同于两侧相邻景观的一类特殊带状要素类型,对景观起通道和阻隔的双重作用。从旅游角度看,主要表现为旅游功能区之间或功能区内部的狭长林带、交通线及周边带状或线状的树木、草地、河流等。旅游地廊道可分为区外廊道、区内廊道和斑块内廊道三个层次。其中,区外廊道主要指旅游地与客源地及客源地周边的各种交通路线与通道;区内廊道主要指旅游地内部各景观类型之间的通道体系,如村间道路、景区间的游道、绿化带等;斑块内廊道是指旅游地各斑块内的联络线,如景点的游览路线等。此外还有水系廊道、生物通道、防火通道和各级游道。

基质是斑块的背景生态系统或土地利用类型,属于宏观背景结构,一般呈面状,对景观功能起着重要作用。从旅游地角度看,一般指斑块周边的背景生态系统即地理环境类型,如森林公园、自然风景名胜区等类型。旅游地基质的大小、孔隙度、边界形状及类型特征是策划旅游地整体形象和划分各种功能区的基础。基质是规划区的背景,规划项目内容应力图与基质气氛相吻合,在基质生态系统过于脆弱的情况下,应注意考虑斑块项目的规模。

缘是指斑块或基质、廊道外围的缓冲地带。如陵墓、寺庙景区外围的缓冲区,可以烘托其原有的庄严肃穆及神圣的氛围。

(二)景观生态学理论在旅游规划中的应用

根据景观生态学原理,一些学者提出旅游规划要坚持整体和谐原则、景观多样性原则、生态安全原则、自然优先原则、效益综合原则、个性与特殊性保护原则等。

在规划中可以运用景观结构、景观诊断、景观预测及敏感度分析技术,为旅游规划前的可行性研究及规划方案的编制提供科学支持。景观生态学在旅游规划中的应用分为宏观和微观两个方面。

1. 宏观方面

旅游地景观生态规划是基于旅游开发与环境保护关系的一种规划,它是一种包含旅游、景观、生态三方面的综合性规划,通过不同类型的结构规划构建不同的功能单元,从整体协调和优化利用出发,确定景观单元及组合方式,选择合理的利用方式。

2. 微观方面

在旅游规划中用斑块、廊道、基质和缘四类元素建立一个网络结构。旅游斑块的设计要与环境融为一体,充分实现生态化;斑块内廊道的设计要以林间小路、河岸、滑雪道等为主,注意合理组合、互相交叉,区内廊道的设计尽量选择生态恢复功能较强的区域,充分利用自然现存的通道,区间廊道的设计应尽量使道路所通过的客流量与区内环境相一致;基质的作用在于利用遥感技术和地理信息系统技术进行景观空间格局分析,构建异质性旅游景观格局,从而对旅游区进行景观功能分区和旅游生态区划;缘地段的规划应注意植被等物体色彩的过渡性或协调性。

第四节 旅游经济学理论

经济学是研究人类经济活动和经济现象规律的一门学科,而旅游规划本身就是一种人类对区域旅游经济进行规划的实践活动。经济现象、经济关系和经济规律必然对旅游规划活动具有极为重要的指导意义。具体内容主要包括:旅游产业部门的结构关系;旅游商品的市场和价格、竞争关系;旅游的供给、需求和消费关系;旅游活动的性质和特征;区域间旅游业的发展、协调和竞争关系;旅游收入与分配的关系;旅游投资决策和经济效益以及旅游企业与政府管理部门、投资商、当地居民、游客的利益关系协调等。20世纪80年代之后,随着宏观经济理论研究的兴起,劳动地域分工理论、经济增长理论、区域经济增长模式理论和区域经济联系理论等在旅游规划中得到广泛应用。

与旅游规划相关的典型旅游经济学理论包括产业竞争力理论、增长极理论、体验经济理论和门槛理论四个子理论。

一、产业竞争力理论

(一)产业竞争力的概念

产业竞争力是指某国或某一地区的某个特定产业相对于他国或地区同一产业在生产效率、满足市场需求、持续获利等方面所体现的竞争能力。

(二)理论基础

产业竞争力的理论基础有以下两个。

一个是大卫·李嘉图于1817年提出的比较优势原理，侧重不同国家或地区之间土地、劳动力、资本、自然资源等基本生产要素的静态比较，是一种天然的竞争力。比较优势理论认为，国际贸易的基础是生产技术的相对差别（而非绝对差别），以及由此产生的相对成本的差别。每个国家都应根据"两利相权取其重，两弊相权取其轻"的原则，集中生产并出口其具有比较优势的产品，进口其具有比较劣势的产品。比较优势贸易理论在更普遍的基础上解释了贸易产生的基础和贸易利得，大大发展了绝对优势贸易理论。

另一个是迈克尔·波特1985年提出的竞争优势原理，侧重不同国家或地区之间体制机制、管理水平、人力资本、品牌营销、技术创新等高级要素的动态比较，是先天禀赋与后天努力综合形成的竞争力。波特认为，一国的贸易优势并不像传统的国际贸易理论宣称的那样简单地取决于一国的自然资源、劳动力、利率、汇率，而是在很大程度上取决于一国的产业创新和升级的能力。由于当代的国际竞争更多地依赖于知识的创造和吸收，竞争优势的形成和发展已经日益超出单个企业或行业的范围，成为一个经济体内部各种因素综合作用的结果，一国的价值观、文化、经济结构和历史都成为竞争优势产生的来源。在波特所著《竞争战略》一书中，他提出有名的五力分析架构。波特认为，影响产业竞争态势的因素有五项，分别是"新进入者的威胁""购买者（客户）的议价能力""替代品（或服务）的威胁""供货商的议价能力"及"现有竞争者的对抗态势"。通过这五方面的分析，可以测知该产业的竞争强度与获利潜力。波特认为，在与五种竞争力量的抗争中，蕴涵着三种成功型战略思路：一是总成本领先战略，坚决地建立起高效规模的生产设施，在经验的基础上全力以赴降低成本，抓紧成本与管理费用的控制，以及最大限度地减少研究开发、服务、推销、广告等方面的成本费用；二是差异化战略，将产品或公司提供的服务差别化，树立起一些全产业范围内具有独特性的东西；三是专一化战略，主攻某个特殊的顾客群、某产品线的一个细分区段或某一地区市场。

迈克尔·波特认为，产业竞争力是由"生产要素""需求条件""相关及支持产业""企业战略、结构与同业竞争"四个主要因素，以及"政府"和"机遇"两个辅助外部因素共同作用而形成的，这些要素及其相互关系构成了评价产业竞争力的"钻石"模型（见图3-7）。竞争力评价的常用方法有因子分析法、层次分析法、德尔菲法、雷达图法等。

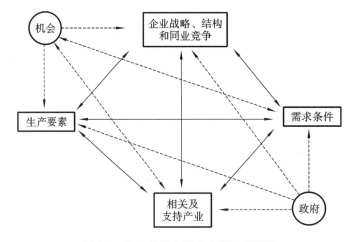

图3-7　波特的产业竞争力"钻石"模型

（三）产业竞争力理论在旅游规划中的应用

1. 为旅游竞争力分析提供工具

随着旅游市场竞争的加剧，一个旅游区的旅游产业在旅游市场中的竞争能力日益受到人们的关注，当前旅游规划的目标之一就是提升规划对象在市场中的竞争力。因此，在确定旅游发展目标和方向时，必须运用一般竞争力理论分析规划对象在旅游市场中的竞争状况。可以说，旅游竞争力分析已经成为旅游规划编制中的一个重要组成部分。同时，旅游竞争力理论的提出还大大丰富了旅游规划的内涵，创新了旅游规划的观念。

2. 为旅游发展战略的制定提供依据

旅游发展战略是以提升旅游地的市场竞争力，实现旅游地经济、社会、环境效益与可持续发展为导向的，是对旅游地今后发展道路的总体指导。这就要求战略的制定必须依据于旅游竞争力分析的结论，必须找出旅游发展的差距所在，明确其制约因素，调整规划目标与重点，最终提升旅游区或旅游产业的竞争力。

二、增长极理论

（一）理论简介

增长极（growth pole）这一概念最早由法国经济学家弗朗索瓦·佩鲁在1950年提出。他认为：一个国家要实现平衡发展只是一种理想，在现实中是不可能的，经济增长通常是从一个或数个"增长中心"逐渐向其他部门或地区传导。

增长极理论的主要观点是：区域经济的发展主要依靠条件较好的少数地区和少数产业带动，应把少数区位条件好的地区和少数条件好的产业培育成经济增长极；富于创新的大规模经济单位处于支配地位，而其他经济单位则处于被支配地位；经济增长被认为是一个由点到面、由局部到整体依次递进、有机联系的系统。

（二）增长极的效应

增长极在形成与发展过程中会产生支配效应、乘数效应、极化效应和扩散效应四种效应。支配效应是指一个单位对另一个单位施加的不可逆转或部分不可逆转的影响。乘数效应是指经济活动中某一变量的增减所引起的经济总量变化的连锁反应程度。极化效应是指增长极有着优越的交通、资源、政策等优势，增长极的生产力水平和生产效率大幅度提高，发展迅速，造成了区域经济的不平衡发展。扩散效应与极化效应相反，其有助于增长极周边地区的发展和区域经济的平衡发展。扩散效应产生的前提是增长极发展的规模达到饱和状态甚至超负荷状态，增长极的某些优势开始丧失，增长极内一些受此影响的资源开始向其他地方转移扩散。

（三）相关理论模型

与增长极相关的理论模型为核心-边缘理论和"点-轴"理论。

1. 核心-边缘理论

核心-边缘理论是 1966 年由弗里德曼（Frideman）在他的学术著作《区域发展政策》一书中正式提出的。该理论指出：任何国家都是由核心区及边缘区构成，且两者之间存在不平等的关系，其中核心区处于统治地位，而边缘区依赖核心区的发展。

2. "点-轴"理论

"点-轴"理论由我国的陆大道院士于 1984 年最早提出，是增长极理论的扩展。该理论指出：在地区甚至国家经济发展中，最初的社会经济要素主要存在于发展趋势好的"点"上。随着经济的不断发展，各个"点"之间需要基础设施支撑，从而形成了"轴"。其中"点"主要是指人口及各种资源集中的区域，是重点发展地区，也就是区域增长极；"轴"是指由交通、通信等联结区域增长极（点）的发展轴线。这种轴线首先是为区域增长极服务的，但轴线一经形成，对人口、产业也具有吸引力，吸引人口、产业向轴线两侧集聚，并产生新的增长点。该理论可科学指导区域旅游的规划开发，能实现从不平衡发展过渡到平衡发展，并实现"点-线-面"的发展。

（四）增长极理论在旅游规划中的应用

1. 点轴式开发

点轴式开发模式在旅游规划中应用较为广泛。"点"是增长极，"轴"是区域内的交通干线以及在其基础上所形成的产业带。一般而言，点轴式开发首先要在区域内选择若干旅游交通干线作为发展轴进行重点开发，其次在这些发展轴上根据景点分布情况和区位因素确定开发潜力较大的旅游中心城镇，即增长极，最后依次按照重要程度集中力量发展重点和次重点的增长极和发展轴。

2. 网络式开发

网络式开发指的是在已有点轴式开发的基础上进行延伸。它是区域旅游开发的高级阶段。网络式开发以区域内发达的交通网络为基础，大力提高区域内各级点-轴之间的关联度，通过网络的延伸加强与周边地区旅游业的合作和交流，在更大范围内对旅游要素进行合理配置与组合，以实现区域乃至跨区域旅游的一体化发展。

三、体验经济理论

（一）体验经济的概念

体验经济理论最早是由美国学者 B. 约瑟夫·派恩（B. Joseph Pine II）与詹姆斯·H. 吉尔摩（James H. Gilmore）在他们 1999 年合著的《体验经济》一书中提出的。他们认为体验经济是继农业经济、工业经济、服务经济之后第四个经济发展阶段。体验经济是指企业以服务为舞台（依托），以商品为道具（载体），为消费者提供体验或创造出值得回忆的活动的一种经济形态。商品是有形的，服务是无形的，而创造出的体验是令人难忘的。

体验经济摒弃了传统的价格竞争模式和规模经济的竞争模式，从生活与情境出发，塑造感官体验及思维认同，以此抓住消费者的注意力，改变消费行为，并为产品找到新的生存价值与空间。消费者犹如形形色色的演员，沉醉于企业设计好的情感体验"舞台"之中,玩转着各种"道具",获得物质与精神上的满足,进而心甘情愿地为美妙的心理感受支付一定的费用。

(二)体验的内涵及实现

体验经济的特征包括非生产性、短周期性、互动性、不可替代性、映像性、高增值性等。体验经济讲求与消费者的开放互动,尽力满足消费者的个性化需求。约瑟夫·派恩和詹姆斯·吉尔默指出体验由娱乐、教育、遁世和审美四个部分组成。如果某个产品或服务能够同时具备上述四项,则能够为消费者带来最为客观的体验满足。例如,澳门兴建的威尼斯人度假村酒店、澳门银河综合度假城等综合性酒店度假村娱乐项目,规模宏大、功能多元,在娱乐、教育、遁世以及审美方面取得了较好的平衡,吸引了越来越多的旅游者。

此外,约瑟夫·派恩和詹姆斯·吉尔默还从体验经济的实现角度,将体验的生产总结为"3S",即满意(satisfaction)、代价(sacrifice)、惊奇(surprise)。其中,满意是消费者期望与实际感知之间的差距,代价则是消费者需求与消费者付出的成本之间的差距,惊奇是消费者最终的感知与期望之间的差异。因此,在强化体验经济的过程中,应首先创造消费者满意,然后减少消费者为该产品或服务付出的代价,最终实现惊奇。

(三)旅游与体验

旅游与体验具有较多的相似之处,如都具有无形性特点,强调一种经历或记忆,更为关注消费的过程而非结果等。谢彦君(2004)认为旅游体验(tourism experience)的研究是旅游学的基础,所谓旅游体验是旅游者在旅游过程中,对所遇到的事件、景点以及其他各种现象的主观感受。由于不同旅游者在旅游过程中,获得的体验和经历各不相同,因此,可以从体验经济的角度将旅游归纳为离开常住地追求多种体验的过程,如回归自然的体验、求知学习的体验等。随着人们对体验经济的关注和重视,体验式旅游的概念也应运而生。斯塔波力斯和斯凯尼斯(2002)认为体验式旅游是一种预先组织设计的、按照一定程序展开,需要顾客主动投入精力和时间参与的,寻求愉悦而特别体验的旅游方式。徐林强和黄超超等(2006)将体验式旅游的特点简要归纳为注重人性、体现个性、游客参与、快乐导向。由此可见,体验经济下的旅游已经开始具备较为突出的个性化特征。

从本质上说,旅游本身就是人的一种体验过程,旅游产品的消费过程就是旅游体验过程,"旅游经济"与"体验经济"有着天然的耦合性。体验旅游的基本特征是主题人性化、目标情感化、服务个性化、产品差异化、过程互动化、结果持续化。有研究者以体验经济的种类为划分依据,将体验旅游分为娱乐体验型、教育体验型、探险体验型、审美体验型四类。也有研究者根据体验参与程度的差异,将体验旅游划分为表层体验、中度体验、深度体验等层次。

(四)体验设计

体验设计的内容包括以下几个方面:一是确定一个简洁、明确、有吸引力的主题(明确主题);二是设计与主题一致的体验项目(塑造印象);三是削减违反或转移主题的负面项目(减除负面);四是强化感官刺激以支持和增强主题(感官刺激);五是发挥纪念品作为回忆线索的作用(回忆线索);六是不断提升环境质量、文化质量、服务质量和项目质量。

(五)体验经济在旅游规划中的应用

旅游的本质是追求某种体验,旅游业是典型的体验经济。制造体验是旅游业的核心业务,而旅游体验的制造源于旅游规划。体验经济在旅游规划中的应用价值体现在两个方面:一是促进旅游规划更好地突出个性,避免规划的模式化,为游客创造独特的旅游体验;二是注重体验设计,为旅游项目的策划提供较为清晰的方向指引。

罗兹柏(2014)指出,主题引导、氛围烘托、过程设计是体验活动设计的专业内容,旅游体验的时空经历性、不可预期性、象征性、故事性、情感性与享受性,更应是旅游规划设计的客观依据。由此可提出系统性旅游体验专业设计的四个环节要求。

1. 视觉场景主导的遭遇性体验

视觉场景主导的遭遇性体验涉及能给游客带来惊异、惊艳、惊喜与邂逅的景观乃至场景、情景等兴奋点体验系统的规划设计要求。

2. 时空过程主导的穿越性体验

时空过程主导的穿越性体验涉及旅游线路、旅游通道、旅游活动的时空过程变幻性、节奏性与对比性体验系统规划设计要求。

3. 文化内涵主导的发现性体验

文化内涵主导的发现性体验涉及能引导游客的文化发现、知识体验乃至生命感悟的知识与文化内涵铺垫、主题及导游系统、体验系统的规划设计要求。

4. 生活要素支持的享受性体验

生活要素支持的享受性体验涉及以旅游六要素为主导,尤其是以旅游节点为主要依托,吃、住、娱、购为核心支撑的休闲性、舒适性及文化性生活享受体验系统规划。

四、门槛理论

(一)理论简介

门槛理论最早由波兰著名的城市经济学家和规划学家马利士于1963年在其著作《城市建设经济》中提出,又称为临界分析理论,特指针对在城市成长过程中某些限制其发展的极限或障碍的研究,这种极限称为发展的临界或门槛。该方法最初应用形式是城市发展门槛分析,在综合评价城市发展可能的综合规划方法中得以广泛而有效地应用。

门槛分析思想是通过对某类建设的规模与建设投资的曲线(是梯级跳跃型曲线)绘制,确定建设面临的门槛以及相应的门槛费用,从而根据发展需要进一步确定合理的建设规模(见图3-8)。

旅游规划面临的门槛可分为:实体上的门槛,指由自然环境造成的;技术上的门槛,指与基础设施系统有关的;结构上的门槛,指城市中某些部分(如市中心)需要重建。

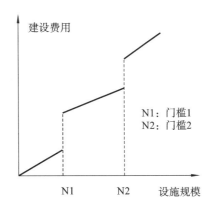

图 3-8 梯级型门槛示意图

(资料来源:范业正《国外旅游地规划的理论与技术方法》,《国外城市规划》,2000(3)。)

门槛分析方法是门槛理论的具体应用,其分析程序如下。①确定研究区域,地区界线的规定要尽可能保持城市地区的完整性,并考虑行政区划;② 分析影响城市发展的因素,即分析城市发展的门槛限制,包括地理环境限制、技术条件限制和城市结构限制等;③ 综合确定门槛线;④进行评价,制定相对应措施。门槛分析的特点是简单明确,能直接指出门槛限制,门槛思维方式在城市规划各个领域得到普遍的关注,如波兰什切青工业大学就曾应用门槛分析法编制了小城市总体规划(覃永晖等,2009)。

经过不断的实践和总结,一些比较规范化和有针对性的方法随之产生,如发展建设可能性分析(DPA)和终极门槛(UET)方法。其中,终极门槛被定义为生态系统的承载力极限,超过这一极限生态系就不能恢复原状和平衡。因此,用终极门槛方法也可以分析旅游地环境承载力。

(二)门槛理论在旅游规划中的应用

门槛分析在旅游地规划中,可用于分析公共基础设施的规模和整个旅游地的开发规模,同时也可以用终极门槛来分析旅游地的环境容量。"旅游门槛人口"的提出便是由单项目门槛分析推广到旅游地接待规模与效益的分析之中,以便确定开发规模。

1968 年,马利士在南斯拉夫南亚得里亚沿海地区的旅游发展规划中,首次将门槛分析方法直接应用于旅游地开发。他从门槛分析的角度把资源分为两类:一类是容量随需求的增加呈比例渐增;另一类是容量只能跳跃式地增加,并产生冻结资产现象。

马利士认为住宿条件(旅馆、汽车旅馆、露营地、私人住房等)可随需求的增加,容量逐渐增大,属于第一类型;而给水条件属于第二类型。因为给水量在不超过现有水资源限制条件下可渐增,但增到一定限度后需要大量投资开辟新的水源。这一限度便是供水量发展的门槛。在跨越门槛后如不再继续增容利用,便会产生剩余容量,导致资产的冻结,大大降低了方案的经济效益。

第五节　可持续发展理论

一、可持续发展的内涵

可持续发展(sustainable development)这一概念最先于1972年在斯德哥尔摩举行的联合国人类环境研讨会上正式提出。此后,可持续发展的观念日益受到人们的关注与重视。

目前关于可持续发展的定义有很多,其中被广泛采纳的定义是1987年挪威首相布伦特兰夫人在第42届联大"环境与发展会议"上提交的《我们共同的未来》报告中所提出的定义,即可持续发展是既满足当代人的需求,又不对后代人满足其需求的能力构成危害的发展。

可持续发展包括三个方面的内容:生态可持续发展、经济可持续发展、社会可持续发展。

(一)生态可持续发展

以保护自然为基础,与资源和环境的承载能力相适应。在发展的同时,必须保护环境,包括控制环境污染和改善环境质量,保护生物多样性和地球生态的完整性,保证以持续的方式使用可再生资源,使人类的发展保持在地球承载能力之内。

(二)经济可持续发展

鼓励经济增长,以体现国家实力和社会财富。不仅重视增长数量,更追求改善质量、提高效益、节约能源、减少废物,改变传统的生产和消费模式,实施清洁生产和文明消费。

(三)社会可持续发展

以改善和提高人们生活质量为目的,与社会进步相适应。社会可持续发展的内涵应包括改善人类生活质量,提高人类健康水平,创造一个保障人们享有平等、自由、教育等各项权利的社会环境。

从本质上来看,可持续发展理论就是一种观念创新,就是在价值观上从过去人与自然的对立转变为人与自然的和谐相处。这种发展观是一种以知识为内核,以人的全面发展为前提、以社会文明为基础的新型文明发展模式。

二、实现可持续发展的基本原则

实现可持续发展的基本原则有三点:一是公平性原则,包括同代人之间的机会公平、代际公平和分配有限资源的公平性;二是可持续性原则,强调资源的可持续利用和生态系统的可持续性,人类社会的经济和社会发展要和环境的承载力相协调;三是共同性原则,即人类应有共同的认识、共同的责任感,共同遵从全球发展可持续性的总目标,采取联合行动保护我们共同的家园。

三、旅游可持续发展的目标

旅游可持续发展是既满足当代人的旅游需求,又不损害后代人满足其旅游需求的旅游发展模式。1990年,在加拿大温哥华召开的旅游国际大会上首次提出了旅游业的可持续发展纲领,该纲领指出旅游业可持续发展有五个目标:

(1)增进人们对旅游带来的经济效应和环境效应的理解,强化生态意识;
(2)促进旅游业的公平发展;
(3)改善旅游接待地居民的生活质量;
(4)为旅游者提供高质量的旅游经历;
(5)保证未来旅游开发赖以存在的环境质量。

四、可持续发展理论在旅游规划中的应用

可持续发展理论应用于旅游规划实践中,就是要对旅游资源进行有规律的、可持续的开发利用,从而实现旅游环境的生态平衡及旅游资源、环境的代际平衡。

旅游开发要注重经济效益、社会效益和生态效益的结合,要注意开发方式的选择及开发规模的控制,严格防止出现过度开发局面。以可持续发展理论指导旅游规划实践,具体体现在以下几个方面。

(一)积极保护

积极保护就是在开发利用中保护,以开发利用促保护,以开发利用反哺保护。积极保护为各种遗产、资源、环境的保护与开发利用找到一条最佳结合的途径。兼顾自然、历史遗产的社会、经济和生态价值是"积极保护"的核心理念。旅游规划就是要践行"积极保护"的理念来看待旅游资源和环境,来处理旅游开发与保护的关系。

(二)有限开发

在旅游规划过程中,应坚持有限开发的原则,具体要做到以下几个方面。

(1)旅游规划与开发一定要具有弹性,实行阶段性和局部性开发,有限度地利用资源,为旅游地的未来发展预留空间。

(2)为各种自然现象、生态系统等非人类物种或利益相关者留下不受人类干扰的自然生存空间,特别是那些以保护为主的自然保护区,在核心区、绝对保护区等相关区域,应在遵循"自然法则"的原则下,坚持以保护生态环境为主,禁止一切开发行为。

(3)有计划、分步骤地开发和利用资源,对可用资源的开发步骤要合理排序,科学安排开发计划,使开发工作建立在科学规划的基础上。

(三)环境友好

早在2006年,中国就已经提出了建设环境友好型社会。环境友好型社会就是全社

会都采取有利于环境保护的生产方式、生活方式、消费方式,建立人与环境良性互动的关系。以可持续发展理论为指导,在旅游规划中贯彻环境友好的思想与理念,主要体现在以下三个方面。

(1)建立以循环经济为重要特征的旅游经济发展模式。循环经济是环境友好型经济发展模式的具体体现。按照减量化、再利用、资源化的原则,在旅游规划的过程中实行清洁建设和生产,资源开发、设施建设过程中进行生态化设计与改造,努力实现废物的循环利用,实行环境标识、环境认证和绿色采购制度,完善再生资源回收利用体系等。

(2)积极倡导环境友好的消费方式。旅游业是消耗能源和资源的产业,因此,旅游规划不能仅仅关注旅游者和旅游业,还需要关注当地社区居民,保护与永续利用自然与文化资源(吴承照,2009)。要通过专门的规划设计,引导游客适度消费、公平消费和绿色消费。

(3)大力发展和应用环境友好的旅游规划与建设技术。立足于人与自然的和谐,发展和应用环境友好的科学技术,形成资源消耗少、资源和能源利用效率高、废弃物排放少的生产和消费体系,使人类对自然的开发和利用能够控制在生态环境可自我更新的范围之内。可持续性的旅游规划还需要积极引入现代化的科技手段来支持旅游资源的质量监管和保护性开发。

(四)旅游承载力管理

可持续发展是旅游业发展的终极目标,对旅游开发和规划具有指导意义,旅游规划和开发要综合考虑旅游地的环境承载力和社会承载力,以实现旅游提高社会、经济和环境发展的综合效益。旅游承载力强调了土地利用强度、旅游经济收益、游客密度等因素对旅游地承载力的影响,在内容上包括了资源承载力、环境承载力、社会承载力等基本内容,一个旅游地的旅游承载力是这些承载力的综合。旅游可持续发展理论的运用可以有效避免开发过程中的低层次重复建设及过度开发,对于旅游环境的保护和实现中没有条件开发的旅游资源的保护具有重大意义。

知识拓展 3-2

2013 年,由全球可持续旅游委员会(Global Sustainable Tourism Council, GSTC)牵头制定的《全球可持续旅游目的地标准》正式发布。该标准提出,为了实现可持续旅游,目的地应当采取跨学科的、综合性的方法以实现如下四个目标:①可持续的旅游目的地管理;②当地社区经济利益最大化和负面影响最小化;③社区、游客和文化遗产保护的效益最大化和负面影响最小化;④环境效益最大化和负面影响最小化。该标准适用于不同类型与规模的旅游目的地。《全球可持续旅游目的地标准》是旅游界对联合国千年发展目标全球性挑战的积极响应,该标准致力于解决扶贫、性别平等、环境可持续性,包括气候变化等跨领域问题。《全球可持续旅游目的地标准》应当被看作是提升目的地可持续性的一个旅游战略规划工具。

知识链接 3-5

本章要点

(1) 利益相关者是任何可以影响组织目标或被组织目标影响的群体或个人。

(2) 旅游规划的利益相关者主要有旅游规划委托方、旅游规划团队、政府部门、旅游企业、当地居民、旅游者、非政府组织、其他利益相关者等。

(3) 旅游系统是伴随旅游活动的发生、进行到完成而形成的,由游客子系统、出行子系统、接待子系统和支持子系统所组成的具有一定功能和结构的现代经济、社会、环境综合体。

(4) 旅游地理学应用于旅游规划的相关理论包含区位理论、旅游地生命周期理论、区域空间结构理论、地域分异规律理论、景观生态学理论五个子理论。

(5) 旅游区域空间结构演化遵循以下发展规律:(a)原始均衡结构;(b)增长极结构;(c)核心-边缘-外围结构;(d)网络一体化结构。

(6) 与旅游规划相关的典型旅游经济学理论包括产业竞争力理论、增长极理论、体验经济理论和门槛理论四个子理论。增长极在形成与发展过程中会产生四种效应:支配效应、乘数效应、极化效应和扩散效应。

(7) 可持续发展是既满足当代人的需求,又不对后代人满足其需求的能力构成危害的发展。

(8) 可持续发展包括三个方面的内容:经济可持续发展、生态可持续发展、社会可持续发展。

核心概念

利益相关者　stakeholder
旅游系统　tourism system
旅游区位　tourism location
旅游体验　tourism experience
可持续发展　sustainable development

思考与练习

一、选择题(请扫描边栏二维码)

二、简答题

1. 旅游规划的利益相关者构成有哪些?
2. 旅游系统理论如何应用于旅游规划?

3.旅游地理学应用于旅游规划的子理论有哪些?
4.增长极在形成与发展过程中会产生哪些效应?
5.实现可持续发展的基本原则有哪些?

三、实践操作题

1.请尝试运用旅游地生命周期理论,诊断你所在城市旅游业所处的发展阶段,并预测该市旅游业的发展走向。

2.请研读一个旅游规划文本,分析其应用了哪些理论。

推荐阅读

1.冯学钢,吴文智,于秋阳.旅游规划[M].上海:华东师范大学出版社,2011.
2.张捷.旅游规划理论的传统与更新的若干问题[J].旅游学刊,2013,28(9).
3.石培华,龙江智,郑斌.旅游规划设计的内涵本质与核心理论研究[J].地域研究与开发,2012,31(1).
4.马耀峰,黄毅.旅游规划创新模式研究[J].陕西师范大学学报(自然科学版),2014,42(3).
5.马勇.旅游规划与开发[M].武汉:华中科技大学出版社,2018.

第四章
旅游规划的编制方法与技术

学习引导

方法是指为获得某种东西或达到某种目的而采取的手段与行为方式。技术是人类在认识自然和改造自然的反复实践中积累起来的有关生产劳动的经验和知识,也泛指其他操作方面的技巧。对旅游规划而言,方法和技术是收集信息、诊断问题和解决问题的工具,是科学编制旅游规划必不可少的工作方式和技术手段。本章将介绍旅游规划的编制方法、资料收集与分析方法、技术支撑及常用的旅游规划软件。那么,旅游规划的编制方法主要有哪几种?旅游规划的资料收集和分析方法有哪些?可以应用于旅游规划的相关技术有哪些?旅游规划的常用制图软件有哪些?我们这一章就来回答这些问题。

学习目标

(一)知识目标
1. 了解:旅游规划的技术支撑和常用制图软件。
2. 掌握:旅游规划的编制方法、资料收集和分析方法。

(二)能力目标
1. 能够根据规划地的特征科学选择旅游规划编制方法。
2. 能够运用资料研究法、实地考察法、访谈法、SWOT分析法从事旅游规划实践。

(三)价值塑造目标
1. 了解我国学者在旅游规划编制方法、北斗卫星导航和旅游规划制图软件开发等方面的贡献,增强家国情怀和民族自信心。
2. 培养学生科学严谨的规划思维,实事求是的规划态度,正确的政治立场。

思维导图

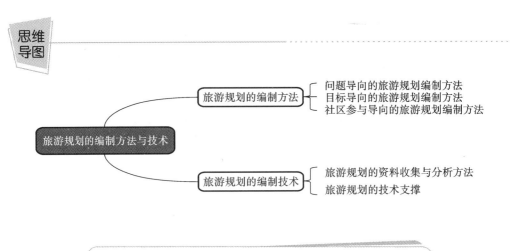

第一节 旅游规划的编制方法

编制旅游规划的目的可以归纳为三类:第一类是为了解决当前问题,第二类是为了实现预定目标,第三类是为了提高规划的参与度和可实施性。由此引出旅游规划编制的三种导向方法,即问题导向的旅游规划编制方法、目标导向的旅游规划编制方法和社区参与导向的旅游规划编制方法。

一、问题导向的旅游规划编制方法

(一)问题导向的提出

问题导向的旅游规划编制方法由陈英于2009年提出。问题导向是以问题为中心,围绕问题来研究其特征、规律,进而给出针对问题的解决方案。问题导向中的问题泛指旅游发展中存在的问题。有些地方编制旅游规划是要解决发展中存在的某些问题。问题导向的编制方法以研究问题为出发点,指导规划的方向,解决规划区旅游发展中目前面临或潜在的问题,促进旅游地的发展。这种方法从问题诊断出发,通过深入的调查研究,认真的分析梳理,确定规划区的问题体系,明确拟解决的核心问题,并针对这些问题提出规划思路和发展策略,构建旅游产品体系,指导旅游地发展。问题导向型旅游规划编制方法主要适用于已经开发的旅游地,诊断发展中存在的主要问题,寻求解决问题的途径与方法,提出相应的资源优化配置及产业结构优化等的调整性方案。

(二)问题导向旅游规划的编制方法

以问题为导向的旅游发展规划的出发点是问题诊断,然后针对这些问题提出发展战略,规划主题形象、空间布局和旅游产品体系,构建支撑体系,提出实施对策。

在问题导向旅游发展规划编制方法中,两个关键任务是确定区域旅游发展中存在的问题,以及针对旅游地发展中存在的主要问题提出旅游发展的新思路。

问题导向旅游发展规划编制示意图如图4-1所示。

案例导入 4-1

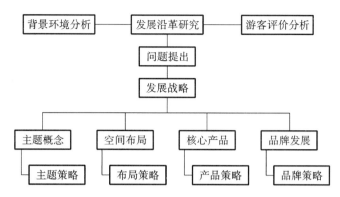

图 4-1　问题导向旅游发展规划编制示意图

(资料来源:陈英《旅游规划:问题导向与目标导向及其选择》,《旅游研究》,2009,1(2)。)

(三)旅游发展问题诊断

规划区旅游发展中存在的问题可能涉及各个方面,对于某一个既定的区域,可能同时存在很多问题,问题导向的方法有助于将所有现存的问题一一列举,通过归纳总结,根据问题的全局影响情况大小进行界定。

1. 旅游发展中存在的问题

一般来说,规划区旅游发展中存在的问题主要包括以下几个方面。

(1)旅游管理体制。

旅游管理体制不顺畅(多头领导、矛盾冲突、权责不对等),旅游行政管理部门的职能分工不明确,旅游区(点)管理体制不合理(既当管理者,又当经营者),都会制约旅游发展。

(2)旅游发展政策。

旅游产业的地位不明确,旅游产业发展的政策环境不具备,政府政策多变,通常会给旅游融资、旅游企业发展带来很大困难。

(3)旅游发展思路。

旅游发展思路不清晰、不统一,定位不科学,目标模糊、过高或太低,会给旅游产业发展造成导向性错误。

(4)旅游产品开发。

旅游资源向旅游产品转化难度大,旅游区(点)、旅游线路不符合游客需求,旅游产品体系不完整,旅游产品结构不合理,是制约旅游发展的核心问题。

(5)旅游产业布局。

旅游产业布局不合理,功能分区不科学,土地利用不符合要求,中心地的支撑作用不够,增长极培育力度不足会成为旅游发展的障碍。

(6)旅游形象塑造。

旅游知名度不高、美誉度不够,旅游形象不够明确、不够突出、不够独特,旅游宣传口号不具震撼力、吸引力,旅游视觉与形象识别系统不完善,也影响旅游者的决策,从而影响客源。

(7)旅游市场开拓。

旅游市场定位模糊,宣传力度不够,开拓手段单一,营销投入不足,会影响旅游客源的规模。

(8)旅游资金来源。

旅游融资理念陈旧、渠道单一、手段落后,旅游开发投入不足,直接制约旅游发展。

(9)旅游基础设施。

外部可进入性不高,内部交通不够便捷,通信、电力、给排水设施、环卫设施不完善,都会影响旅游体验。

(10)旅游配套设施。

旅游住宿、餐饮、娱乐、购物、游览等接待设施不完善,将影响旅游者的体验质量和满意程度。

(11)旅游产业体系。

旅游产业要素不健全、结构不合理、服务质量不高,会影响旅游综合收入,影响旅游带动作用的发挥。

(12)旅游人力资源。

旅游从业人员数量不足、结构不合理、质量不能适应需求,也会影响旅游服务质量与管理水平。

(13)旅游环境保护。

旅游环境质量下降,旅游资源遭到破坏,会在一定程度上制约旅游可持续发展。

(14)旅游发展效应。

旅游对经济发展、社会进步、环境改善的作用不明显,关联带动作用没有充分体现出来,会给旅游发展造成负面影响。

2.旅游发展问题诊断的技术路线

旅游发展问题诊断的技术路线可以分为以下四个环节。

(1)实地考察、调查、访谈、比较等。

(2)列举旅游发展中存在的问题。

(3)筛选确定存在的主要问题。

(4)甄别存在的关键问题。

3.旅游发展问题诊断的基本原则

知识链接 4-1

在问题诊断的基础上,应识别出其中的关键问题,基本原则如下。

(1)分清主次抓重点。

问题有主要和次要之分。问题识别过程中,旅游规划工作者应分清主次,抓主要矛盾,识别影响旅游发展全局的重点问题,提出解决方法。一般来说,旅游发展的关键问题可能包括产品、投入、形象、市场、产业要素、体制等方面。

(2)透过现象看本质。

问题有表象和本质之分,有些问题仅仅是一种现象,规划工作者应深入分析其本质原因。例如,游客停留时间短、综合收入不高是各地旅游发展中经常面临的问题,此问题就属于表面现象,应分析造成这种现象的根本原因。这样,经过深入分析,才能为确定发展战略提供依据。

二、目标导向的旅游规划编制方法

(一)目标导向的提出

目标导向的旅游规划编制方法也是由陈英(2009)最早提出。人的行动具有目标性,做任何事情都必须首先明确其目标,然后思考实现目标的路径并采取行动。目标对行为有导向、激励和凝聚作用。目标导向的方法是目标管理思想在旅游规划编制中的运用。目标导向的编制方法是为了实现规划地的预期目标而制定出的一个指导行动的规划方案。目标导向型的旅游规划主要适用于新开发或新发展阶段的旅游地,以确定发展目标为主旨,围绕要达到的目标进行资源配置和产业及产业要素布局,提出相应的发展战略、思路及对策等。

以目标为导向有两种情况:一种情况是规划区的发展目标已基本明确,规划的任务是将其进一步具体化然后集中研究为实现这些战略的对策和措施;另一种情况是规划区的旅游发展目标还很模糊,规划要从目前的背景环境和发展基础来确定新一轮的旅游发展目标,然后提出发展战略,编制规划。

(二)目标导向旅游发展规划编制的方法

以目标为导向的旅游规划的一种研究思路是以宏观目标为切入点,进行调查分析,确定发展目标,制定实现目标的战略,进而推出实施策略及保障措施。

目标导向的旅游规划的研究思路是基于旅游发展目标对于旅游产品设计、品牌塑造等的导向作用,它关注的焦点在于:①目标的确立,根据优势、劣势、机遇、威胁的分析和旅游发展历史与现状的研究,合理确定旅游发展目标,这实质上就确定了旅游发展的方向和要达到的水平;②战略的确定,根据旅游地旅游发展基础和条件,瞄准确立的目标,制定为实现旅游发展目标需要采取的战略。

政府部门发展旅游往往有经济目标,如赚取外汇、创收、平衡收支;社会目标,如旅游富民、增加社会就业、改善基础设施、保护文化遗产等;环境目标,如保护与优化自然环境和社会环境。

知识链接 4-2

在目标导向旅游规划编制过程中,确定旅游发展的目标是旅游规划的核心,规划的全部内容都是围绕这个核心而展开的。不管是前期的旅游资源调查与评价、旅游市场分析与预测、旅游发展背景的分析,还是后期保障体系的制定,都是为了能确定和实现旅游开发的目标。

三、社区参与导向的旅游规划编制方法

社区参与旅游发展是指在旅游发展的决策、开发、规划、管理、监督等过程中,充分考虑社区的意见和需要,并将其作为主要的开发主体和参与主体,以便在保证旅游可持续发展方向的前提下实现社区的全面发展(孙九霞、保继刚,2006)。政府"自上而下"的推行和社区"自下而上"的参与是现代化的双向互动进程,社会的整体发展和进步有赖于基层社区发展的推动。社区居民的主动性参与是社区旅游发展的内在动力,社区参

与的主体是社区居民,客体是社区旅游中的各种事务。在社会转型背景下,社区参与不仅能实现社区价值的整合,还能成为当地社区发展新的驱动力和增长点。

(一)参与式规划的理论分析

1. 参与式规划的类型及其特点

参与式规划(participatory planning)是指在规划过程中,通过利益相关方的平等参与,有效沟通,进而形成共识,推进人居环境的改善提升。根据公众参与的组织方式,划分为组织化、个体化和自组织三种形式,下面分别对三种形式的主要渠道及其特点加以分析(见表4-1)。

表4-1 参与式规划的三种形式及其特点

形式	特征	渠道举例	优点	不足
组织化	由政府自上而下组织	结合规划项目的民意征集	编制初期开展实地调查、座谈会、问卷调查、访谈、报送审批前进行公示、召开听证会	参与议题的有限性,参与主体的非开放性,信息在传递过程的衰减
		社区协商	多方代表共同参与社区公共事务管理	
个体化	由个人发起	居委会	最直接的反映问题的渠道	议题比较发散,政府反馈情况跟踪较难,民众意见难以分享
		市长热线	减少中间环节,问题覆盖面广	
自组织	利用互联网平台自发开展	网络论坛	问题覆盖面广,表达自由、讨论互动、即时共享	缺乏与行政部门的有效对接,多停留于讨论,难以推动问题解决

(资料来源:陈宇琳、肖林、陈孟萍,等《社区参与式规划的实现途径初探——以北京"新清河实验"为例》,《城市规划学刊》,2020(1)。)

组织化的公众参与,是指由政府自上而下组织的公众参与方式,例如结合规划项目开展的民意征集,以及基层治理中的社区协商。在规划编制过程中,有关部门会根据项目特点,在规划编制初期到相关地区开展座谈会、问卷调查或访谈等,了解相关利益方的诉求,并在报送审批前采取公示、听证会等方式征求公众意见。组织化参与是目前我国民众参与规划决策的主要方式,但在实际操作过程中往往存在参与议题的有限性、参与主体的非开放性,以及信息在传递过程的衰减等问题。

个体化的公众参与,是指由个人发起的参与方式,例如市民向居委会反映意见、通过热线电话等向政府部门反映意见。居委会作为居民自我服务的基层自治组织,是居民表达意见最直接的渠道。个体化参与中,虽然个体的积极性高,但也存在议题过于发散、问题解决进展较难跟踪、市民意见很难分享等问题。

自组织的公众参与,是指进入信息社会以来,民众利用互联网平台自发开展的参与形式,例如地区性网络论坛这些开放社区网络论坛是市民反映规划问题的一个方便进入、自由表达、即时共享的平台,而且在互动机制作用下,会涌现出一些好的建议,引导大家达成共识。但这种方式也有其局限性,多数讨论都缺乏与行政部门的有效对接,止步于抱怨和宣泄,很难推动问题的切实解决。

2. 参与式规划的有效性分析

判断一种公众参与方式是否有效,学界一般从过程和结果两方面进行评价。如Rowe 和 Frewer(2000)提出验收和过程两方面的评价指标,其中验收指标包括代表性、独立性、早期参与、影响和透明,过程指标包括资源可获得性、任务界定、结构化的决策制定、成本效益。Bickerstaff 和 Walker(2001)也提出相似的分类方法,认为参与过程要具有包容性、透明性、互动性和连续性,产出结果要对规划的整体布局或特定地区产生影响。针对我国特有的政府主导公共事务和民众参与意识较薄弱的特征,陈宇琳等(2020)构建"参与动机(主动性)—参与过程(民主性)—参与结果(实施性)"的评估框架,对上述组织化、个体化和自组织三种参与式规划进行评估(见表4-2)。

表 4-2 组织化、个体化和自组织的公众参与效果比较

类型	参与动机(主动性)	参与过程(民主性)	参与结果(实施性)
组织化	低	中	高
个体化	高	低	中
自组织	中	高	低

(二)基于社区的旅游规划流程

基于社区的旅游规划(community-based tourism planning,简称 CBTP)是建立在社区参与基础上的动态过程,注重的是实际运用中的可操作性,主要适用于小尺度的乡村旅游社区(如村落)。基于社区的旅游规划流程如图4-2所示。

1. 机会和问题的识别

首先,要识别参与旅游规划的相关利益群体;其次,要注重社区居民旅游影响感知的调查,在此基础上获取社区居民的旅游偏好和态度,并依此制定下一步的战略目标,让旅游规划在一开始就朝着有利于社区的方向发展。

2. 战略目标的制定

在了解相关利益主体不同旅游偏好的基础上,应成立一个包含多方利益主体的决策团体,采取协同决策的方式制定出旅游规划的战略目标。由此看来,战略目标的制定应该具备以下特性:①宏观性,它是对旅游社区的总体设想;②长期性,它着眼于旅游社区的未来和长远;③相对稳定性,它在一定时间内成为人们奋斗的行动指南;④全面性,它是旅游社区的现实利益与长远利益、局部利益与整体利益的综合反映。

3. 旅游专项规划设计

社区以协同的方式参与旅游战略目标的制定,在战略上进一步保证了当地居民有能力参与到专项规划的设计实施阶段,以他们土生土长的经历挖掘具有地方特色的旅游资源,参与旅游产品和项目的开发与营销,并结合周边旅游社区的空间竞争形势搞好配套旅游设施的规划与建设,参与旅游社区的管理等。当然各个社区的实际情况不同,其参与方式与内容的选择也不尽相同。

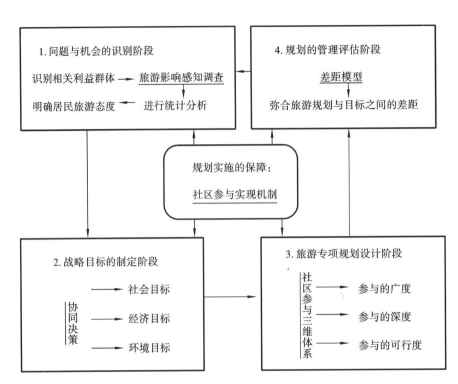

图 4-2　基于社区的旅游规划流程

(资料来源：叶俊《基于社区的旅游规划方法》,《热带地理》,2009,29(2)。)

4.规划的管理评估

规划的管理评估就是在构建一定反馈机制的基础上对前期的规划实施进行修正。差距模型分析法提供了一个良好的分析工具,运用它能避免旅游规划的僵硬化,扩大旅游的正面效应,缩小其负面效应,减少社区与旅游之间的冲突,使社区旅游走向多方受益和良性的发展道路。

5.规划实施的保障体系

从宏观和微观的角度,以社区、政府、旅游企业、规划专家和非政府组织共同参与为依托,不断地从体制上健全参与制度,从法律上提供参与保障,从意识上进行参与培育,从知识上实施参与引导,从经济上刺激参与行为。

第二节　旅游规划的编制技术

一、旅游规划的资料收集与分析方法

旅游规划的常用方法有资料研究法、实地考察法、访谈法、SWOT 分析法等。

(一)资料研究法

通过收集各种现有的旅游规划第二手数据和资料,并进行整理、分析和评价,从中摘取与旅游规划任务有关的内容。资料研究法能够帮助旅游规划团队在较短的时间内,以较低的成本获得大量的相关信息。作为一种间接的第二手资料收集,资料研究法可以为其他调查方法做准备,有时可以直接作为某项调查的依据。但是由于绝大部分现成资料的出现,并不是为了某个特定旅游规划而准备,所以规划人员必须把握所收集第二手资料的准确度。在连续、大量、全面收集资料的基础上,分析彼此之间的内在联系,提高资料的有序化程度,这样才能取得真正对旅游规划活动有用的信息。资料研究法的步骤大致如下。

1.收集资料

旅游规划收集的资料主要包括两个方面,一是关于自然地理环境和社会经济状况方面的资料;二是关于旅游资源、旅游市场、旅游业发展现状、旅游规划、政府相关文件等方面的文字、统计数据、照片、视频等资料。收集资料的途径一般有网络、书籍、数据库、地方志、政府相关部门等,其中网络文本资料可以通过八爪鱼采集器、Python 等收集。旅游规划要收集的资料包括现成的外部信息资料(如国家颁布的政策法规、政府文件、统计年鉴等)、现成的内部信息资料(如相关规划、统计资料等)和内部保密信息资料(如地形图等)。资料的收集工作应该遵循"先内后外、先易后难、先近后远"的原则。先从本企业(或单位)着手,一般说从自身信息数据库中查找最为快速方便。在收集外部信息资料时,要注意先收集那些比较容易得到的历史档案材料,公开发表的现成的信息资料,而对那些内部保密资料,只是在现成资料不足时才进一步收集。同时,应该从近期到远期逐期查阅资料。

2.整理和储存资料

(1)资料整理。

当资料收集工作告一段落以后,必须对所收集的资料进行整理,这是有效利用资料的基础。首先对资料的可靠性、正确性进行审查,即检查资料是否有错误或者遗漏,并及时给予修订和补充。对那些转手多次的资料要持审慎的态度。同时还应该注意客观地对待那些从不同角度反映问题的资料,既要收集观点相同的资料,也要收集观点不同的资料。然后根据资料的重要性及调研具体需要,采用逐字记录、摘要记录、拟写大纲等方法把资料记录下来,形成资料检索索引,如资料卡片、计算机数据库等。

(2)资料保存。

保存资料的数据库要有科学的分类检索系统,按一定的规律将浩繁的资料分门别类地归档,以便查询和进行下一步的研究工作。资料分类是一门学问,对资料的不同分类,反映问题的侧面会不同。分类检索程序有按汉语拼音字母次序排列的,也有按偏旁部首排列或者按英文字母次序排列的,企业可以根据自身的具体情况形成系统的资料类目。但必须注意,一旦设置了资料分类项目,那就是企业数据库相对稳定的分类检索系统,否则随着入库资料越来越多,引发检索系统混乱而无法真正发挥数据库的作用。在现今社会的条件下,可以充分利用计算机储存、加工、检索、传递信息资料的目录、摘要、索引等,建立四通八达的计算机网络数据库。

3. 分析利用资料

在确定了市场调研需要研究的具体问题，并采取相应措施获取了所需的资料以后，还要进一步运用科学的手段对拥有的资料进行分析研究，这样才能为市场调研的最终结论提供充分的依据。文本资料分析的工具主要有 ROSTCM 6.0、Python、Nvivo 等。其中 ROSTCM 6.0 比较简单常用，主要用于旅游市场调查和旅游形象定位，分析方法包括高频词分析、情感分析和语义网络分析等。

（二）实地考察法

实地考察法又称为野外考察法，是旅游规划获取第一手资料的方法，通过实地观察、测量和访谈了解旅游规划地的情况。实地考察可以发现新的旅游资源，有助于规划思路的形成，并根据规划思路及时调整考察内容和节奏。

在旅游规划中，实地考察之前一定要做好各项准备工作。首先，要明确考察的对象、目的和任务，确定好考察的人员和地点，安排好考察的时间和路线；其次，要做好资料准备，通过查阅第二手资料，事先熟悉规划区域内的主要旅游资源和旅游业发展情况；第三，要做好考察测量、记录的器具及户外装备准备，器具包括卷尺、智能手机（含 GPS）、照相机、录音笔、笔记本、笔、无人机等，户外装备视考察的具体情境而定。

考察的内容包括旅游资源调查、旅游业发展情况调查、旅游客源市场调查等。在野外进行实地考察时，如遇无线信号盲区或通信故障，要在沿途做好标记，以免迷失方向。实地考察要求调查者勤于观察、善于发现，及时记录、分析和总结，以保证调查工作周详、细致。

（三）访谈法

访谈法又称晤谈法，是指访员和受访者通过面对面、电话或网络等方式交谈来了解受访者的心理和行为的心理学基本研究方法。访谈法包括座谈会和个别访谈两种方法。

座谈会是由训练有素的主持人以非结构化的自然方式对一小群调查对象进行的访谈。主持人引导讨论。主要目的是从适当的目标人群中抽取一小群受访者，通过听取他们谈论规划人员所感兴趣的话题来得到观点。这一方法的价值在于自由的小组讨论经常可以获得意想不到的发现，是最重要的定性研究方法。小组座谈会主持人须具备三大基本素质：互动亲和能力、会议过程控制能力、提问和倾听能力。座谈会的人数通常为 6~10 人，地点通常选择在会议室内举行，由主持人与受访者以聊天的方式讨论，讨论的内容围绕明确的目的和主题。通常座谈会持续的时间约为 30 分钟到两个小时。座谈会是调查人员与当地政府官员、专家学者、企业代表等共同参加的会议，一般在调查地开展。

个别访谈指调查员单独与被调查对象进行的访谈活动，具有保密性强，访谈形式灵活，获取的信息更加深入、详细和全面，调查结果准确，访问表回收率高等优点。个别访谈一般在考察过程中进行，访谈的对象主要是当地相关部门代表、社区居民、旅游经营者、旅游者等。

无论是座谈会，还是个别访谈，都要根据调查目的提出有价值的问题，不对受访者进行暗示和诱导,尽量保持客观公正,有感情、共情地倾听,并做好文字记录、录音等信息收集工作。根据访谈进程的标准化程度,可将它分为结构性访谈和非结构性访谈。结构性访谈有明确的访谈提纲,访谈时按照访谈提纲确定的问题逐次进行问答,比较正式;非结构性访谈没有明确的访谈提纲,访谈时采用自由交谈的形式,比较灵活。访谈法主要用于旅游资源调查、旅游市场调查(或利益相关者调查)和旅游规划意见咨询。

(四)SWOT 分析法

SWOT 分析法即态势分析法,是将与研究对象密切相关的各种主要的内部优势(strengths)、劣势(weaknesses),以及外部的机会(opportunities)和威胁(threats),通过调查列举出来,并依照矩阵形式排列,然后用系统分析的思想,把各种因素相互匹配起来加以分析,从中得出具有决策性的结论。内部的优势与劣势决定企业能做什么,外部的机会和威胁决定企业"可以做"什么,而战略应是一个企业"能够做的"(组织的强项和弱项)和"可能做的"(环境的机会和威胁)之间的有机组合。

SWOT 分析法最早由哈佛大学商学院教授安德鲁斯于 1971 年提出,美国旧金山大学国际管理和行为科学教授海因茨·韦里克(Heinz Weihrich)在 20 世纪 80 年代初发展完善了 SWOT 分析法。

SWOT 分析法常用于对旅游规划地的综合分析,为制定旅游发展战略提供依据。SWOT 分析法有以下四个步骤。

第一步:内部环境分析。列出自身优势和劣势,包括旅游规划地的旅游资源、区位条件、开发现状、旅游产品质量、旅游环境、社会经济条件、旅游接待能力、旅游人力资源、市场营销能力、管理组织能力等。竞争优势指一个企业超越其竞争对手的能力,或者指公司所特有的能提高公司竞争力的东西。竞争劣势指一个企业与其竞争对手相比,做得不好或没有做到的地方,从而使自己与竞争对手相比处于劣势。需要指出的是,衡量一个企业及其产品是否具有竞争优势,只能站在现有潜在用户角度上,而不是站在企业的角度上。

第二步:外部环境分析。列出发展机会和威胁,包括旅游规划地外部宏观的国家政策、经济环境、自然环境、技术环境、政治和法律环境、社会文化环境、客源市场环境等,以及微观的市场营销渠道、竞争者、可进入性、旅游口碑形象等。机会就是对旅游企业有吸引力,能享有竞争优势和获得差别利益的环境。机会是影响旅游企业战略的重大因素,旅游企业经营者应当确认并充分把握每一个机会,评价每一个机会给企业带来的成长和利润空间。威胁指的是外部环境中一种不利的发展趋势所形成的挑战,如果不采取果断的战略行为,这种不利趋势将导致旅游企业的竞争地位受到削弱。社会动荡、经济危机、传染病蔓延、竞争对手技术壁垒等,都是对旅游企业目前或未来造成威胁的因素,企业经营者应一一识别,并予以规避或采取相应的对策,降低企业经营的风险。

外部环境分析方法主要有 PEST 法和波特五力模型分析法两种。PEST 法从政策(policy)、经济(economy)、社会(society)环境、技术(technology)四个方面进行分析。波特五力模型分析法是基于对产业结构的"五力",即现有竞争者、潜在竞争者、供应商、替代品和消费者进行分析,以求策略分析的细化和深化。

第三步:构造 SWOT 矩阵。在构造 SWOT 矩阵过程中,要将分析出来的内容按轻重缓急及影响程度,进行优先排序,将那些对企业发展有直接的、重要的、大量的、迫切的、久远的影响因素优先排列出来,而将那些间接的、次要的、少许的、不急的、短暂的影响因素排列在后面(见表4-3)。

表 4-3 SWOT 矩阵

区分	内容	优先顺序				区分	内容	优先顺序			
		重要度	紧急度	影响度	NO			重要度	紧急度	影响度	NO
S						W					
O						T					

第四步:制订战略计划。制订战略计划的基本思路:一是发挥优势因素,克服劣势因素;二是利用机会因素,规避或化解威胁因素;三是考虑过去,立足当前,着眼未来。运用系统分析的综合分析方法,将排列与考虑的各种环境因素相互匹配起来加以组合,得出一系列旅游企业未来发展的可选择对策。SWOT 分析只是战略制定的第一步,旅游企业需要进一步找到内部要素与外部环境的结合点,有效调整整合内部各要素,以获取竞争优势。通过将强弱势与机会威胁对应进行分析,可得出旅游企业应对环境变化的四个主要战略(见图4-3)。

绘制 SWOT 矩阵,形成 SO、WO、ST、WT 四种组合。进行策略组合分析,即发挥优势与利用机会情况下的积极扩张战略(SO),发挥优势与规避威胁情况下的扬长避短的收缩战略(ST),克服劣势与利用机会情况下的趋利避害的转移战略(WO),克服劣势与规避威胁情况下的维持战略或退出战略(WT)。

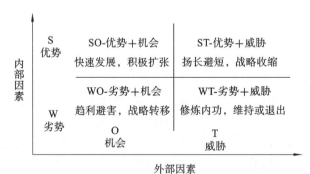

图 4-3 旅游企业应对环境变化的四个主要战略

成功应用 SWOT 分析法的规则如下。
(1)进行 SWOT 分析的时候必须对自身的优势与劣势有客观的认识。
(2)进行 SWOT 分析的时候必须区分规划地的现状与前景。
(3)进行 SWOT 分析的时候必须考虑全面。
(4)进行 SWOT 分析的时候必须与竞争对手进行比较,比如优于或是劣于规划地的竞争对手。

(5)保持SWOT分析法的简洁化,避免复杂化与过度分析。

(6)SWOT分析法因人而异。

二、旅游规划的技术支撑

规划案例4-1

(一)遥感技术(RS)

遥感(remote sense)是指利用装载于飞机、卫星等平台上的传感器捕获地面或地下一定深度内的物体反射或发射的电磁波信号,进而识别物体或现象的技术。遥感可以分为光学遥感、热红外遥感以及地面遥感三种类型。

遥感技术具有观察范围广、直观性强、能实时观察获取信息、反映事物动态变化特征的特点。

遥感技术在旅游规划中的应用主要表现在三个方面:一是通过遥感图像探查旅游资源。二是为旅游规划提供制图基础。遥感图像是对当地空间发展现状的呈现,更新快,能反映规划区域的最新状况,因此一般用遥感图来做旅游规划图的底图。三是动态规划管理。由于遥感图像具有实时动态的特点,通过不同时期遥感图像的叠加能够清晰地观察到旅游地的发展变化,可以用于旅游规划的动态反馈与修正。

(二)地理信息系统(GIS)

地理信息系统(geography information system,GIS)是采集、储存、管理、描述和分析空间地理数据的信息系统。它以计算机软硬件系统为支持,采用地理模型分析方法,以经纬度地理坐标和海拔高程确定三维空间,将各种地学要素分别叠置于其上,组成图形数据库,具有对空间数据进行有效输入、存储、更新、加工、查询、运算、分析、模拟、显示和输出等功能的技术系统。

地理信息系统在旅游规划中的应用主要表现在两个方面:一是为旅游规划提供旅游地的相关地理信息,如规划范围、面积、旅游资源与设施的分布情况等;二是通过建立旅游信息系统,为旅游规划提供资源评价、市场预测、项目选择等方面的决策信息,有助于提升旅游规划的智慧性和科学性。

(三)全球定位系统(GPS)

全球定位系统(global position system,GPS)是美国国防部研制的一种全天候的卫星无线电定位、导航与报时系统。它由导航星座、地面台站、用户定位设备三部分组成。

全球定位系统在旅游规划中的应用主要表现在定点、定线、定面三个方面。定点就是野外考察时运用GPS手持机,确定某个旅游景点或设施的三维地理坐标位置。定线就是根据GPS轨迹确定旅游线路或者线性旅游资源的位置及延展方向,为旅游规划线路设计提供指导。定面就是根据GPS轨迹在图形上呈现规划范围和调查区情况,确定规划区域大小或项目分布。随着信息技术的不断发展,旅游者的GPS数据日益成为规划者探寻游客时空行为规律、景区线路设计和旅游活动节奏分析的重要基础。

北斗卫星导航系统(BeiDou Navigation Satellite System,BDS)是我国自行研制的

全球卫星导航系统,也是继 GPS、GLONASS 之后的第三个成熟的卫星导航系统。北斗卫星导航系统(BDS)和美国 GPS、俄罗斯 GLONASS、欧盟 GALILEO,是联合国卫星导航委员会认定的供应商。

北斗卫星导航系统由空间段、地面段和用户段三部分组成,可在全球范围内全天候、全天时为各类用户提供高精度、高可靠定位、导航、授时服务,并且具备短报文通信能力,已经具备区域导航、定位和授时能力,定位精度为分米、厘米级别,测速精度 0.2 米/秒,授时精度 10 纳秒。

随着北斗系统建设和服务能力的发展,相关产品已广泛应用于交通运输、海洋渔业、水文监测、气象预报、测绘地理信息、森林防火、通信时统、电力调度、救灾减灾、应急搜救等领域,逐步渗透到人类社会生产和人们生活的方方面面,为全球经济和社会发展注入新的活力。全球范围内已经有 137 个国家与北斗卫星导航系统签下了合作协议。随着全球组网的成功,北斗卫星导航系统未来的国际应用空间将会不断扩展。

(四)虚拟现实和增强现实技术

1. 虚拟现实技术

虚拟现实(virtual reality,VR)技术是一种可以创建和体验虚拟世界的计算机仿真系统,是 20 世纪末兴起的一门崭新的综合性信息技术。虚拟现实技术通过计算机技术生成逼真的视、听、触觉等一体化的虚拟环境,用户借助必要的设备以自然的方式与虚拟世界中的物体进行交互,相互影响,从而产生身临其境的感受和体验。它融合了数字图像处理、计算机图形学、多媒体技术、传感器技术等多个信息技术分支,从而大大推进了计算机技术的发展。虚拟现实系统就是要利用各种先进的硬件技术及软件工具,设计出合理的硬件、软件及交互手段,使参与者能交互式地观察和操纵系统生成的虚拟世界。从技术的构成来看,虚拟现实包括了实时三维计算机图形技术,广角(宽视野)立体显示技术,对观察者头、眼和手的跟踪技术,以及触觉/力觉反馈、立体声、网络传输、语音输入输出技术等。

虚拟现实技术具有"3I"特性:沉浸(immersion)、交互(interaction)和想象(imagination)。虚拟现实强调人在虚拟现实环境中的主导作用。虚拟现实技术分虚拟实景(境)技术(如虚拟游览故宫博物院等)与虚拟虚景(境)技术(如虚拟现实环境生成、虚拟设计的波音 777 飞机等)两大类。

2. 增强现实技术

增强现实(augmented reality,AR)技术是一种将真实世界信息和虚拟世界信息"无缝"集成的新技术,是把原本在现实世界的一定时间空间范围内很难体验到的实体信息(如视觉信息、声音、味道、触觉等),通过科学技术,模拟仿真后再叠加,将虚拟的信息应用到真实世界,被人类感官所感知,从而达到超越现实的感官体验。真实的环境和虚拟的物体实时地叠加到了同一个画面或空间同时存在(马勇等,2018)。

在旅游规划中,虚拟现实以及增强现实技术能够较好地运用于旅游项目的策划、资源环境保护、历史场景再现,可以规划设计一些挖掘地方特色的虚拟现实项目以增强游客体验;在汇报规划内容时,可以运用虚拟现实技术向规划委托方展示规划的最终效果,创新展示规划内容等;在旅游营销阶段,还可以作为网络营销手段将旅游目的地的虚拟实景提供给潜在旅游者远程欣赏。虚拟现实以及增强现实技术，可以让旅游者更为理性地选择旅游目的地，进而促进旅游地更加注重管理和体验品质的提升。

(五)元宇宙

石培华等(2022)认为，元宇宙(metaverse)是利用科技手段链接与创造同现实世界映射、交互的虚拟世界，是具备新型社会体系的数字生活空间，其概念是多重底层技术的叠加集成，其本质是下一代的互联网。元宇宙具有去中心化、高度沉浸式体验、对现实世界的高度拟真与同步、闭环封闭的经济系统等特征。元宇宙基于扩展现实技术提供沉浸体验，基于数字孪生技术生成现实世界的镜像，基于区块链技术搭建经济体系，将虚拟世界与现实世界在经济系统、社交系统、身份系统上密切融合，并且允许每个用户进行内容生产和世界编辑。元宇宙有助于旅游目的地创新发展，科技赋能，打破时空限制，构建现实和虚拟结合的数字空间，实现沉浸式旅游体验。另外，元宇宙有助于旅游产业数字化价值的变现。

随着相关技术体系的不断成熟，元宇宙的发展前景和应用场景不断明晰，也日渐成为资本市场的新宠和未来产业革命的热门方向。文旅领域与元宇宙有着天然的融通之处，从基因内置、产业需求和发展路径三个角度来看，两者都有很强的契合关系。元宇宙推进文旅领域"人—场—物"的重构，将在游戏、演艺、旅游、影视等场景拥有广阔的应用空间，促成文旅产业的颠覆性变革。

(六)旅游规划的制图软件

用于绘制旅游规划图的软件较多，总的来看可以分为两大类：一是基于通用图形图像设计制作的软件，如 Autodesk 公司的工程设计软件 AutoCAD、矢量工具软件 CorelDRAW、Illustrator、Freehand、图像处理软件 Photoshop、3D 建模渲染和制作软件 3Dmax 等；二是基于 GIS 的制图软件，如美国 ESRI 公司的 ArcGIS、MapInfo 公司的 MapInfo、北京超图公司的 SurperMap、武汉中地公司的 MapGIS、武汉大学的 Geostar 等。

知识链接 4-3

本章要点

(1)旅游规划的编制方法主要有三种，即问题导向的旅游规划编制方法、目标导向的旅游规划编制方法和社区参与导向的旅游规划编制方法。

(2)问题导向的旅游规划是为了解决当前问题，主要适用于已开发的旅游地。

(3)目标导向的旅游规划是为了实现预定目标，主要适用于新开发或新发展阶段的旅游地。

(4)社区参与导向的旅游规划是为了提高规划的参与度和可实施性，主要适用于小尺度的乡村旅游社区。

(5)旅游规划的常用方法有资料研究法、实地考察法、访谈法、SWOT 分析法等。

(6)旅游规划的技术方法有遥感技术(RS)、地理信息系统(GIS)、全球定位系统(GPS)、虚拟现实和增强现实技术等。

(7)旅游规划的常用制图软件总的来看可以分为两大类：一是基于通用图形图像设计制作的软件，如CorelDRAW、Photoshop和AutoCAD软件；二是基于GIS的制图软件，如ArcGIS、MapGIS和MapInfo软件。

核心概念

问题导向　problem-orientation
目标导向　goal-orientation
参与式规划　participatory planning
SWOT分析法　SWOT analysis method
虚拟现实　virtual reality
增强现实　augmented reality

思考与练习

一、选择题（请扫描边栏二维码）

二、简答题
1.旅游规划的编制方法主要有哪几种？其编制目的和适用条件分别是什么？
2.规划区旅游发展中存在的问题主要包括哪几个方面？
3.旅游规划常用的资料收集和分析方法有哪些？
4.SWOT分析法有哪几个步骤？
5.可以应用于旅游规划的相关技术有哪些？
6.旅游规划的常用制图软件有哪些？

三、实践操作题
1.请研读一个旅游规划案例，分析其运用了哪些旅游规划方法，并对其使用情况及其规范性进行点评。
2.请自选一个旅游城市，用SWOT分析法来分析该市旅游业发展的优势、劣势、机会和威胁，并作出发展战略选择。

推荐阅读

1. 冯学钢,吴文智,于秋阳.旅游规划[M].上海:华东师范大学出版社,2011.
2. 马勇.旅游规划与开发[M].武汉:华中科技大学出版社,2018.
3. 陈英.旅游规划:问题导向与目标导向及其选择[J].旅游研究,2009,1(2).
4. 孙九霞,保继刚.从缺失到凸显:社区参与旅游发展研究脉络[J].旅游学刊,2006,21(7).
5. 王维艳.社区参与旅游发展制度增权二元分野比较研究[J].旅游学刊,2018,33(8).

第五章
旅游资源分类、调查与评价

学习引导

分类是认识复杂事物的有效方法之一。旅游资源具有广泛性和多样性,对它进行分类是正确认识旅游资源特点和合理开发利用的重要途径。旅游资源的分类,是根据其存在的同质性和异质性,按照一定的目的、需要,将其进行合并、归类的一个科学区分过程。除旅游资源分类外,旅游资源调查和评价是旅游规划工作的重要内容,是科学认识、利用和保护旅游资源的基础。这一章,我们就来学习与旅游规划密切相关的另一个国家标准——《旅游资源分类、调查与评价》(GB/T 18972—2017)。

学习目标

(一)知识目标

1.了解:旅游资源的分类;旅游资源调查的原则、类型、内容、程序和成果形式;旅游资源评价的内容。

2.理解:旅游资源的概念;旅游资源调查的内涵、目的与要求;旅游资源评价的目的与原则。

3.掌握:旅游资源的调查方法和评价方法。

(二)能力目标

1.能够根据不同划分标准对旅游资源进行科学分类。

2.能够从事旅游资源调查和评价工作。

(三)价值塑造目标

1.引导学生正确认识旅游资源分类、调查和评价工作的重要意义。

2.帮助学生树立正确的旅游资源观,重视对我国珍贵旅游资源的保护。

思维导图

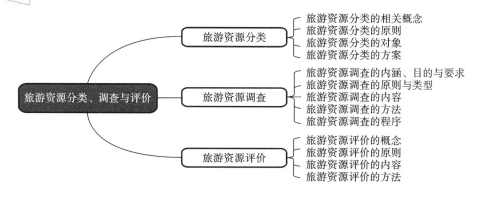

第一节 旅游资源分类

一、旅游资源分类的相关概念

(一)旅游资源

根据《旅游资源分类、调查和评价》(GB/T 18972—2017)的定义,旅游资源(tourism resources)是指自然界和人类社会凡能对旅游者产生吸引力,可以为旅游业开发利用,并可产生经济效益、社会效益和环境效益的各种事物和现象。旅游资源是旅游业发展的基础,是旅游规划的原材料。因此,旅游资源的分类、调查与评价是旅游规划的基础性工作,是确保旅游规划质量的关键所在。

旅游资源的吸引力可以划分为两个维度:一是数量维度,即旅游资源要能够对足够多的潜在旅游者产生吸引,形成一定的经济规模;二是质量维度,即旅游资源要符合旅游业的社会文化伦理规范和生态环境准则。

(二)旅游资源的主要特征

1. 价值的体验性

旅游资源的价值在于满足旅游者的某种精神体验,包括审美体验、认知体验、休闲娱乐体验等。

2. 类型的多样性

旅游资源是一个集合的概念,类型多样,层出不穷。

3. 吸引力的定向性

旅游资源的吸引力在某种程度上来源于旅游者的旅游偏好和主观效用评价。

(三)旅游资源分类

旅游资源分类是指根据旅游资源存在的共同性和差异性将其进行归类,并划分具有一定从属关系的不同等级类别的科学区分过程。旅游资源分类是进行旅游资源保护与开发的基础性工作。

二、旅游资源分类的原则

旅游资源分类应遵循相似性与差异性原则、逐级划分原则和对应性原则。具体而言,要依据旅游资源的性状,即现存状况、形态、特性、特征划分。

(一)相似性与差异性原则

相似性与差异性原则,即所划分的同一等级、同一类型的旅游资源必须具有共同的属性,而不同等级、不同类型的旅游资源之间必须具有一定的差异性。

(二)逐级划分原则

逐级划分原则是采用分级与分类相结合的方法,将旅游资源逐级进行分类,即先确定高一级的旅游资源类型,然后分别将其划分为次一级的亚类型,再向下划分出更次一级类型,避免出现越级划分的逻辑性错误。

(三)对应性原则

对应性原则是指所划分出的次一级类型的旅游资源在内容上必须完全对应于上一级类型。

三、旅游资源分类的对象

旅游资源分类的对象是旅游资源单体。旅游资源单体(object of tourism resources)是指可作为独立观赏或利用的旅游资源基本类型的单独个体,包括独立型旅游资源单体和由同一类型的独立单体结合在一起的集合型旅游资源单体。

独立型旅游资源单体和集合型旅游资源单体的区分:独立型旅游资源单体是指具备一定旅游吸引力的单个旅游资源,如阳朔大榕树等古树名木;集合型旅游资源单体是指同类旅游资源形成的集合体,如云南罗平县大片的油菜花田。集合型旅游资源单体划分应遵循地理位置相近的原则,但体量过于庞大的同类旅游资源单体不宜划为集合型单体,如桂林市区的"两江四湖"水体旅游资源。

多属性旅游资源单体归类原则的把握:采用旅游价值主导原则来确定类型归属,即选旅游价值更突出的属性来确定其类型归属。以桂林市的独秀峰为例,独秀峰本是一座自然形成的喀斯特石山,是桂林市区的一个地标性观景点,但是山上有玄武阁、观音堂、三神祠、独秀亭等人文景点或设施,根据多属性单体旅游资源归类原则,可把独秀峰整体作为自然型的喀斯特峰柱状地景(ACB)类旅游资源单体。

四、旅游资源分类的方案

由于旅游资源的构成十分复杂,学术界有多种分类方案。但应用于旅游资源开发与管理的最有效、最权威、最广泛的是国家标准《旅游资源分类、调查与评价》(GB/T 18972—2017)中对旅游资源的分类方案。

(一)按旅游资源的属性分类

根据《旅游资源分类、调查与评价》(GB/T 18972—2017)对旅游资源的分类体系,将旅游资源分为 8 个主类、23 个亚类、110 个基本类型。8 个主类分别是地文景观、水域景观、生物景观、天象与气候景观、建筑与设施、历史遗迹、旅游购品和人文活动。其中,地文景观包含自然景观综合体、地质与构造形迹、地表形态、自然标记与自然现象 4 个亚类;水域景观包含河系、湖沼、地下水、冰雪地、海面 5 个亚类;生物景观包含植被景观、野生动物栖息地 2 个亚类;天象与气候景观包含天象景观、天气与气候现象 2 个亚类;建筑与设施包含人文景观综合体、实用建筑与核心设施、景观与小品建筑 3 个亚类;历史遗迹包含物质类文化遗存、非物质类文化遗存 2 个亚类;旅游购品包含农业产品、工业产品、手工工艺品 3 个亚类;人文活动包含人事活动记录、岁时节令 2 个亚类。旅游资源基本类型是按照旅游资源分类标准所划分出的基本单位。

知识链接 5-1

(二)按旅游资源的等级结构分类

按旅游资源的等级结构分类,可以分为核心资源、卫星资源和环境资源三种。

核心资源的吸引力最大,是激发旅游者旅游动机和旅游行为的依据,如桂林漓江景区。

卫星资源的吸引力低于核心资源,但仍有吸引旅游者的较大魅力,如漓江景区东岸的冠岩景区。

环境资源是区域性明显的低魅力度资源(如气候、空气、水文、生态植被等),不构成旅游者追求的目标,却能显著增加区域资源的总体魅力,如漓江景区西岸的乌桕滩。

(三)按旅游资源的功能分类

按旅游资源的功能分类,可以分为观光游览型、参与体验型、商品购物型、保健疗养型、文化教育型和感情寄托型等类型。

(四)按旅游资源存在的稳定性的分类

按旅游资源存在的稳定性的分类,可以分为稳定的、客观存在的实体旅游资源,以及不稳定的、客观存在的事物和现象。

第二节　旅游资源调查

一、旅游资源调查的内涵、目的与要求

(一)旅游资源调查的内涵

根据《旅游资源分类、调查与评价》(GB/T 18972—2017)的定义：旅游资源调查(investigation of tourism resources)是按照旅游资源的分类标准对旅游资源进行的研究和记录,即运用科学的方法和手段,有目的、系统地收集、记录、整理、分析和总结旅游资源及其相关因素的信息与资料,以确定旅游资源的存量状况,并为旅游经营管理者提供客观决策依据的活动。

(二)旅游资源调查的目的

(1)了解旅游资源的赋存情况,摸清"家底",掌握旅游资源的利用状况,寻找开发利用潜力。

(2)了解旅游资源的特色、性质、价值和功能,为制订科学的规划提供可靠保证。

(3)为旅游主管部门进行旅游宣传提供翔实的素材。

(4)有利于建立旅游资源系统的档案资料,使旅游资源的管理、利用和保护工作科学化、现代化。

(三)旅游资源调查的基本要求

(1)按照《旅游资源分类、调查与评价》规定的内容和方法进行调查。

(2)保证成果质量,强调整个运作过程的科学性、客观性、准确性,并尽量做到内容简洁和量化。

(3)充分利用与旅游资源有关的各种资料和研究成果,完成统计、填表和编写调查文件等工作。调查方式以收集、分析、转化、利用这些资料和研究成果为主,并逐个对旅游资源单体进行现场调查核实,包括访问、实地观察、测试、记录、绘图、摄影,必要时进行采样和室内分析。

二、旅游资源调查的原则与类型

(一)旅游资源调查的原则

1.真实性原则

关于旅游资源的调查,旅游资源调查者必须亲临现场进行田野考察、测量、拍照、录像、分析、记录等,撰写调查报告,采用内外结合的方法,研究资源的性质、价值、等级、开

发利用现状及潜力等。收集的第二手资料只能作为野外调查的参考，并且要经过核对以确保其真实性。在对旅游资源的性质、类型、成因、特点、级别、价值等进行调查时，必须尊重客观事实，坚持科学分析，防止主观臆断。

2. 创新性原则

人们对旅游资源的认识，会随着社会经济的发展，生活水平的提高以及观念、价值观、人生观等诸多方面的变化而提升，使旅游资源的吸引力发生改变。因而，在旅游资源调查过程中，要深刻了解市场潜在需求，准确把握被调查对象在当前及将来市场吸引力的变化和趋势，既要深入了解已开发的旅游资源的市场价值和发展潜力，更要善于发现未开发或新兴旅游资源的利用价值和开发潜力，与时俱进认识、发现和评价旅游资源。

3. 筛选性原则

旅游资源调查应贯彻为旅游业服务的思想，根据客源市场现状和潜在需求对旅游资源进行分析和筛选，以适应旅游业发展对旅游产品的要求。一方面，要突出重点，选择市场需求大、综合价值高或特色突出的旅游资源；另一方面要选择有利于旅游者和当地居民身心健康的、符合精神文明建设要求的旅游资源。对一些极具特色或有可能发挥其特殊旅游功能的旅游资源，要给予充分重视。同时，对那些暂时不具有开发价值或暂时不具备开发条件的旅游资源也须进行调查。

4. 综合性原则

旅游资源调查是一项综合性任务。一方面，调查人员的结构要尽量吸纳旅游、地理、经济、管理、环境等专业人员，以便充分利用不同学科的特长及研究方法，优势互补，并尽量取得各有关部门的支持与配合。另一方面，要对调查区域内的旅游资源本身以及其所依托的自然环境、经济社会环境和开发利用条件等进行全面的调查分析，以获得综合、系统的资料。

(二)旅游资源调查的类型

旅游资源调查可以分为旅游资源详查和旅游资源概查两种类型。

1. 旅游资源详查

旅游资源详查就是对旅游资源进行详细的调查，适用于了解和掌握整个区域旅游资源全面情况的旅游资源调查。旅游资源详查要求完成全部旅游资源调查程序（包括调查准备、实地调查）；对全部旅游资源单体进行调查，提交全部旅游资源单体调查表等。

2. 旅游资源概查

旅游资源概查是在大致了解现有旅游资源的情况下，对旅游资源进行概略性调查。适用于受时间、资金、人力、物力等的限制，只需了解和掌握特定区域或专门类型的旅游资源调查。参照旅游资源详查中的各项技术要求，对涉及的旅游资源单体进行选择性调查。可以不成立专门调查组；资料收集限定在专门目的所需要的范围；可不填写或择要填写旅游资源单体调查表等。

旅游资源详查与旅游资源概查比较如表5-1所示。

表 5-1　旅游资源详查与旅游资源概查比较

类型	旅游资源详查	旅游资源概查
特点	全面调查，详尽和全面地进行实地考察	针对性调查，概略性或探测性调查
适用范围	了解和掌握整个区域旅游资源全面情况，建立旅游资源数据库，为地区旅游开发的综合目的服务	调查特定区域或专门类型旅游资源，为地区旅游规划等特定任务服务
技术支撑	国家标准	国家标准或自定调查技术规程
组织形式	成立专门调查小组，成员专业组合完备	无需专门调查小组
工作方式	对所有旅游资源进行全面调查，执行调查规定的全部程序	按照调查规定的相关程序运作，按实际需要确定调查对象并实施调查，可以简化工作程序
调查成果形式	要填旅游资源单体调查表，提交标准要求的全部文件、图件	可不填旅游资源单体调查表，提交部分有关文件、图件

三、旅游资源调查的内容

旅游资源调查的内容主要包括两个方面：一是旅游资源周边环境调查，二是旅游资源赋存状况调查。

（一）旅游资源周边环境调查

旅游资源周边环境调查包括自然环境调查和人文环境调查两个方面。

1. 自然环境调查

旅游资源自然环境调查的内容包括以下方面。

（1）调查区的概况：调查区的名称、地域范围、面积，所在的行政区划及其中心位置与依托的城市。

（2）气候条件调查：调查区的气候类型、气温（年均温、极高温、极低温）、盛行风，年均降水量及降水量的时空分布、光照强度、湿度及其变化、大气成分及污染情况等。

（3）地质地貌条件：调查区的地质构造、地形、地貌及岩石的分布和分异。

（4）水体环境调查：调查区的主要水体类型，各类水体的水质、水量的变化情况以及利用情况。

（5）生物环境调查：区内的动物及植物群落的数量特征与分布，具有观赏价值的动、植物群落数量及分布。

2. 人文环境调查

（1）历史沿革：调查区的发展历史，包括建制形成、行政区划的历次调整、发生的历史事件、调查区内名人及其活动。

（2）经济状况：调查区内的经济水平及产业状况、国民经济发展状况、国内生产总值、居民收入水平、工农业生产总值、三次产业产值及构成状况、物价水平、就业率与劳动力价格等。

(3) 社会文化环境：调查区内学校、邮政、电信、医疗、环卫、安全、民族的分布状况，人们的职业构成、受教育状况、宗教信仰、风俗习惯、社会价值观念、审美观念等。

(二) 旅游资源赋存状况调查

旅游资源赋存状况调查主要包括旅游资源类型调查、规模调查、分布调查和开发现状调查四个方面的内容。

1. 旅游资源类型调查

旅游资源类型调查一般以《旅游资源分类、调查与评价》(GB/T 18972—2017)国家标准为依据，重点调查三个方面的内容：一是旅游资源类型的丰富性；二是旅游资源类型的主体倾向性和主要特征；三是旅游资源类型的搭配和组合情况。

2. 旅游资源规模调查

旅游资源规模调查包括对旅游资源的数量、体量、面积、分布范围以及分布密集程度等的调查，了解旅游资源的价值品位和开发潜力。

3. 旅游资源分布调查

旅游资源分布调查是对旅游资源空间分布和空间组合状况的调查。旅游资源分布的特点主要有三种：一是按照类型分布，形成自然旅游资源聚集区和人文旅游资源聚集区，或不同类型的旅游资源组合形成自然观光、娱乐体验、历史文化、休闲度假等主题旅游资源区块；二是按照区位分布，包括以城市为中心分布、以交通线为轴线分布、以自然山水为界线等旅游资源分布格局；三是按照主次分布，依据旅游资源的等级、影响力、知名度而形成主导旅游资源区和辅助旅游资源区。

4. 旅游资源开发现状调查

旅游资源的开发现状包括已开发、待开发和未开发三种形态。开发现状调查包括旅游资源目前的开发状况，开发的项目、类型、时间，游览季节，旅游接待人次、旅游收入、人均消费水平，以及周边地区同类旅游资源的开发现状和开发计划等。

四、旅游资源调查的方法

旅游资源调查的主要方法有资料分析法、野外考察法、遥感技术法、分类分区法等。

(一) 资料分析法

为了降低工作分析的成本，应当尽量利用现有的资料，为进一步调查奠定基础。通过分析现有的关于旅游资源的资料，如文字介绍、文献资料、研究成果、地方志、地理志、开发报告、规划资料、统计年鉴、影像资料等，间接获取旅游资源有关信息。资料分析方法对确定一个调查区的旅游特色和旅游价值具有重大价值，也是旅游规划和生态环境建设的基本依据。这种方法包括对现有资料的收集、预测和对调查过程中所取得的资料的统计、分析等。该方法适用于调查区资料较多且对于旅游资源分析具有参考价值的区域。

(二) 野外考察法

对旅游资源的分布位置、变化规律、数量、特色、特点、类型、结构、功能、价值的认知,只有通过现场的综合考察,才能得出准确的旅游资源分析、评价意见。调查人员通过深入到旅游资源所在地,采用观察、踏勘、测量、登录、填绘、摄像等形式直接接触旅游资源,可以获得宝贵的第一手资料,通过专业人员的感性认识和客观分析,才能得到可靠的结果。野外考察法的勘测要求一一核实所有已获得的资料,而且必须补充将来开发工作所需的一切资料,因此要求工作周详、细致。调查者要勤于观察、善于发现、及时记录、填图、现场摄录、及时总结。野外考察法是旅游资源调查最常用的一种实地调查方法。

(三)遥感技术法

遥感技术法采用航天遥感(卫星)、航空遥感测量技术,对地球进行测量观察而获得地学信息,其具有信息量大、覆盖面广、方位准确性高、所需时间短、费用较少等优点,因而被广泛应用于众多领域,其中包括旅游资源调查,并取得了较好的效果。通过遥感技术,有时还能得到其他调查手段无法获得的信息。例如,人们一直希望了解北京的历代长城究竟有多长,文物工作者曾为此历尽艰辛,仍未能如愿,因为有些长城遗迹已经难以辨认,而通过现代遥感技术则可精确测定长城对地面重压所造成的压痕,提供地面上现已不存在的信息,使这个问题得到解决。在旅游资源调查中,需要尽量充分运用遥感等现代科学技术,提高调查的准确性、科学性和精确性,从而更加顺利地进行信息采集、选择、判读和解释。

(四)分类分区法

分类分区法是确定分类的目的要求,明确是普通的一般性旅游资源分类还是有特殊的专门性旅游资源分类,并参照一般分类原则和依据,结合实际确定相应的分类原则和依据,通过比较分析,初步建立分类系统,把各种旅游资源分别归入不同的类型。这一过程可采用逐级划分与逐级归并相结合的方法进行。通过补充、调整,完善分类系统。在初步分类、建立分类系统的基础上,再自上而下或自下而上,逐级对比分析,是否符合分类原则和目的要求,所采用的依据是否恰当,分类系统是否包含了所有应划分的旅游资源。如有不妥之处,应进行补充、调整,最后形成一个符合要求的科学的分类系统。

五、旅游资源调查的程序

(一)调查准备阶段

1. 制定调查的工作计划和工作方案

工作计划和工作方案涉及调查范围、调查对象、调查目的、调查方式,调查任务完成的时间,投入的人力和财力,调查的精度要求,成果的表达方式等。

2. 成立调查组和人员培训

调查组成员应具备与所调查区旅游环境、旅游资源、旅游开发有关的专业知识,其专业背景应涵盖地理学、生物学、环境保护、建筑园林、历史文化、旅游管理、民族宗教等学科。

应根据国家标准《旅游资源分类、调查与评价》(GB/T 18972—2017)的要求对调查组的成员进行技术培训。

3.收集和整理第二手资料

要收集和整理的第二手资料是与调查区域有关的旅游文字、图片和影像资料,如地方志、乡土书籍、旅游区(点)简介、相关规划、专题报告、地图、照片等。

4.准备仪器设备和调查文件

旅游资源调查要携带的仪器设备包括智能手机(含指南针、GPS等功能)、卷尺、数码相机、录音笔、地图、笔、笔记本、无人机、充电宝、应急装备等。

调查文件主要是指旅游资源单体调查表,应根据被调查区旅游资源单体的大致数量进行印制。

(二)实地调查阶段

1.明确调查分区和调查线路

将整个调查区分为多个调查小区。调查小区既可按行政区划分,也可按现有或规划中的旅游区划分。

调查线路按实际需要组织安排,一般要求贯穿调查区内所有调查小区和主要旅游资源单体所在的地点。

2.选定调查对象并展开调查

对调查区的旅游资源单体应有重点、有选择地进行调查。应重点调查有旅游开发前景,有明显经济、社会、文化价值的旅游资源单体,或集合型旅游资源单体中具有代表性的部分,以及代表调查区品牌形象的旅游资源单体。

暂不进行调查的旅游资源单体包括:资源品位明显较低,不具有开发价值的旅游资源单体;与国家现行法律、法规相违背的旅游资源单体;开发后有损于社会形象的或造成环境问题的旅游资源单体;影响国计民生的旅游资源单体;某些位于特定区域内禁止开发的旅游资源单体。

3.填写旅游资源单体调查表

应对每一纳入调查的旅游资源单体分别填写一份旅游资源单体调查表。

根据《旅游资源分类、调查与评价》(GB/T 18972—2017)附录B.1,旅游资源单体调查表的基本结构如下:

单体序号

单体名称

代号(《中华人民共和国行政区代码》(GB/T 2260-1999))

行政位置(行政归属)

地理位置(经纬度,精度到秒)

性质与特征(外观形态与结构、内在性质、组成成分、成因机制与演化过程、规模与体量、环境背景、关联事物)

旅游区域及进出条件

保护与开发现状

共有因子评价(旅游资源单体评价)

(三)成果汇编阶段

1. 文件的内容和编写要求

旅游资源调查全部文件包括旅游资源调查区实际资料表、旅游资源图、旅游资源调查报告。其中,旅游资源详查需要完成全部文件,旅游资源概查只需绘制旅游资源图或优良级旅游资源图。

2. 填写旅游资源调查区实际资料表

调查区旅游资源调查、评价结束后,由调查组填写旅游资源调查区实际资料表。填写的内容包括调查区基本资料、各层次旅游资源数量统计、各主类和亚类旅游资源基本类型数量统计、各级旅游资源单体数量统计、优良级旅游资源单体名录、调查组主要成员、主要技术存档材料。

3. 绘制旅游资源图或优良级旅游资源图

旅游资源图表现五级、四级、三级、二级、一级旅游资源单体。优良级旅游资源图表现五级、四级、三级旅游资源单体。一般而言,当旅游资源数量较多,难以用一张图表现时,就采用优良级旅游资源图。

以调查区的地形图或行政区划图作为旅游资源绘图工作的底图。在工作底图的实际位置上标注旅游资源单体(部分集合型单体可将范围绘出),单体符号一侧加注旅游资源单体代号或序号。各级旅游资源使用下列图例(见表 5-2)。

表 5-2　旅游资源图图例

旅游资源等级	图例(自然)	图例(人文)
五级旅游资源	★	★
四级旅游资源	■	■
三级旅游资源	◆	◆
二级旅游资源	▲	▲
一级旅游资源	●	●

其中,自然旅游资源(旅游资源分类表中主类 A、B、C、D)使用蓝色图例;人文旅游资源(旅游资源分类表中主类 E、F、G、H)使用红色图例。

4. 撰写旅游资源调查报告

旅游资源调查报告的基本结构如下。

前言
第一章　调查区旅游环境
第二章　旅游资源开发历史和现状
第三章　旅游资源基本类型
第四章　旅游资源评价
第五章　旅游资源保护与开发建议
主要参考文献
附图:旅游资源图或优良级旅游资源图

第三节　旅游资源评价

一、旅游资源评价的概念

旅游资源评价是指在旅游资源调查的基础上,根据一定要求选择评价因子和指标,运用科学方法对旅游资源的本身价值及其外部开发条件进行鉴定和评判的过程。

旅游资源评价是科学地开发和利用旅游资源的前提,直接关系到旅游资源的开发利用潜力和旅游地的发展方向。通过评价旅游资源的价值、特色、功能和开发条件,可以全面客观地认识旅游资源在同类旅游资源或所处区域中的地位,从而确定不同旅游资源的开发时序和开发模式,为旅游资源的规划开发和管理运营提供决策依据。

二、旅游资源评价的原则

(一)客观实际原则

旅游资源是客观存在的事物,其特点、价值和功能具有客观性。旅游资源评价时,对其价值和开发前景应做到实事求是、恰如其分。

(二)全面系统原则

旅游资源评价既要全面系统地衡量其多方面的价值和功能,又要对其区位环境和开发条件综合考虑。

(三)效益兼顾原则

旅游资源评价应兼顾旅游资源(预期)产生的经济效益、社会效益和生态环境效益。

(四)高度概括原则

旅游资源评价结论应明确、精练,高度概括出其价值、特色和功能,以利于指导旅游资源定位和开发。

(五)力求定量原则

在评价调查区域旅游资源时应尽量避免带有主观色彩的纯定性评价,力求定量或定性与定量相结合评价,并采取统一评价标准,以保证旅游资源的评价和比较在同一基准上进行。

三、旅游资源评价的内容

(一)旅游资源自身评价

旅游资源自身评价主要包括旅游资源的性质、价值、功能、特色、密度、规模与组合状况等方面的内容。

1. 旅游资源的性质

旅游资源的性质是旅游资源本身所具有的与其他旅游资源不同的根本属性,主要从旅游资源的类型、特性、用途等方面来确定。

2. 旅游资源的价值

旅游资源的价值一般分为美学价值(艺术观赏价值)、历史文化价值、科学价值等方面。

美学价值主要是指旅游资源能提供给旅游者美感的种类及强度(高曾伟等,2007)。人们能够感受到的美感种类越多,美感越强烈,对其评价就越高。由于自然旅游资源和人文旅游资源的类型、性质、规模等千差万别,所呈现的美学状态、美学特征也各不相同。自然旅游资源的美学特征主要包括形象美(雄壮、秀丽、奇特、险峻、幽邃、旷远)、色彩美、动态美、朦胧美、感官综合美等,人文旅游资源的美学特征主要包括历史意境美、结构布局美、文化艺术美、异域风情神秘美、现代景观特色美等。凡是吸引力较大的旅游资源,一般都具有较高的美学观赏价值,如桂林山水、敦煌莫高窟、四川九寨沟、安徽黄山等。

知识拓展 5-1

历史文化价值属于人文旅游资源的范畴,具有两方面的含义:一是其本身所具有的历史文化内涵,即其具有或体现了某一历史时期的某种文化特征,往往还与一个民族或国家的历史文化传统有着密切关系。旅游资源都在不同程度上体现着某种文化,如建筑、文学艺术、民族风情等。喝茶本属于生活常事,但其发展为"茶道"后,就已经具有很高的文化意义了。二是与重大历史事件、文艺作品、传说故事等有关的历史文化。如寒山寺因《枫桥夜泊》一诗而闻名,黄帝陵的古柏树因传说是黄帝亲手所植而价值大增。当人们提到卢沟桥时,不仅看中其桥梁建筑的价值,更会想到"卢沟桥事变"。评价历史古迹,要看它的类型、年代、规模、保存状况及其在历史上的地位。一般而言,历史古迹越古老、越稀少,就越珍贵;越出自名家之手,或越是与名人有关,其历史价值和旅游价值就越大;在历史上产生的影响越大,其旅游开发价值也就越大。

科学价值反映旅游资源的某种科学研究功能,在自然科学、社会科学和教学科研方面有什么样的特点,能否作为科教工作者、科学探索者和追求者现场研究的场所。如在西安附近秦始皇陵发现的兵马俑,是研究历史、雕塑、军事、美术的科学园地;闻名遐迩的长江三峡、云南的"三江并流",表现了丰富深奥的地质运动、构造断裂、流水侵蚀等自然过程。各类博物馆、纪念地(堂、馆)对培养参观者科学兴趣、扩大视野、增长知识、进行思想道德教育等具有重要意义。

3. 旅游资源的功能

旅游资源的功能是指旅游资源经开发利用能够满足游客某种旅游需求的特殊功效,是其价值的体现。旅游资源的功能一般分为观赏功能、教育功能、健身功能、休闲功能、娱乐功能等。旅游资源功能越多,可进行的旅游活动越多,吸引的游客群越大,其价值也就越大。

4. 旅游资源的特色

旅游资源的特色就是某一旅游资源不同于其他旅游资源的地方,包括色彩、风格、数量和构造等。它是吸引游客出游的关键性因素,是旅游资源开发的灵魂。旅游资源特色越突出,其吸引力越大,旅游价值也就越大。

5. 旅游资源的密度

旅游资源的密度也称为旅游资源的丰度,是指在一定地域内旅游资源的集中程度,即单位面积内拥有旅游资源的个体数量,通常用"个/平方公里"来表示。旅游资源的密度可以通过旅游资源调查进行量化,密度越高,该区域旅游资源开发的价值也就越高。

6. 旅游资源的规模与组合状况

旅游资源的规模指景观本身所具有的规模、大小、尺度。旅游资源的组合状况是指在同一旅游地内相同或不同旅游资源的组合与分布情况。旅游资源的组合状况主要指旅游资源组合的质量,它包括单个景点的多要素组合形式以及更大范围风景区资源种类的配合状况,由此形成了该景点、景区、风景名胜区或旅游区的群体价值特征。在多数情况下,同一旅游地内往往分布有不同种类的旅游资源,并相互配合。如果只对其中的某一种旅游资源进行评价,可能其品位并不高,然而由于多种旅游资源的巧妙组合,会大大提高这一旅游地的整体旅游价值。

(二)旅游资源开发条件评价

旅游资源开发条件评价主要为旅游资源开发服务,要综合考虑区位条件、自然环境、社会经济环境、客源市场环境、政策与投资环境、施工条件、旅游容量等。

1. 区位条件

旅游资源的区位条件是影响资源开发可行性、开发规模和效益的重要条件,主要包括旅游资源本身所处的地理位置、交通条件以及与相邻旅游资源的竞合关系等。大量事实表明,世界上许多旅游景区(点)其经济价值的大小有时并不能与旅游资源价值成正比,而往往在很大程度上因其特殊的地理位置而增强吸引力。

旅游资源的区位条件还包括旅游资源所在地的交通区位,即可进入性。旅游资源本身所处的地理位置越特殊或越靠近目标客源市场越好,交通越便利越好。一般与交通干线及辅助线距离越近,其可进入性就越强。如我国的深圳、珠海等由于毗邻香港、澳门,其优越的区位条件,使当地并不多的旅游资源得到了充分开发和利用。相反,西藏具有非常丰富而且品位极高的自然和人文旅游资源,如雅鲁藏布江大峡谷、布达拉宫等,由于地理位置不便,因而不利于开发和利用。旅游资源与相邻旅游资源的关系包括两种形式:一是因旅游资源类型不同而构成的互补关系,如桂林漓江与江边的象鼻山是桂林山水旅游资源组合的绝佳代表,二者相得益彰,产生集聚效应,吸引更多的旅游者;二是因旅游资源类型相同而构成的替代关系,如桂林市区的七星岩与芦笛岩同属于溶洞类旅游资源,二者存在互斥竞争,只能吸引部分游客。被评价的旅游资源如果与相邻旅游资源呈互补关系,会增加其价值;如果呈替代关系,则会降低其价值。另外,旅游资源周围若有名山、名湖、名城等旅游热点,则有利于资源的连片和成规模开发。

2. 自然环境

自然环境是指旅游资源所处的区域内的地质地貌、气候、植被、水文、土壤等要素。自然环境对旅游资源的质量、开发和游览体验有重要的影响作用。有些要素本身就是旅游资源的组成部分,直接影响其质量、品位和旅游资源所在区域的整体感知形象,如植被、水文条件等;有些要素则直接影响旅游资源开发的效益,如由季节变化而造成的旅游淡旺季。作为旅游资源开发地,其自然环境应以能让游客从视觉、听觉、嗅觉、触觉以及味觉等全方位感受舒适、怡人为宜。自然环境较为恶劣的区域(如植被稀少、水土空气污染严重、气候恶劣、地质灾害频发)在开发旅游时往往会遇到一定的阻碍。旅游资源的自然环境评价的代表性指标有负氧离子含量评价和舒适度评价。

负氧离子是由空气中含氧负离子与若干个水分子结合形成的原子团,被称为"空气维生素"。一般而言,每立方厘米的负氧离子含量越高,当地的自然环境和空气质量就越好,对人体的健康就越有促进作用(见表5-3)。

表5-3 负氧离子含量与健康的关系

分布区域	含量(个/立方厘米)	健康功效
森林、瀑布区	10000~50000	具有自然痊愈力
高山、海边	5000~20000	杀菌作用、减少疾病传播
郊外、田野	5000~10000	增强人体免疫力
都市公园	1000~2000	维持健康基本需要
都市住宅封闭区	40~50	诱发生理障碍,如头痛、失眠、过敏等
长时间开空调的房间	0~25	造成生理疾病

舒适度是在特定时间和着装条件下(一般指穿长袖单衣),由气温、相对湿度和风速等变量组成的函数关系,反映人体的冷热感觉程度。舒适度指数的计算公式为:

$$K=1.8t-0.55(1.8t-26)(1-RH)-3.25v^{1/2}+32$$

式中:t 为气温(℃);RH 为相对湿度(%);v 为风速(m/s);K 为舒适度指数。

人体舒适度指数 K 分级及感觉程度如表5-4所示。

表5-4 人体舒适度指数 K 分级及感觉程度

指数范围	等级	感觉程度
≤25	−4级	人体感觉寒冷,极不舒适,需注意保暖防寒,防止冻伤
26~38	−3级	人体感觉很冷,很不舒适,需注意保暖防寒
39~50	−2级	人体感觉偏冷,不舒适,需注意保暖
51~58	−1级	人体感觉偏凉,较为舒适
59~70	0级	人体感觉最舒适,最可接受
71~75	+1级	人体感觉偏暖,较为舒适

续表

指数范围	等级	感觉程度
76～79	＋2级	人体感觉偏热,不舒适,需适当降温
80～85	＋3级	人体感觉炎热,很不舒适,需注意防暑降温
≥86	＋4级	人体感觉很热,极不舒适,需注意防暑降温,以防中暑

(资料来源:张书余《城市环境气象预报技术》,气象出版社,2002年版。)

3.社会经济环境

旅游资源所处的社会经济环境是指调查区内的政治局势、社会治安、风俗习惯、居民对旅游业的态度、经济发展水平、物资产品供应、基础设施建设等情况。主要包括社会环境和经济环境两个部分。一般来说,旅游资源所在区域的社会经济环境条件越好,旅游业发展的基础就越坚实,旅游资源的开发利用价值就越高。

知识拓展 5-2

社会环境是指旅游资源所在地的政治局势、社会治安、政策法令、医疗保健、风俗习惯及当地居民对旅游业的态度等。一个地区政治局势和社会治安稳定与否,直接影响旅游者的出游决策。对旅游业重视的地区,人们参与旅游业的积极性就高,旅游的综合效益就更为显著。医疗和保健条件好的地区能及时处理和保障旅游过程中游客的疾病、意外伤害和生命安全。如果当地居民对旅游业有正确认识、热情好客,就会使游客有一种宾至如归之感,对旅游资源开发和旅游业发展有积极作用。良好的外部社会环境能够促进旅游的快速发展,如欧盟国家之间实行相互免签证制度,这些国家的居民在成员国内部出国旅游十分方便。而当政治局势不稳定或爆发战争、恐怖事件和重大传染病时,当地的旅游资源开发及旅游业发展会受到伤害,如美国"9·11"恐怖袭击事件、俄乌冲突、新冠疫情等都对当地旅游业造成了较大的负面影响。

经济环境是指旅游资源所在地能够满足游客开展旅游活动的一切外部经济条件,包括经济发展水平、人力资源、物资和产品供应、基础设施等条件。经济发展水平决定着旅游投资强度、本地的客源规模以及对旅游的保障条件。人力资源条件是指能够满足旅游经营和管理所必需的旅游从业人员,并提供完善优质的服务。物资和产品供应条件是指保证旅游资源开发、旅游经济活动正常运行所需的设备、原材料、食品、地方特产的供给情况。基础设施条件是指交通、水电、邮电、通信、医疗及其他旅游公共设施。不少旅游资源由于位于偏僻地区,基础设施不够完善或比较落后,直接影响了旅游的可进入性和旅游服务质量,不利于开发旅游资源和提高旅游经济效益。通常经济越发达的地区在旅游资源开发上的投资实力越强,且本地居民对旅游产品的消费需求也相应较高,这为当地发展旅游业提供了良好的保障。同时,经济发达的区域在人力资源的供给上也具有较大的优势,对旅游资源的开发具有较大的推动作用。

4.客源市场环境

客源市场环境主要包括旅游资源所能吸引的客源范围、辐射半径、客源规模、层次、特点及时空变化等。客源市场环境决定着旅游资源的开发规模和价值,也是维持和提高旅游资源开发效益的重要因素。

旅游资源开发必须以客源市场为依据。没有一定数量的游客,旅游资源开发就不会产生良好的经济效益。客源市场大小决定着旅游资源的开发规模和开发价值。客源市场具有时空条件:从空间来讲,旅游资源所能吸引的客源是由旅游资源的吸引力和社会经济环境决定的;从时间来讲,客源的不均匀分布形成了旅游的淡旺季,这与当地气候季节变化有一定关系,如在冬季,国内客流被海南岛的温暖气候和哈尔滨冰雪景观吸引,形成了我国两个冬季旅游旺季产品。

5. 政策与投资环境

旅游资源所在地的政府政策、经济发展战略以及给予投资者的优惠政策、便利性、公共服务、基础设施配套等因素都直接影响投资者的旅游资源开发决策。良好的政策环境和投资条件会给旅游资源开发提供有利的契机,提高其利用价值。资金是旅游资源开发的必要条件。资金来源是否充裕,财力是否雄厚,直接关系到旅游开发的深度、广度以及开发的可行性。投资渠道畅通、旅游投资主体较多、政府对于旅游投资制定优惠政策的区域,其投资条件相对较为优越。这类区域在旅游资源开发的资金筹集方面往往能够获得有效的保证。

6. 施工条件

施工条件是指旅游资源开发项目的难易程度和工程量的大小,包括符合施工场所要求的地质、地形、水文、气候等自然条件和交通、供水、通信、能源、设备、建材等工程建设的供应条件。评价施工环境条件的关键是权衡经济效益,对开发施工方案需进行充分的技术论证,同时要考虑经费、时间的投入与效益的关系。只有合理地予以评价,才能既不浪费资金,又有可行的施工回报收益。

7. 旅游容量

旅游资源的旅游容量是指在确保旅游资源及周边环境不被破坏,不对游客和旅游地居民的心理造成不利影响的前提下,旅游资源所能容纳的游客数量。旅游资源数量越多、规模越大、场地越开阔,其旅游容量就越大。

四、旅游资源评价的方法

(一)定性评价方法

旅游资源的定性评价方法主要有一般体验评价、美感质量评价、"三三六"评价法、"六字七标准"评价法等。

1. 一般体验评价

一般体验性评价是以大量旅游者或专家为主体对旅游资源进行评价,即通过统计旅游地或旅游资源在报刊、旅游指南、旅游书籍和网络上出现的频率或旅游者对旅游资源的好评率,从而判断旅游资源的质量优劣和大众知晓度。但是,此方法仅对具有一定知名度的旅游资源评价有效,而对于大多数尚未开发也无知名度的旅游资源则不具有可操作性。

2. 美感质量评价

美感质量评价是一种专业性的旅游资源美学评价方法,以旅游规划和管理的实际应用为目的。该方法通常是基于对旅游者或专家体验的深入分析,建立规范化的评价模型,评价的结果多具有可比性的定性尺度或数量指标。侧重线条、形体、色彩和质地,强调多样性、奇特性、协调统一性等形式美和生态学原则。旅游资源景观美感质量评价已发展成为四个公认的学派,即专家学派、心理物理学派、认知学派和经验学派。

专家学派,以受过专业训练的观察者或者专家为主体,以艺术、设计、生态学以及资源管理为理论基础对景观进行评价,直接为土地规划、风景管理及有关法令的制定和实施提供依据(Litton,1968;Litton 和 Tetlow,1978)。

心理物理学派,主要研究如何建立环境刺激与人类的反应之间的关系,通过测量公众对风景的审美态度,得到一个反映风景质量的量表,然后将该量表与各风景成分之间建立起数学关系。

认知学派,该理论把风景作为人的生存空间、认知空间来评价,强调风景对人的认识及情感反应上的意义,试图用人的进化过程及功能需要解释人对风景的审美过程。

经验学派,将人在景观评价中的主观作用提到绝对高度,把人对景观的评价看作是人的个性及其文化、历史背景、志向与情趣的表现,其研究方法一般是考证关于风景审美的文学、艺术作品以及对个人经历和体会的心理调查(俞孔坚,1988)。

3. "三三六"评价法

该评价体系是由卢云亭先生提出,主要适用于对某一旅游地进行综合评价。所谓"三三六"是指对旅游地的评价应从旅游资源具有的"三大价值"、开发后产生的"三大效益"和开发中所涉及的"六大条件"几个方面去进行系统评价。

"三大价值"是指旅游资源的艺术观赏价值(美学价值)、历史文化价值和科学考察价值。艺术观赏价值是指旅游资源的艺术特征、地位和意义;历史文化价值用来评价人文旅游资源的历史地位和历史意义;科学考察价值特指旅游资源具有的科学研究功能或科普教育功能。

"三大效益"是指旅游资源开发后带来的经济效益、社会效益和环境效益。经济效益主要包括旅游资源利用后可能带来的经济收入;社会效益指对人类智力开发、知识储备、思想教育等方面的效益;环境效益指旅游资源的开发是否会对环境、资源带来积极影响或造成破坏。在对"三大效益"进行评价时,应综合考察分析各利弊。

"六大条件"是指旅游资源所在地的地理位置和交通条件、景象地域组合条件、游客容量条件、客源市场条件、投资条件、施工条件。这些条件是进行旅游资源开发可行性研究的重要分析内容。

4. "六字七标准"评价法

该评价法由黄辉实先生提出,主要从两个方面对旅游资源进行评价:一是旅游资源本身;二是旅游资源所处的环境。

对旅游资源本身评价有六个标准:美、古、名、特、奇、用。对旅游资源所处环境的评价有七个标准:旅游市场、季节性、联系性、可进入性、污染状况、基础结构、社会经济环境等。

(1)对旅游资源本身的评价。

美:旅游资源给人的美感。主要考察旅游资源的可观赏性,如张家界、德天瀑布、布达拉宫等。

古:旅游资源的历史久远性。一般而言,距离现在越久远的旅游资源,对当今游客的吸引力就越强。例如,古庙、古塔、古城、古墓、古战场等因其历史久远,往往对现代人产生较大的吸引力。

名:一是指旅游资源本身的知名度。旅游资源本身的知名度往往可以透过其本身所获得的一些称号来判断,如"世界遗产""国家级风景名胜区""国家公园""国家森林公园""国家级重点文物保护单位"等。在我国历史上,人们还习惯将同类事物中价值最高、名气最大的用数字概括,这也是判断其知名度高低的重要指标,如四大佛教名山(峨眉山、普陀山、五台山、九华山)、五岳(泰山、华山、衡山、恒山、嵩山)、六大古都(北京、西安、开封、洛阳、南京、杭州)、长江流域的江南三大名楼(黄鹤楼、岳阳楼、滕王阁)等。二是指旅游资源与名人、著名事件的关联性。最典型的是名人故居,可能建筑十分普通,因为有名人曾在其中生活过,其旅游价值就会大增。原本价值一般的旅游资源,由于与一些重大的历史事件有联系,其旅游价值也就大不一样。例如,一栋位于上海市兴业路76号的旧式石库门住宅建筑,由于是中国共产党第一次全国代表大会会址,见证了中国共产党的诞生,成为上海知名度很高的旅游资源。

特:特有的、别处没有的或少见的资源,如西安的秦始皇陵兵马俑、浙江的钱塘潮等。

奇:人们不能正常解释的现象或事物,能给人以新奇的感受,如佛光、喊泉等。

用:能为旅游者提供使用价值的旅游资源,如自然旅游资源中具有医疗价值的温泉,人文旅游资源中的手工工艺品等。

(2)对旅游资源所处环境的评价。

对旅游资源所处环境的评价采用以下七个标准:季节性、污染状况(旅游环境的质量)、联系性、可进入性、基础结构、社会经济环境、旅游市场。这七个标准分属自然环境、经济环境和市场环境范畴,它们对旅游资源的开发利用价值影响颇大,评价时要进行客观的分析。

(二)定量评价方法

定量评价方法主要是《旅游资源分类、调查和评价》(GB/T 18972—2017)国家标准中的评价方法,即旅游资源共有因子评价。在旅游规划实践中,一般采用《旅游资源分类、调查和评价》(GB/T 18972—2017)国家标准对旅游资源进行评价。旅游资源共有因子评价是指按照旅游资源基本类型所共同拥有的因子对旅游资源单体进行的价值和程度评价。该方法实质上采用了差分制的综合评分方法,对旅游资源单体进行定量评价,一般由调查组打分完成。该标准的具体评价指标体系和赋分标准如表5-5所示。

表 5-5 旅游资源评价指标体系和赋分标准

评价项目	评价因子	评价依据	赋值
资源要素价值(85)	观赏游憩使用价值（30分）	全部或其中一项具有极高的观赏价值、游憩价值、使用价值	30～22
		全部或其中一项具有很高的观赏价值、游憩价值、使用价值	21～13
		全部或其中一项具有较高的观赏价值、游憩价值、使用价值	12～6
		全部或其中一项有一般的观赏价值、游憩价值、使用价值	5～1
	历史文化科学艺术价值（25分）	同时或其中一项具有世界意义的历史价值、文化价值、科学价值、艺术价值	25～20
		同时或其中一项具有全国意义的历史价值、文化价值、科学价值、艺术价值	19～13
		同时或其中一项具有省级意义的历史价值、文化价值、科学价值、艺术价值	12～6
		历史价值，或文化价值，或科学价值，或艺术价值具有地区意义	5～1
	珍稀奇特程度（15分）	有大量珍稀物种，或景观异常奇特，或此类现象在其他地区罕见	15～13
		有较多珍稀物种，或景观奇特，或此类现象在其他地区很少见	12～9
		有少量珍稀物种，或景观突出，或此类现象在其他地区少见	8～4
		有个别珍稀物种，或景观异比较突出，或此类现象在其他地区较多见	3～1
	规模、丰度与概率（10分）	独立型旅游资源单体规模、体量巨大；集合型旅游资源单体结构完美、疏密度优良级；自然景象和人文活动周期性发生或频率极高	10～8
		独立型旅游资源单体规模、体量较大；集合型旅游资源单体结构很和谐、疏密度优良好；自然景象和人文活动周期性发生或频率很高	7～5
		独立型旅游资源单体规模、体量中等；集合型旅游资源单体结构和谐、疏密度较好；自然景象和人文活动周期性发生或频率较高	4～3
		独立型旅游资源单体规模、体量较小；集合型旅游资源单体结构较和谐、疏密度一般；自然景象和人文活动周期性发生或频率较小	2～1
	完整性(5)	形态与结构保持完整	5～4
		形态与结构有少量变化，但不明显	3
		形态与结构有明显变化	2
		形态与结构有重大变化	1

续表

评价项目	评价因子	评价依据	赋值
资源影响力(15)	知名度和影响力（10分）	在世界范围内知名，或构成世界承认的名牌	10～8
		在全国范围内知名，或构成全国性的名牌	7～5
		在本省范围内知名，或构成省内的名牌	4～3
		在本地区范围内知名，或构成本地区名牌	2～1
	适游期或使用范围（5分）	适宜游览的日期每年超过300天，或适宜于所有游客使用和参与	5～4
		适宜游览的日期每年超过250天，或适宜于80%左右游客使用和参与	3
		适宜游览的日期每年超过150天，或适宜于60%左右游客使用和参与	2
		适宜游览的日期每年超过100天，或适宜于40%左右游客使用和参与	1
附加值	环境保护与环境安全	已受到严重污染，或存在严重安全隐患	－5
		已受到中度污染，或存在明显安全隐患	－4
		已受到轻度污染，或存在一定安全隐患	－3
		已有工程保护措施，环境安全得到保证	3

1. 评价体系

《旅游资源分类、调查和评价》(GB/T 18972—2017)中关于旅游资源评价的整个评价体系包括"评价项目"和"评价因子"两个层次。"评价项目"分为"资源要素价值""资源影响力"和"附加值"。其中，"资源要素价值"项目中含"观赏游憩使用价值""历史文化科学艺术价值""珍稀奇特程度""规模、丰度与概率""完整性"5项评价因子，"资源影响力"项目中含"知名度和影响力"和"适游期或使用范围"2项评价因子，"附加值"项目中含"环境保护与环境安全"1项评价因子。

2. 赋分标准

"评价项目"和"评价因子"用量值表示。"资源要素价值"和"资源影响力"总分值为100分。其中，"资源要素价值"为85分，分配如下："观赏游憩使用价值"30分，"历史文化科学艺术价值"25分，"珍稀奇特程度"15分，"规模、丰度与概率"10分，"完整性"5分。"资源影响力"为15分，其中"知名度和影响力"10分，"适游期或使用范围"5分。"附加值"中，"环境保护与环境安全"分正分和负分，取值范围为"－5～3分"。每一评价因子的评价依据分为4个档次，其因子分值相应分为4档。

3. 计分与等级划分

依据旅游资源单体评价总分，将其分为五个等级，从高到低依次为：

五级旅游资源，得分值域≥90分；

四级旅游资源，得分值域为75～89分；

三级旅游资源，得分值域为60～74分；

二级旅游资源,得分值域为 45~59 分;

一级旅游资源,得分值域为 30~44 分;

未获等级旅游资源,得分值域≤29 分。

其中:五级旅游资源称为"特品级旅游资源";五级、四级、三级旅游资源被通称为"优良级旅游资源";二级、一级旅游资源被通称为"普通级旅游资源"。

本章要点

(1)旅游资源是自然界和人类社会凡能对旅游者产生吸引力,可以为旅游业开发利用,并可产生经济效益、社会效益和环境效益的各种事物和现象。

(2)旅游资源分类应遵循相似性与差异性原则、逐级划分原则和对应性原则,可依据旅游资源的属性、等级结构、功能、存在的稳定性等维度划分。

(3)旅游资源调查是按照旅游资源的分类标准对旅游资源进行的研究和记录。旅游资源调查应遵循真实性原则、创新性原则、筛选性原则和综合性原则。

(4)旅游资源调查可以分为旅游资源详查和旅游资源概查两种类型。旅游资源调查的内容主要包括两个方面,一是旅游资源周边环境调查,二是旅游资源赋存状况调查。

(5)旅游资源评价是指在旅游资源调查的基础上,根据一定要求选择评价因子和指标,运用科学方法对旅游资源的本身价值及其外部开发条件进行鉴定和评判的过程。旅游资源评价应遵循客观实际原则、全面系统原则、效益兼顾原则、高度概括原则、力求定量原则。

(6)旅游资源评价的内容分为旅游资源自身评价和旅游资源开发条件评价两个方面。旅游资源自身评价主要包括旅游资源的性质、价值、功能、特色、密度、规模与组合状况等。旅游资源开发条件评价要综合考虑区位条件、自然环境、社会经济环境、客源市场环境、政策与投资环境、施工条件、旅游容量等。

(7)旅游资源的评价方法主要有:一般体验评价、美感质量评价、卢云亭的"三三六"评价法和黄辉实的"六字七标准"评价法等定性评价方法,以及《旅游资源分类、调查和评价》国家标准中的旅游资源共有因子评价方法。

  核心概念

旅游资源　tourism resources
旅游资源分类　classification of tourism resources
旅游资源调查　investigation of tourism resources

旅游资源评价　tourism resources evaluation
旅游吸引物　tourist attraction
自然旅游资源　natural tourism resources
人文旅游资源　cultural tourism resources

思考与练习

一、选择题（请扫描边栏二维码）

二、简答题

1. 国家标准《旅游资源分类、调查与评价》（GB/T 18972—2017）与 2003 年版本有何异同？
2. 请简要回答旅游资源调查的内容。
3. 请简要回答旅游资源调查的程序。
4. 请简要回答旅游资源评价的原则。
5. 旅游资源评价的内容有哪些？

三、案例分析题

请参考阅读旅游规划案例《中国花瑶梯田旅游开发与保护总体规划》，运用本章知识分析和评价其"旅游资源分析和评价"内容。

四、实践操作题

1. 请就近开展旅游资源调查，并填写若干份旅游资源单体调查表。
2. 请根据《旅游资源分类、调查与评价》（GB/T 18972—2017）中的评价指标体系，以 3~4 人为一个小组，选择 2~3 处熟悉的旅游资源单体，进行独立评价。汇报各自的分数和平均分，以及对应的等级划分。

推荐阅读

1. 全国旅游标准化技术委员会. 旅游资源分类、调查与评价（GB/T 18972—2017）[S]. 北京：中国标准出版社，2017.
2. 冯学钢，吴文智，于秋阳. 旅游规划[M]. 上海：华东师范大学出版社，2011.
3. 杨晓霞，向旭. 旅游规划原理[M]. 北京：科学出版社，2013.
4. 杨懿，田里，胥兴安. 养生旅游资源分类与评价指标体系研究[J]. 生态经济，2015，31(8).
5. 白凯，王馨.《旅游资源分类、调查与评价》国家标准的更新审视与研究展望[J]. 自然资源学报，2020，35(7).

第六章
旅游市场调查、定位与预测

1930年5月,毛泽东为了反对教条主义思想,专门写了《反对本本主义》一文,提出"没有调查,没有发言权"的著名论断。调查研究是从实际出发的中心一环,是尊重客观规律、发挥主观能动性的典型形式。在旅游规划过程中,既要重视旅游资源和环境调查,更要重视旅游市场调查。从某种程度上来说,市场是检验旅游规划成败的唯一标准。旅游市场调查准确与否会影响旅游市场定位和旅游市场预测。那么,如何进行旅游市场调查?如何选准旅游市场定位?旅游市场预测的方法有哪些?这一章我们就来探讨旅游市场调查、定位与预测的技术方法。

(一)知识目标

1.了解:旅游市场调查的内容,旅游市场细分的标准,旅游市场预测的程序。

2.理解:旅游市场调查、定位和预测的相关概念。

3.掌握:旅游市场调查的方法和程序,旅游市场定位的步骤,目标市场选择的策略,旅游市场预测的方法。

(二)能力目标

1.能够运用所学知识从事旅游市场调查、定位和预测实践。

2.能够运用所学知识分析和评价旅游规划案例中的旅游市场调查、定位和预测内容。

(三)价值塑造目标

1.认识到旅游市场调查工作的重要价值,培育以社会主义市场经济为导向的旅游规划观。

2.培养求真务实的工作作风,走群众路线,重视实践调查和游客的意见。

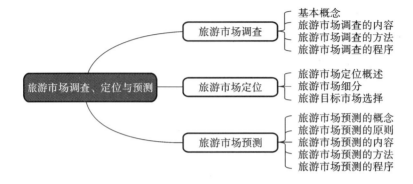

第一节 旅游市场调查

一、基本概念

(一)旅游市场

学术界关于旅游市场(tourism market)的定义有广义和狭义之分。广义的旅游市场指旅游产品交换过程中的各种经济行为和经济关系的总和,反映了旅游产品实现过程中的各种经济活动现象和关系。这种旅游市场包含两种含义,即有形的交换场所和无形的交换关系。狭义的旅游市场是指旅游客源市场,即在一定时期内,某一特定旅游产品的现实与潜在购买者数量(杨艳蓉,2016)。

(二)旅游市场调查

旅游市场调查(tourism market survey)是运用科学的方法和手段,客观而系统地收集和分析与规划决策相关的旅游客源市场需求信息,以获取现实和潜在旅游市场基本情况的研究活动(吴必虎、俞曦,2010)。

旅游市场调查是了解旅游者需求的有效方法,是旅游规划开展市场定位和市场预测的前提,有助于在旅游规划中开发出适销对路的旅游产品,从而提升旅游规划的科学性。

二、旅游市场调查的内容

(一)旅游市场环境调查

旅游市场环境调查是指对主要客源地的地理环境、经济环境、政治法律环境、文化环境和科技环境进行调查,为旅游市场定位和预测提供依据。地理环境包括规划区与客源市场的空间距离、客源市场的地理环境、旅游资源状况等;经济环境主要包括旅游客源地国民生产总值、城市化水平、物价水平、收入与储蓄情况、消费水平与消费结构等;政治法律环境主要包括客源地与旅游业发展有关的方针政策和法律法规,如假日制度、旅游业发展的方针政策、对外经济贸易政策等;社会文化环境主要包括客源地的人口统计学特征及宗教信仰、风俗习惯、语言、审美观与价值观、历史传统、职业习惯及家庭状况等;科技环境调查客源地的科技发展水平和旅游应用情况,如智慧旅游景区建设状况、云上旅游及AR、VR技术的运用现状等。

（二）旅游市场需求调查

游客的需求状况对旅游市场的规模大小和发展潜力起着重要作用。旅游市场需求调查主要是对旅游目的地所提供的旅游产品引起的旅游客源市场行为反应的信息进行调查分析。旅游市场需求调查的内容主要包括旅游市场总体状况和游客消费行为两个方面。

（1）旅游市场总体状况的调查内容主要包括旅游客源市场现实和潜在的购买人数、消费情况、市场结构、购买动机与购买环境等。

（2）游客消费行为的调查内容主要包括旅游消费者的数量、类别、结构、地理集中性、季节性、出游方式、旅游目的、旅游偏好、旅游期望、停留时间、消费水平与消费习惯等。

（三）旅游市场行业调查

旅游市场行业调查又称旅游经营者调查,具体包括以下方面。

1. 旅游行业内部调查

旅游行业内部调查的内容主要包括旅游行业规模、行业利润率、行业变化趋势、旅游企业构成情况及旅游企业运营状况等。

2. 旅游行业关联产业调查

旅游行业关联产业调查的内容主要包括旅游六要素相关行业之间的关联,与第一产业、第二产业的关联情况等。旅游市场行业调查有利于推测出市场需求状况和企业经营能力。

（四）旅游市场产品调查

旅游市场产品调查是旅游市场调查的核心环节,具体包括:旅游产品价格调查,主要是对同类旅游产品价格情况、价格变动情况及价格优惠等调查;旅游产品组合状况调查,主要是旅游产品组合的广度、深度及相关度进行调查,将不同规格、不同档次的产品进行组合,使得旅游产品更为科学、合理,且以最小的投入,最大限度地占领市场。

（五）旅游市场竞争调查

旅游市场竞争调查的内容主要包括:竞争者的数量、分布与实力;竞争者的优势与劣势;与竞争者合作的可能性与方式;竞争手段与策略等。

(六)旅游消费者评价调查

旅游消费者对旅游产品、服务、旅游地形象等的评价和态度对其购买决策具有显著影响。因此,进行旅游规划时需要收集旅游消费者评价意见,从而进行有针对性的规划建设,激发游客兴趣。主要调查内容包括旅游者对产品的喜好、评价和满意度,旅游者对旅游目的地的感知情况等。

三、旅游市场调查的方法

旅游市场调查的方法主要有问卷调查法、访谈法、观察法、实验法和网络文本分析法等。

(一)问卷调查法

1. 问卷调查法的含义

问卷调查法又称调查表法,即根据调查目的和要求,设计出由相关问题、备选答案和说明组成的问卷,通过网络、现场、电话等方式发放问卷,让被调查者将自己的选项和答案填入问卷中,了解被调查者的基本信息、动机、态度及行为等相关情况。

随着网络时代的到来,调查者通过互联网和通信技术等发放问卷,形成网络问卷调查法。网络问卷调查具有方便快捷、费用低、不受时间和地点限制、方便筛选和整理、速度快及辐射范围广等优势。

2. 调查问卷的基本结构

问卷的设计一般包括标题、编码、问卷说明、调查内容及致谢语几个部分。

标题:调查问卷的标题要体现研究主题,使人一目了然,如"桂林龙脊梯田景区游客满意度调查问卷"。

编码:多用于大规模的问卷调查中,编码易于整理问卷。

问卷说明:包括问卷调查的目的、时间、地点及填表须知,一般是开头部分。

调查内容:是问卷设计的核心部分,包括调查的问题、选项和备选答案,并且可以适当设计部分开放性问题,以获取更丰富的资料,了解被调查者深层次的看法。问题的设置应先易后难,先客观后主观。

致谢语:对被调查者表示感谢,征询被调查者对问卷的看法。

3. 问卷的抽样调查

问卷的抽样调查是非全面的抽样调查,即从全部调研对象的整体中,按照一定的方式,抽取一部分具有代表性的对象进行调查,并用这一部分对象特征去推断和估计全体调研对象特征。抽样调查分为随机抽样和非随机抽样,各种调查类型、适用对象及优缺点如表 6-1 所示。

表 6-1 旅游市场随机抽样的对照表

类型名称		形式	适用对象	优点	缺点
随机抽样	简单随机抽样	全体单位中随机抽取样本	个体之间差异较小	操作简单方便	总体数量有限，否则操作繁杂，代表性难以保证
	系统抽样	按照一定的间隔进行抽样	总体数量有限的样本	操作简便易行，能提高效率	产生周期性误差
	分层抽样	先按照性质进行不重叠的分类，再进行独立抽样	数量庞大，个体之间差异较大	操作简单，精确性较高	抽样复杂，费用高
	整群抽样	先将总体单元分群，随机抽取群体，将群内的单元进行调查	群间异质性小，群内异质性大	样本集中，降低调查费用	样本代表性差
	多阶段抽样	分阶段进行抽样	总体单元数量大	抽样方式灵活，提高抽样的估计效率	
非随机抽样	任意抽样	随意抽取对象进行调查	调查总体是同质的情况下	操作简单易行，节省时间和费用	受调查人员素质影响较大
	重点抽样	在调查全体中抽取少数重点单位进行调查	少量单位的调查	费用低	不能将较小的单位包含进去
	配额抽样	划分群体，规定每群体的样本数，再进行任意抽样	费用低，信度、效度较高	一般性、小规模调查	易掩盖不可忽略的误差

(二)访谈法

旅游规划过程中，市场调查的访谈对象主要包括旅游者、旅游企业、当地居民等利益相关者。访谈的内容涵盖旅游市场需求调查、旅游产品调查、旅游市场竞争调查、旅游消费者评价调查等方面，有助于了解深层次的旅游市场信息。

(三)观察法

观察法是指由旅游调查人员到各种现场进行观察和记录的一种市场调查方法。在观察时，既可以耳闻目睹现场情况，也可以利用照相机、录音机、摄像机等仪器对现场进行记录，以获得真实的旅游市场信息。观察法的优点是被调查者往往是在不知不觉中被观察调查的，处于自然状态，因此所收集到的资料较为客观、可靠、生动、详细；缺点是费用较高，观察不到旅游市场主体行为的内在因素（如感情、态度等），因此一般与访谈法等其他方法结合使用。

(四)实验法

实验法是指旅游调查人员将旅游市场调查对象置于特定的控制环境之中,通过控制特定变量和实验检验差异来发现变量之间的因果关系的一种调查方法。由于实验法是在较小的环境下进行实验,在管理上容易控制,所获取的资料也较为客观,一般适用于获取因果性调查数据。

(五)网络文本分析法

一般用八爪鱼软件收集网络文本资料,用 ROST CM6.0 进行网络文本分析,或用 Python 收集和分析网络文本资料。通过对旅游市场有关的网络文本内容进行客观、全面的分析,实事求是地揭示旅游市场的客观规律及趋势,从而对旅游市场的变化进行合理预测。通常用词频分析、情感分析、语义网络分析等方法来获取相关主体对旅游市场的心理感知。

四、旅游市场调查的程序

(一)确定调查目标

俗话说"良好的开端等于成功一半"。旅游市场调查的良好开端是确定市场中所存在的问题及需要达到的目标。在开展市场调查前,必须明确所关注的问题和调查目标,否则易产生"无用功",浪费时间、金钱和精力。同时在确定问题和调查目标时,需要把握问题的范围,如果没有限定问题范围或者问题的范围过宽或者过窄,易导致市场调查活动的失败。

(二)制订调查计划

制订调查计划主要是对旅游市场调查工作的时间、地点、人员和经费使用等作出计划和安排。调查计划的制订要基于第二手资料的收集、整理和分析,做好沟通协调工作。

(三)调查人员的培训

调查人员需要具备一定的专门知识,在调查工作开展前需要进行专门的培训。培训的内容包括职业道德和专业技能两个方面。

(四)问卷设计

根据调查的目的设计相应的调查问卷。调查问卷要简单明了,便于被调查者回答。设计良好的问卷是调查工作成功的重要保证。

(五)实地调查

根据调查计划的安排,进行实地调查。在调查的过程中会花费大量的时间、金钱和精力,且容易产生疏漏和失误。因此,调查人员应注意正确地制订和实施调查计划,尽可能地减少失误,获取较为真实全面的数据。

(六)调查结果处理

对调查所获得的数据、资料进行整理和统计分析,并总结提炼调查结论。运用科学的分析方法,对大量的数据进行编校、分类和分析,使之系统化、真实化和条理化。

(七)撰写调查报告

资料整理和分析是进行资料解释的前提,解释资料和报告资料则是市场调查的必然过程和结果。而对资料的解释和报告应注意计算各类资料的百分比,以便对调查产生的结果一清二楚,有利于经营者和管理者根据相关结论和说明来作出科学的决策。将整个调查工作过程和调查结论以文字、图表制作成调查报告,供相关部门使用。

旅游市场调查流程如图 6-1 所示。

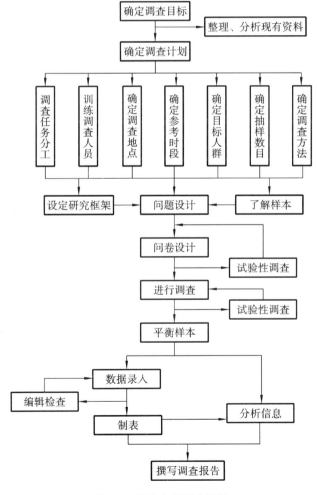

图 6-1 旅游市场调查流程

(资料来源:吴人韦《旅游规划原理》,旅游教育出版社,1999 年版。)

第二节　旅游市场定位

一、旅游市场定位概述

(一) 旅游市场定位的概念

20世纪70年代，营销学家艾·里斯和杰克·特劳顿首次提出市场定位的概念。旅游市场定位是旅游地在全面了解和分析竞争对手在目标市场的位置之后，根据自身优势、竞争状况、目标旅游者偏好等主客观条件，确定旅游地产品目标消费者群体的过程(冯学钢、吴文智、于秋阳，2011)。

旅游市场定位是设计旅游形象和旅游产品的基础，有助于明确旅游地在目标市场中的位置。旅游市场定位的实质是分析目前旅游市场供给状况，确认自身的竞争优势并准确地选择竞争优势。

旅游市场定位是一个产品区分化的过程，借此创立鲜明的个性和形象，塑造独一无二的市场形象。在进行市场定位时，应慎之又慎，通过反复比较和调查研究，避免出现定位混乱、定位过度、定位过宽或定位过窄的情况。而一旦确立了理想的市场定位，旅游地必须通过一致的表现与沟通来维持此定位，并根据目标消费者需求和竞争者策略的变化而及时作出调整。

(二) 旅游市场定位的步骤

总的来说，旅游市场定位有两个步骤：第一步为旅游市场细分；第二步为目标市场选择。具体而言，旅游市场定位的步骤如下。

1. 分析旅游市场的现状，确认旅游目的地潜在的竞争优势

这一步骤的中心任务是要回答以下三个问题：竞争对手旅游产品定位如何？目标市场上旅游者欲望满足程度如何，以及存在什么供求矛盾？针对竞争者的市场定位和潜在旅游者的真正需要的利益要求，目的地能够做什么？要回答这三个问题，目的地市场营销人员必须通过一切调研手段，系统地设计、搜索、分析和报告有关上述问题的资料和研究结果，把握和确定自己的潜在竞争优势。

2. 准确选择竞争优势，对旅游市场初步定位

竞争优势表明目的地能够胜过竞争对手的能力。这种能力既可以是现有的，也可以是潜在的。选择竞争优势实际上就是一个目的地与竞争者各方面实力相比较的过程。比较的指标应是一个完整的体系，只有这样，才能有准备地选择相对竞争优势。

3. 显示独特的竞争优势和重新定位

首先，目的地要通过一系列的宣传促销活动，将其独特的竞争优势准确传播给潜在旅游者，并在旅游者心中留下深刻印象；其次，目的地通过各种努力，强化旅游者对旅游

产品的形象感知,加深旅游者对旅游产品的理解程度和感情来巩固与旅游市场相一致的形象;最后,目的地应注意目标旅游者对其旅游市场定位理解出现的偏差或由于目的地市场定位宣传上的失误而造成的目标旅游者模糊、混乱和误会,及时纠正与旅游市场定位不一致的现象。

目的地的旅游产品在旅游市场上定位即使很恰当,但在下列情况下,应该考虑重新定位:竞争者推出的新产品位于目的地旅游产品附近,侵占了目的地旅游产品的部分市场,使目的地旅游产品的市场占有率显著降低;旅游者的需求或偏好发生了变化,使目的地旅游者数量骤减。

(三)旅游市场定位策略

传统的旅游市场定位观念就是在每一个细分市场上生产不同的产品,实行产品差异化。但事实上,旅游市场定位不仅强调产品的差异,还要通过产品的差异来建立独特的、与众不同的旅游市场形象,从而赢得目标旅游消费者的肯定。旅游市场定位的策略主要有以下三种。

1. 市场空隙定位

市场空隙定位是指寻求别人忽略或放弃的细分市场,专注于这个细分市场人群的特殊需求,并有针对性地提供能满足这一细分市场人群的旅游产品和服务。比如,浙江舟山桃花岛,其目标市场定位采取的就是市场空隙定位策略。针对长三角地区家庭度假旅游需求日益旺盛但相应的旅游产品却很少这一现象,桃花岛将目标市场定位为中高收入家庭度假市场,试图把桃花岛打造成为环杭州湾都市圈首选的家庭度假旅游目的地。

2. 市场跟随定位

市场跟随定位是指追随目前发展态势良好的旅游地或者景区确定目标市场。采用此种策略的优点是追随的市场发展往往已经比较成熟,无需为满足目标游客需求投入太多的精力、时间和金钱在产品研发和市场宣传上,只需要采用"我也是"或者"我也有"的策略;缺点是只能屈居次位,需要避免与这一目标市场领导者发生冲突。但是"追随"并不是被动地抄袭,追随者必须确定自己的成长路线,一般分为紧密地追随、保持距离地追随和选择性地追随三种策略。

3. 市场迎头定位

市场迎头定位是指旅游企业根据自身实力,为占据较佳的旅游市场地位,与市场上占支配地位、实力最强的竞争对手发生正面的冲突,从而使自己的产品进入与对手相同的地位。这一竞争过程往往是引人注意的,并快速被消费者认知,但是同时也具有较大风险,易引发激烈的市场竞争。

(四)旅游市场定位理论——STP

市场细分的概念由美国营销学家温德尔·史密斯于1956年提出。此后,美国营销学家菲利浦·科特勒进一步发展和完善了温德尔·史密斯的理论并最终形成了成熟的STP理论,包括市场细分(segmentation)、目标(targeting)市场选择和市场定位(positioning)。STP理论是战略营销的核心内容,指旅游企业在一定的市场细分的基础上,确定自己的目标市场,最后把产品或服务定位在目标市场中的确定位置上。划分市场的依据是顾客需求的异质性,即因顾客地理位置、社会环境、行为、态度和动机不同,造成需求不同。

在现代市场营销理论中,市场细分(market segmenting)、目标市场(market targeting)、市场定位(market positioning)是构成公司或旅游目的地营销战略的核心三要素,被称为STP营销。

二、旅游市场细分

(一)旅游市场细分的概念

市场细分是指企业根据消费者需求和动机差异,将整个市场划分为若干个不同市场的过程。旅游市场细分是调查者在对旅游目的地市场调研的基础上,根据旅游者的需求、动机、态度和行为的异质性,将整个旅游市场划分为若干个差异性的旅游市场的过程(覃成林等,2007)。

旅游市场细分的客观基础是消费者需求的异质性,主要依据是异质市场中需求一致的顾客群,实质是在异质市场中寻找同质的消费者。

旅游市场细分是旅游市场分析过程中的重要环节,它有利于旅游目的地企业或者经营者开拓新市场,形成独特竞争优势;有利于旅游企业和经营者根据不同市场的特点制定市场营销战略;同时也有利于旅游企业根据自己的目标市场制定战略和措施,生产适销对路的旅游产品和服务,提高企业的经济效益。

(二)旅游市场细分的标准

旅游市场细分的标准主要由旅游消费者不同的行为及其影响因素构成。基于人口统计学的相关信息,可以从人口统计、消费行为、地理分布和心理特征四个方面对旅游市场进行细分(金海水,2010)。

1.人口统计细分

人口统计细分是将旅游市场以年龄、性别、职业、收入、文化程度、家庭结构、宗教信仰、民族、种族等为依据划分不同群体(见表6-2)。

表6-2 人口统计细分表

细分变量	细分市场
年龄	老年旅游市场(60岁以上)、中年旅游市场(40~59岁)、青年旅游市场(20~39岁)、少年旅游市场(13~19岁)、儿童旅游市场(12岁以下)
性别	女性旅游市场、男性旅游市场
收入	高端旅游市场、中端旅游市场、低端旅游市场

2.消费行为细分

消费行为细分是指按照旅游者对旅游产品的了解程度、使用态度、使用后的反应等行为特征把旅游消费者划分为不同的群体。细分变量包括旅游消费者的旅游目的、组织方式、购买时机、消费水平等（见表 6-3）。

表 6-3 消费行为细分表

细分变量	细分市场
旅游目的	度假旅游市场、观光旅游市场、公务旅游市场、奖励旅游市场、探亲访友旅游市场、探险旅游市场、宗教旅游市场、体育旅游市场
组织方式	团体旅游市场、散客旅游市场
购买时机	旺季旅游市场、淡季旅游市场、平季旅游市场
消费水平	豪华型旅游、经济型旅游、节俭型旅游

3. 地理分布细分

地理分布细分就是按照消费者所处的地理位置、自然环境来细分旅游市场。细分变量包括洲别、国别、游客流向、人口密度、空间距离、气候等（见表 6-4）。

表 6-4 地理分布细分表

细分变量	细分市场
洲别	东亚及太平洋旅游市场、南亚旅游市场、中东旅游市场、美洲旅游市场、欧洲旅游市场、非洲旅游市场
国别	国际旅游市场、国内旅游市场
游客流向	一级市场、二级市场、机会市场
人口密度	城市旅游市场、乡村旅游市场
空间距离	远程市场（空间距离 1000 km 以外）、中程市场、近程市场（空间距离 250 km 以内，乘车时间 1.5 h 以内）
气候	避暑市场、避寒市场、滑雪市场、游泳市场等

4. 心理特征细分

心理特征细分是根据旅游消费者的心理特点来进行市场细分，细分变量主要包括社会阶层、生活方式和个性三个方面（见表 6-5）。

表 6-5 心理特征细分表

细分变量	细分市场	细分依据
社会阶层	上层旅游者市场、中层旅游者市场、底层旅游者市场	不同阶层对旅游活动、旅游消费水平和档次的选择表现不同
生活方式	基本需求型市场、需求拓展型市场、需求质量提升型市场	主要是根据游客不同的生活习惯、消费倾向、对周边实物的看法等进行细分
个性	安逸者市场、冒险者市场、廉价购物者市场	旅游者的个性是影响旅游市场动机的重要因素之一，也是游客选择探险猎奇类旅游项目还是休闲享受类旅游项目的原因

在现实的旅游市场细分过程中，上述细分标准都需要根据具体的情况进行选择性运用。一般而言，要采用综合变量法对目标市场进行细分。

(三)旅游市场细分的步骤

1. 确定客源地旅游业的经营目标

了解客源地旅游业的经营目标和经营范围，即确定客源地旅游业能为旅游者提供什么样的旅游产品或提供何种旅游服务。

2. 了解客源市场，确定潜在旅游市场需求

在旅游市场调查基础上，确定旅游者的现实需求和潜在需求的情况，并尽可能地详细归类，为市场细分提供依据。

3. 确定恰当的市场细分标准，初步细化旅游市场

了解客源地旅游业的实际情况，根据旅游者需求确定主要的旅游市场细分标准，初步划分出旅游市场，并对其进行命名。

4. 根据若干子市场的特点，对相似性的若干旅游市场进行合并

根据若干个细分的旅游市场的主要特点，将初步划分的旅游市场的结果进行合并。

5. 估计各个旅游市场的市场潜力，选定目标市场

估算各细分市场的潜在销售量、竞争状况、盈利能力、发展趋势等，并找出市场的发展目标，进而确定目标市场。

三、旅游目标市场选择

旅游目标市场选择是指规划区根据自身优势、竞争状况、旅游者偏好等主客观条件，从各个细分市场中确定其中一个或几个细分市场，作为规划区的目标市场，并使规划区的定位策略和经营组合策略适应目标市场需求的过程（杨晓霞等，2013）。

(一)旅游目标市场选择的依据

1. 各细分市场规模和增长率

各潜在的市场细分需具备一定的市场规模和市场增长率，具有一定的经济效益，才能作为企业选择的理由。较强的市场规模和市场增长率是指实力雄厚、经济实力强大的企业，其增长速度快、规模大；而中小企业相对于大企业来说，其市场规模相对较小，增长速度也相对慢，因此市场规模和市场增长率具有相对概念。

2. 细分市场结构吸引力

影响一个旅游企业是否能够长期盈利的主要因素有行业竞争程度、市场议价能力和非财务因素。一个细分市场的市场利润越大，吸引力则越强。

(1)行业竞争程度。

行业竞争程度主要是由现有企业间的竞争、新加入企业的竞争威胁和替代产品或服务的威胁组成，如果某一细分市场具有许多强有力和攻击性的竞争对手，则该市场的吸引力较小。

(2)市场议价能力。

市场议价能力主要由供应商的议价能力和顾客的议价能力组成，如果一个细分市场存在垄断现象,其可以控制价格和材料等,那么该市场的吸引力也相对较小,同时顾客的议价能力也会对市场的吸引力产生一定的影响。

(3)非财务因素。

非财务因素主要由税收政策、企业技术创新能力及人才培养等因素组成。

3. 旅游市场营销目标和策略

旅游企业应在自身能力、经营目标和拥有的资源基础上,对细分市场进行深入的调研和分析。当细分市场与旅游企业的经营目标和资源相匹配时,企业同时也要考虑自身的技术、人力和资源等,选择不适合企业自身发展的细分市场容易得不偿失。

(二)旅游目标市场选择的原则

旅游目标市场选择是指规划区根据自身优势、竞争状况、旅游者偏好等主客观条件,从各个细分市场中确定其中一个或几个细分市场,作为规划区的目标市场,并使规划区的定位策略和经营组合策略适应目标市场需求的过程。旅游目标市场选择有以下几项原则。

1. 可衡量性

可衡量性指各个旅游市场的大小、规模及特征是具体、可以衡量的。如果细分的各个指标难以界定,则无法区分出细分旅游市场之间的差别。

2. 可盈利性

旅游市场细分能使旅游企业或目的地制定正确的营销战略,促使企业获得经济效益。

3. 稳定性

旅游市场的稳定性能够保证旅游企业在未来较长时间段内获取经济效益,以此来扩大本企业的旅游市场。

4. 差异性

根据旅游者需要、欲望、购买行为及购买态度等区分旅游市场,才能使不同组合的市场营销策略和方案产生不同的反响。

5. 可占领性

可占领性具有两重含义,首先是市场在一定的空间、目的地或旅游企业进入后能有所作为;其次是目的地或旅游企业在人、财、物力量上,能够有效地进入该市场。

(三)旅游目标市场选择的策略

1. 无差异市场营销策略

该策略适用于旅游产品单一的旅游规划地。旅游地对细分市场进行营销时,不考虑其个性,而只注重市场的共性,推出单一产品,运用单一的营销方式去满足更多消费者的需求。这种营销策略的焦点是广大消费者。

2. 差异性市场营销策略

该策略适用于旅游产品多元的旅游规划地。旅游地根据自身的经营目标和资源,从整个市场中选取两个或两个以上的细分市场作为自身的目标市场,再根据各细分市场自身的特点制定有效的策略,以获取最大化的销售量。

3. 集中性市场营销策略

该策略适用于旅游产品主要面向本地市场的旅游规划地。多数旅游规划对象的旅游产品难以吸引国外及外省游客，只能吸引本地或区域游客，可以采用集中性市场策略充分满足周边市场游客的需求，以此占领较高的市场份额。集中性市场营销可以提高企业一个或几个细分市场的占有率，可以降低成本和减少营销费用，打造地方旅游品牌，增加销售额和提高利润率。

（四）旅游目标市场选择的制约因素

1. 自身实力条件

旅游企业自身实力条件是指企业人力、物力条件以及其技术状况、销售能力及生产能力等一系列条件。

2. 市场竞争情况

市场竞争情况包括价格竞争、材料竞争等竞争状况，根据不同的竞争状况制定相应的竞争策略。

3. 产品生命周期

产品生命周期分为引进期、成长期、成熟期及衰退期。根据产品的生命周期来选择规划地的目标市场。当产品处于引进期和成长期的时，应选择无差异市场营销策略；产品处于成熟期后，应选择差异性市场营销策略；当产品处于衰退期时，应考虑集中性市场营销策略，减少成本支出。

4. 市场需求状况

市场需求状况是指根据市场需求的同质性和异质性来进行选择旅游目标市场，对于同质性旅游需求市场则选择无差异性市场进行营销，对于异质性需求市场则实行差异性市场进行营销。

5. 产品特性

旅游经营者应以旅游产品的特征为依据，实行市场营销战略，如同质旅游产品实行无差异性市场营销，而对于那些差异较大的旅游产品则采用差异性营销策略。

（五）旅游目标市场选择的方法

1. 按单一变量选择目标市场

按单一变量选择目标市场可以有以下几种划分方式：一是按空间距离来确定目标市场（近程、中程、远程市场）；二是按接待量来确定目标市场（主要、次要和机会市场）；三是按旅游动机来确定目标市场；四是按年龄来确定目标市场；五是按收入情况来确定目标市场；六是按职业来确定目标市场。

2. 按综合变量选择目标市场

在多种细分旅游市场中逐一选择目标市场，然后将其综合考量，形成一个特定的、针对性强的目标市场（见图6-2）。

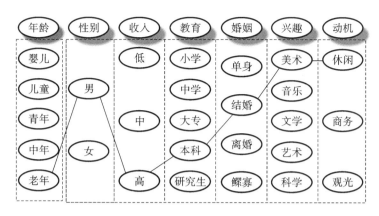

图 6-2 目标市场的综合变量选择

(资料来源:郭英之《旅游市场研究理论与案例》,科学出版社,2008年版。)

第三节 旅游市场预测

一、旅游市场预测的概念

(一)旅游市场预测的定义

旅游市场预测是旅游市场依据获取的各种资料,运用科学有效的方法,在对过去的旅游市场各种因素的变化进行分析和总结的基础上,对未来旅游市场的发展及变化作出推测,以期掌握旅游市场发展变化的趋势与规律(张凌云等,2012)。

(二)旅游市场预测的分类

1. 按预测时间长短划分

按预测时间长短,旅游市场预测可划分为短期预测、中期预测和长期预测。短期预测时限在 1 年以内,中期预测时限 1～5 年,长期预测时限在 5 年以上。

2. 按预测的范围大小划分

按预测的范围大小,旅游市场预测可划分为宏观预测和微观预测。宏观预测是对整个旅游市场的预测,而微观预测则是对某一局部旅游市场的预测。

3. 按预测方法的性质划分

按预测方法的性质,旅游市场预测可划分为定性预测和定量预测。定性预测是由预测者根据自己掌握的实际情况、实践经验和业务水平对旅游市场趋势作出的判断;定量预测是以历史和现实的数据资料为依据,运用统计方法和数学模型,对旅游市场作出推算的预测方法。

二、旅游市场预测的原则

(一)连贯性原则

任何市场的发展变化总是有一定的连贯性。因此我们可以将已有的旅游市场信息按照变化规律向外推算,以预测今后的旅游市场情况。

(二)大样本原则

进行市场预测时,选取的样本数量越大、调查的内容越详细就越能反映市场的真实情况。

(三)节约原则

市场预测工作必然会花费一定的人力、物力、财力和时间。旅游规划时要量力而行,在保证足够精确度的前提下,尽量做到节约。

三、旅游市场预测的内容

旅游市场预测的内容主要包括接待的游客人次及年均增长率、人均停留时间、人均旅游花费、旅游消费额及年均增长率、出游动机、旅游客源市场结构等。

四、旅游市场预测的方法

在旅游规划中,旅游市场预测的方法可以分为两类:一类是有历史数据的预测方法;另一类是没有历史数据的预测方法。

(一)有历史数据的旅游市场预测方法

有历史数据的旅游市场预测方法主要有成长率预测法、比率法、移动平均法、指数平滑法、旅游本底趋势线法等。

1. 成长率预测法

这是一种最简便、最常用的旅游市场预测方法。主要根据一些常见的公开数据,预测某一市场的旅游需求总量。预测公式如下:

$$Q_i = P_i T_i E_i \quad (6-1)$$

式中:Q_i、P_i、T_i、E_i 分别为预测年份 i 的市场需求总量、预测总人口、预计出游率和人均单次旅游消费额。

2. 比率法

比率法是根据历史资料和过去的增长率来推算未来预测值的方法。该预测方法不考虑市场其他因素变化条件,适用于发展趋势比较稳定的情况,常用于游客接待量的预测。预测公式如下:

$$Q_i = \alpha(1+\beta)^i \quad (6-2)$$

式中:Q_i 为第 i 年的客源人数规模;α 为预测基年值;β 为年均增长率。

3. 移动平均法

移动平均法是利用过去若干期的实际值来求取平均值,以此计算预测期的预测值。每测一次,在时间上逐次往后推移。移动平均期越长,预测误差就越小。移动平均法主要用于预测旅游增长率。其预测公式如下:

$$M_{t+1} = \frac{X_t + X_{t-1} + \cdots + X_{t-n+1}}{n} = \frac{1}{n}\sum_{i=t-n+1}^{t} X_i \qquad (6-3)$$

式中:M_{t+1} 为第 $t+1$ 期平均数,即增长率预测值;X_i 为第 i 期的增长率;n 为移动平均数;t 为期数序号。

4. 指数平滑法

指数平滑法是一种特殊的加权平均法,以前期的实际值和预测值的加权平均数作为后期的预测值。其预测公式如下:

$$M_{t+1} = \alpha X_t + (1-\alpha) M_t \qquad (6-4)$$

式中:M_{t+1} 为第 $t+1$ 期的指数平滑值,即增长率预测值;X_t 为第 t 期的实际数据;M_t 为第 t 期的预测值;α 为平滑系数。

α 的取值范围为 $0<\alpha<1$,其取值的合理性直接影响预测值的准确性。一般来说,对于呈水平变化趋势且变动幅度不大的数据,α 值宜小;对于呈线性上升或下降趋势且变动幅度较大的数据,α 值宜大。

5. 旅游本底趋势线法

旅游本底趋势线是指假定在不受重大政治事件、自然灾害、流行疾病等的冲击影响下,某旅游目的地旅游业长期发展(通常以年度游客人次或旅游收入为指标)所表现出的自然趋势方程。旅游本底趋势线法最早由我国西北大学的孙根年教授于 1998 年提出并应用。该方法基于时间序列和趋势拟合,属于仿真模型预测法。

本底趋势线由本底线和趋势线组成。本底线以多年统计数据为基础,是实线;趋势线是基于统计数据而进行的方程拟合,可以进行趋势外推,主要用于预测。

旅游本底趋势线的备选方程模型总体上可分为两类:第一类是简单模型,包括直线增长、曲线增长、指数增长、逻辑增长、正弦波动五种类型;第二类是复杂模型,包括直线-逻辑、直线-指数、直线-正弦、指数-逻辑、指数-正弦等类型(见表 6-6)。在选配具体模型时,主要根据模型生成的趋势线与本底线的拟合度而定。

表 6-6 本底趋势线方程的类型

模型类别	模型名称	模型的数学方程式
简单模型	直线增长	$y = a + bt$
	曲线增长	$y = a + bt + ct^2$
	指数增长	$y = y_0 \exp(rt)$
	逻辑增长	$y = K/[1 + \exp(c - rt)]$
	正弦波动	$y = q\sin(\omega t + \varphi)$

续表

模型类别	模型名称	模型的数学方程式
复杂模型	直线-逻辑	$y=a+bt+K/[1+\exp(c-rt)]$
	直线-指数	$y=a+bt+y_0\exp(rt)$
	直线-正弦	$y=a+bt+q\sin(\omega t+\varphi)$
	指数-逻辑	$y=y_0\exp(rt)+K/[1+\exp(c-rt)]$
	指数-正弦	$y=y_0\exp(rt)+q\sin(\omega t+\varphi)$

旅游本底趋势线运用1stOpt软件,选取时间序列数据,作趋势线统计图;通过观测和比较,选择合适的模型;根据最小二乘法原理,进行数据的最优拟合,确定相关参数。模型实测值与计算值所形成的两条趋势线的拟合度高低的主要判别依据是二者之间的相关系数(R),通常采用相关系数之平方(R^2)来表示。此外,均方差、残差平方和、卡方系数、F统计等指标可作为参考依据。

(二)无历史数据的旅游市场预测方法

无历史数据的旅游市场预测方法主要有旅游者意图调查法、营销人员综合意见法、德尔菲法、潜在市场推导法、类似项目比较预测法等。

1. 旅游者意图调查法

市场是由潜在购买者组成的。旅游市场预测实际上就是估计在给定条件下潜在旅游者的可能行为。该方法根据对旅游者的旅游意向调查得出的购买概率进行市场预测。

2. 营销人员综合意见法

营销人员综合意见法的规则:首先,请n位旅游市场营销人员对未来某时段的市场规模的最高、最低和一般值及其出现的概率分别进行预测,并计算出各自的期望值;然后,计算n位营销人员期望值的平均值,以此作为预测结果。

3. 德尔菲法

德尔菲法又称专家调查法,起源于20世纪40年代末,其预测过程是通过函询收集专家的意见,加以综合、整理,再匿名反馈给各位专家来征求意见,这样反复四至五轮,逐步使专家的意见趋向一致,成为最后预测的根据。德尔菲法的步骤如下。

(1)确定预测问题,选择征询专家。专家人数一般由问题的复杂程度决定,通常为20~40人。专家选定以后,即开始函询工作。

(2)第一轮问卷征询并回收。需要向专家提供预测目标的背景材料和需要预测的具体项目。为了避免相互的干扰和影响,通常采用邮寄调查,这一轮调查,任凭专家回答,完全没有限制。将专家回答的答案进行综合整理,把相同的事件、结论进行统一整合,删除分散的、无关紧要的事件,目的在于减少过于乐观或过于保守的极端意见影响。

(3)第二轮问卷征询并回收。把统计资料的结论制成第二轮问卷,附上第一轮统计结果和专家第一轮答卷,分别寄给每一位专家。这一轮要求专家对所预测的各种事件发生的时间、空间和规模的大小提出具体的预测,并说明原因。回收第二轮问卷并整理结果,包括新的预测结果及部分专家不同意第一轮问卷结果的意见。

(4)第三轮问卷征询并回收。第三轮将各位专家两次问卷的统计报告后,对预测单位提出的综合意见和论据进行评价,重新修正原先各自的预测值,对预测目标进行重新预测。

(5)最后一轮,预测的主持者应该要求各位专家提供前面预测的资料,提出最后的预测意见。若这些意见收敛或者基本一致,即可以此为根据进行预测。

以上为德尔菲法的基本过程,它是在专家会议基础上发展起来的一种预测方法,其主要优点是简明直观,预测结果可供用户参考,避免专家会议的一些弊端,但德尔菲法缺乏思想沟通,可能存在一定的主观片面性。

4. 潜在市场推导法

先对规划区的旅游客源市场进行定位,确定其目标市场;然后,按其潜在市场中会有多大比例的游客变成现实游客进行预测。比例的确定可以采用旅游者意图调查法实现。

5. 类似项目比较预测法

在旅游项目所在地附近或其他地区,往往已经建有同类的不构成直接竞争的旅游项目。若以已运营项目为参照物进行适当的比较修正,也可以获得新建项目的旅游市场预测值。若构成直接竞争,则应比较竞争力,在总客源量不变或稍增的背景下,两者按竞争力大小比例瓜分市场份额。

五、旅游市场预测的程序

(一)确定预测对象,明确预测目标

根据预测对象明确预测目标,并回答以下问题。
(1)为什么要进行旅游市场预测?(why)
(2)通过旅游市场预测要知道什么?(what)
(3)旅游市场预测结果要向谁说明?(who)

(二)收集第二手资料,分析掌握的预测条件

对旅游市场的预测是建立在历史数据或相关材料的基础之上的,历史数据或相关材料需要预测者精心收集、整理和分析。

(三)选择预测方法或预测模型

预测方法或预测模型的选择要根据预测的对象和拥有的历史数据而定。预测方法或预测模型的选择是否恰当,不仅关系到预测能否顺利进行,而且会影响预测结果的准确性和可靠性。

(四)收集第一手资料

有些预测方法仅靠已有的第二手资料是无法完成的。这就需要根据选定的预测方

法或模型,有针对性地开展市场调查,收集第一手资料,以便预测工作顺利开展。

(五)对需要的各种指标或数据进行预测

在旅游规划中,需要进行旅游市场预测的主要指标或数据包括旅游者人数及年均增长率、人均旅游花费、旅游收入及年均增长率等。

(六)分析预测结果

对旅游市场预测结果进行整理、分类和列表,并且要进行可靠性分析与校核修正,编写出客观完整、紧扣主题、简明扼要的旅游市场预测报告。

本章要点

(1)旅游市场调查的内容包括旅游市场环境调查、旅游市场需求调查、旅游市场行业调查、旅游市场产品调查、旅游市场竞争调查和旅游市场消费者评价调查等。

(2)旅游市场调查的方法主要有问卷调查法、访谈法、观察法、实验法和网络文本分析法等。旅游市场调查的程序有七个步骤,分别是确定调查目标、制订调查计划、调查人员的培训、问卷设计、实地调查、调查结果处理、撰写调查报告。

(3)旅游市场定位是旅游地在全面了解和分析竞争对手在目标市场的位置之后,根据自身优势、竞争状况、目标旅游者偏好等主客观条件,确定旅游地产品目标消费者群体的过程。

(4)旅游市场定位有两个步骤:第一步为旅游市场细分;第二步为目标市场选择。

(5)基于人口统计学的相关信息,可以从人口统计、消费行为、地理分布和心理特征四个方面对旅游市场进行细分。

(6)目标市场选择的策略包括无差异市场营销策略、差异性市场营销策略和集中性市场营销策略。旅游目标市场选择的方法有按单一变量选择目标市场和按综合变量选择目标市场。

(7)在旅游规划中,对旅游市场进行预测的方法主要可以分为两类:一类是有历史数据的预测方法;另一类是没有历史数据的预测方法。有历史数据的旅游市场预测方法主要有成长率预测法、比率法、移动平均法、指数平滑法、旅游本底趋势线法等,无历史数据的旅游市场预测方法主要有旅游者意图调查法、营销人员综合意见法、德尔菲法、潜在市场推导法、类似项目比较预测法等。

核心概念

旅游市场　tourism market
旅游市场调查　tourism market survey
旅游市场定位　tourism market positioning
旅游市场细分　tourism market segmentation
旅游目标市场　tourism target market
旅游市场预测　tourism market prediction

一、选择题（请扫描边栏二维码）

二、简答题

1. 旅游市场调查的内容有哪些？
2. 请简要回答旅游市场调查的程序。
3. 旅游市场细分有哪些维度？
4. 旅游目标市场选择的策略有哪些？
5. 旅游市场预测有哪些方法？

三、实践操作题

请选择某一旅游城市，收集其近10年的旅游统计数据，运用相关预测方法预测其今后五年的年度旅游人次和旅游收入情况。

四、案例分析题

请参考阅读《广西左江流域旅游发展概念性规划》，运用所学知识，搜集相关旅游市场资料，分析和评价其旅游市场分析内容，如旅游市场定位是否准确，旅游市场预测是否科学。

在线答题

推荐阅读

1. 杨晓霞，向旭. 旅游规划原理[M]. 北京：科学出版社，2013.
2. 冯学钢，吴文智，于秋阳. 旅游规划[M]. 上海：华东师范大学出版社，2011.
3. 李君轶，马耀峰，杨敏. 我国旅游市场需求预测研究综述[J]. 商业研究，2009(3).
4. 汤宁滔，李林，齐炜. 中国家庭旅游市场的消费特征及需求——基于中国追踪调查数据[J]. 商业经济研究，2017(2).

第七章
旅游定位、发展战略与空间布局

学习引导

旅游定位是旅游规划的核心内容。定位准确与否事关旅游规划的成败。旅游口号设计、旅游发展战略和旅游空间布局都围绕旅游定位展开,是旅游规划的重要内容。那么,什么是旅游定位?旅游定位包括哪些类型?如何进行旅游定位?如何设计旅游口号?旅游发展战略有哪些?如何选择旅游发展战略?旅游空间布局的模式有哪些?如何进行旅游空间布局?这一章,我们就来探讨这些问题。

学习目标

(一)知识目标

1. 了解:旅游口号的评价方法;旅游发展战略的类型及其适用条件;旅游空间布局的内容。

2. 理解:旅游定位的概念与类型;旅游口号的概念和作用;旅游空间布局的概念与原则。

3. 掌握:旅游口号的设计原则和创意模式;旅游空间布局的方法与模式。

(二)能力目标

1. 能够科学开展旅游定位。

2. 能够设计和评价旅游口号。

3. 能够分析和评价旅游空间布局。

(三)价值塑造目标

1. 以马克思主义认识论和实践论为指导,理论与实践相结合。

2. 培养大局观和正确的思想政治素质,激发团队合作精神和创新意识。

思维导图

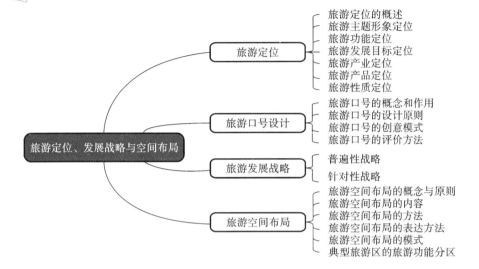

第一节 旅游定位

一、旅游定位的概述

(一)定位与旅游定位的概念

1. 定位

定位(positioning)就是"识别和确定某一产品或服务的重要品质,以便能够以有意义的方式向消费者展现其有别于竞争产品或服务的特色(利益)"(Stanley Plog,2007)。

"定位"一词最早由杰克·特劳特于 1969 年提出。艾·里斯和杰克·特劳特于 1981 年出版了《定位》一书,该书认为:定位是战略的核心;定位就是让你在潜在客户的心中与众不同;定位的基本方法不是去创造某种新的、不同的事物,而是去操控已经存在的认知,去重组已存在的关联认知;定位思想的本质在于把认知当成现实来接受,然后重构这些认知,并在顾客心智中建立想要的"位置";定位首先要解决的问题是"它是什么";定位的一个基本原则是避开那些人人都在谈论的领域。

Ries & Trout(1986)指出定位理论基于三个前提:首先,我们生活在一个信息轰炸的社会中;其次,我们已经形成了应对信息炸弹的防御系统;最后,只有简化的、重要的、清晰的信息才能进入目标受众心中。因此,建立独特的定位本质上是在目标消费者心中展开一场争夺战。Porter(1980)认为有效的定位是竞争优势的来源。Pike(2002)认为有效的定位需要做到两点:其一,传播信息必须集中在几个关键的特征上;其二,改变人们的心智感知很难,因此简易的方法就是加强人们心中已有的正面感知。

2. 旅游定位

旅游定位是指某一旅游发展主体在一定的环境中的相对位置(冯学钢等,2011)。旅游定位一般是指旅游目的地定位。旅游定位是旅游规划的核心内容,是衡量旅游规划科学性的重要依据。旅游定位主要是确定一定时期内旅游发展的性质、目标、市场、产品、形象等内容,是整个旅游规划的核心和出发点。

(二)旅游定位的任务

对一个旅游地规划来说,其旅游定位的任务主要包括四个方面:

1. 确定优势资源与开发条件

旅游定位首先要弄清楚规划地有哪些可供开发的优势资源,其开发条件如何。

2. 凸显主题与特色

筛选与众不同、具有垄断性的旅游资源,结合旅游地的资源特色和当地文化的显著特征进行主题定位,明确旅游地的旅游主题。

3. 明确目标市场与需求

紧扣主题与特色定位,分析当前市场是否有相应的需求,市场需求量有多少,旅游偏好是否与旅游地的资源特色相吻合,从而确定旅游开发针对的目标市场。

4. 强调旅游业态与核心功能

在前三项分析结束后,要明确提出旅游地重点发展的旅游业态和核心功能,并明确旅游地重点开发的旅游产品。

(三)旅游定位的类型

除旅游市场定位外,旅游规划中涉及的旅游定位类型主要有六种:旅游主题形象定位、旅游功能定位、旅游发展目标定位、旅游产业定位、旅游产品定位和旅游性质定位。其中,旅游主题形象定位、旅游功能定位、旅游发展目标定位和旅游产品定位必须在每个旅游规划中体现,旅游产业定位主要用于目的地旅游发展规划,旅游性质定位主要用于旅游区规划。

二、旅游主题形象定位

(一)旅游主题形象定位概述

1. 旅游主题形象的概念

旅游主题是在旅游区的建设和旅游者的旅游活动过程中被不断地展示和体现出来的一种理念或价值观念。旅游形象特指"旅游目的地形象",是一种表示旅游者个人态度的概念,它指个体对旅游目的地的认识、情感和印象(Baloglu、Mccleary,1999)。在旅游规划中,旅游主题主要通过发展目标、旅游功能和旅游形象定位体现出来。

从旅游规划角度来看,旅游形象由主题形象、支撑形象和辅助形象三个层面构成。

主题形象是旅游地对外推介时的总体形象,是对旅游地资源、服务、项目等形象构成要素最为精练准确的概括。如山东省的主题形象为"好客山东",湖北省的主题形象为"灵秀湖北",广西壮族自治区的主题形象为"壮美广西"。

支撑形象是旅游地中最具有代表性的几个形象特征,或具有较高知名度的旅游产品或项目。如广西的支撑形象为"桂林山水、壮乡风情、生态长寿、北海银滩、德天瀑布"等。

辅助形象特指影响游客旅游满意度的非核心旅游形象要素,主要包括知名度较低的或小众的旅游产品、项目和环境要素。环境要素主要包括自然环境(空气、水质、植被、自然灾害发生率等)、社会环境(人口特征、政治稳定性、治安状况、文明程度、环卫状况等)、经济环境(人均收入、市政建设、物价水平、商业发达程度、市场秩序等)、旅游环境(吃、住、行、游、购、娱、旅游氛围等)等方面。如柳州市主要河流的水质连续几年保持全国第一,这就属于该市的辅助形象,有助于提升该市的声誉和旅游吸引力。

2.旅游主题的内涵层次结构

旅游主题是旅游规划的核心理念,其内涵结构可以分为三个层次(见图7-1):

一是以规划地历史文化和发展目标为内涵的基础层。规划地的历史文化是旅游主题的来源与依据。旅游主题的选择还应与区域发展目标保持一致,做到尊重历史、面向未来。

二是以旅游功能、旅游产品和旅游项目为内容的支撑层。旅游主题需要借助旅游功能以及具体的旅游产品、旅游项目才能为游客所感知。旅游产品是旅游功能的支撑和表现形式,旅游项目是旅游产品的支撑和表现形式。支撑层是旅游主题构建的重要工具和依托。

三是以旅游形象为主要内容的表象层。表象层是旅游者对该旅游主题综合反映的结果。

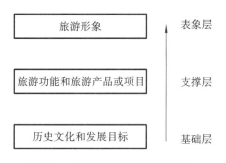

图 7-1 旅游主题的内涵层次结构

3.旅游主题形象的特征

旅游主题形象有三个主要特征:

(1)综合性。

旅游主题形象的综合性表现为形象内容的多层次性和游客心理感受的多面性。

(2)稳定性。

旅游地的旅游主题形象一旦被游客感知,就会形成比较稳定的心理印象。

(3)可塑性。

旅游地的旅游主题形象可以通过积极的形象建设、管理以及营销宣传进行调整和完善,人为塑造旅游者心目中的旅游地形象。

4. 旅游主题形象定位的内涵

旅游主题形象定位简称"旅游形象定位",是指为将旅游地形象深入传播到潜在的旅游者心中并占据一定的位置,进而对旅游资源及其产品特色进行高度概括的行为。

旅游主题形象定位是旅游主题定位和旅游形象定位的综合。旅游主题定位是确立一个旅游地或旅游区的旅游核心理念,旅游形象定位则是表达和传播该理念。主题定位是旅游目的地发展的核心,旅游产业的功能要凸显主题,旅游吸引物的布局要围绕主题展开。旅游主题定位用来确定旅游目的地"举什么旗、打什么牌和走什么路"。

旅游形象是展示旅游目的地风貌的载体。目的地往往通过明确的旅游形象来向旅游者传递相关信息。因此,旅游形象定位从根本上是确定目的地旅游特质的过程。旅游形象是旅游发展目标和功能的具体表现,概括了旅游发展的目标和功能。

主题定位的确立一般有三个来源,即旅游发展目标、旅游功能和旅游形象。其中,旅游发展目标是最基本的要素;旅游功能则是由发展目标决定的内在功能;旅游形象是发展目标的外在表现。必须明确不同阶段旅游目的地的主题定位,针对不同的发展阶段,提出不同的形象口号。

(二)旅游主题形象定位的要素

影响旅游主题形象定位的要素主要包括主体个性、传达方式和受众认知。

1. 主体个性

主体个性指旅游区主体的品质和价值内涵的独特风格。形象定位必须充分挖掘本地区的自然旅游资源特性(地脉)和人文底蕴(文脉),并提炼加工为本地区的独特卖点。旅游目的地总体特色一般取决于资源品位和特色。本地的标志性旅游资源在国内外同质资源中,属于哪个档次,是世界独有或少有,还是国内、省内独有或少有,与国内外同质旅游资源相比,本地旅游资源的特点、长处和不足是什么,这需要做横向和纵向的比较。

2. 传达方式

传达方式指通过视听等形式把主体个性有效地传递给目标受众的渠道和措施,包括旅游广告、公共关系、促销活动等。

3. 受众认知

受众认知指旅游主题形象被目标受众所知晓、理解与感受的程度。

(三)旅游主题形象定位策略

旅游主题形象定位策略可以分为五种类型。

1. 超强定位策略

超强定位策略,也称"领先定位""争雄定位"。适用于旅游资源具有某种世界第一的属性。努力争取使本地在旅游者心目中占据同类旅游形象阶梯第一的位置,如"桂林山水甲天下"。

2. 近强定位策略

近强定位策略,也称"比附定位""借势定位"。适用于具有某种区域性优势明显的属性,要尽量避免与比自己强的同质旅游地的主要客源市场重合。近强定位策略是主动避开第一,抢占第二的定位策略。如三亚定位为"东方夏威夷",苏州定位为"东方威尼斯"。

3. 对强定位策略

对强定位策略,也称"逆向定位""对抗定位"。强调并宣传定位的对象是消费者心中第一形象的对立面或相反面,从而开辟出一个旅游者易于接受的新的形象阶梯。如宁夏定位为"塞上江南",不同于传统城市动物园观赏方式的"野生动物园"。

4. 避强定位策略

避强定位策略,也称"空隙定位"。其核心是分析旅游者心中已有的形象阶梯的类别,立足于本地资源特色和目标市场需求,发现和创造新的形象,树立一个与众不同、从未有过的主题形象。如福建省从生态文明角度定位为"清新福建"。

5. 重新定位策略

重新定位策略,也称"再定位"。需要进行旅游形象重新定位的情况主要有三种:一是进入衰退阶段的旅游地,原有旅游形象的吸引力显著下降,需要新的旅游形象代替;二是设计不成功的旅游形象需要重新定位;三是旅游地的资源环境发生了很大的改变,为顺应形势的变化,旅游形象定位也要随之更改。

三、旅游功能定位

(一)旅游功能定位的概念

旅游功能是指旅游地能够满足旅游者某种旅游需求的能力。

旅游功能定位是在旅游发展目标的指导下,以当地拥有的历史文化和资源条件为基础,对旅游规划地功能的系统设计和安排。

旅游地既有单一的旅游功能,如观光旅游、文化旅游、生态旅游、城市旅游、购物旅游、度假旅游、工业旅游、研学旅游、科考旅游、徒步旅游、会议旅游、展览旅游、节事旅游、奖励旅游和邮轮旅游等,又有复合型的旅游功能,如休闲观光、生态度假、会议展览、文化休闲、城市游憩、山地休闲、科考探秘和康体娱乐等。从未来旅游发展的趋势来看,具备复合型旅游功能的旅游目的地将越来越受到市场欢迎,并且国内一些受欢迎的单一旅游目的地也开始逐渐向复合型旅游目的地转变,如峨眉山建设的温泉度假小镇、温泉公园、主题酒店和国际度假社区等项目,助力峨眉山由观光型向休闲度假型转变。

功能定位是确定旅游目的地之后的发展应该具备哪些功能,以及以哪些功能为主要发展方向。旅游功能具有综合性、多元性和复杂性等特征。在确定旅游目的地旅游功能时,要从多个方面加以衡量。旅游功能是根据旅游发展目标确立的,同时也要考虑旅游资源和社会经济发展水平。旅游功能与目的地所拥有的旅游资源类型有很大的联系,这是因为功能需要有相应的旅游项目作为支撑,而旅游项目与旅游资源紧密相关。

(二)旅游功能定位的影响因子

旅游功能定位的影响因子包括旅游资源、目标市场期望、政治经济环境、技术资金实力四个方面。其中,旅游资源是旅游功能定位的基础因子,是设计支撑性旅游产品和旅游项目的基础;目标市场期望是旅游功能定位的方向指南,为旅游功能定位提供市场

规划案例 7-1

导向；政治经济环境和技术资金实力构成了旅游功能定位的外部环境，对旅游功能定位的可行性产生影响。

(三)旅游功能定位的类型

从重要性来看，旅游功能可以分为主导功能、支撑功能和辅助功能。在具体的功能细分上，规划区的旅游功能总体来说可以分为三个方面。

1. 经济功能

经济功能，即该旅游地的开发将在区域经济产业结构及区域旅游市场格局中扮演何种角色。如区域经济中的辅助产业、先导产业、支柱产业、主导产业等，区域旅游市场格局中的市场领导者、市场追随者、市场补缺者等。

2. 社会功能

社会功能，即该旅游地满足旅游者需求的主要类型，如观光、休闲、度假、商务、养生、研学等，或承担吃、住、行、游、购、娱等旅游功能。

3. 环境功能

环境功能，即旅游地开发及后期管理对自然环境的影响作用。由此，旅游地可以划分为以下功能类型：

一是依托利用环境型，如自然风光旅游区长江三峡。

二是有限开发型，如生态旅游区三江源国家公园。

三是改善环境型，如沙漠绿洲新疆额济纳旗胡杨林。

四是人工改造环境型，如大型主题公园广州长隆旅游度假区。

四、旅游发展目标定位

旅游发展目标是旅游区未来一段时间内发展的总方向。确定旅游业的发展目标，是旅游发展规划的核心。规划的全部内容，都是围绕着如何实现旅游发展目标而做出的各种统筹安排。发展目标是多方向、多层次、多时序的，各类目标中既有宏观的整体目标，也有微观的局部目标；有长远的战略目标，也有分阶段的具体目标；有定量的目标，也有定性的目标。

旅游发展目标是未来旅游发展的方向，确定旅游发展目标必须充分考虑资源优势、内外部环境等各种影响因素。发展目标是旅游定位最基本的要素。一旦确定旅游发展目标，那么旅游产业的功能以及旅游形象必须围绕发展目标来设计。旅游发展目标定位是明确旅游规划所要实现的总体目标、分项目标和分期目标等。

(一)发展目标的组成结构

发展目标是指针对现状、趋势和预期的环境、前景而制定的激励后期实践的任务、目的和指标(见图 7-2)。

任务(或使命)是指发展的总体目标、长远目标，它解决的是将来成就什么，最终达到什么发展状态的问题。

目的所强调的是总体目标中某些个体因素，它通常是描述性、难以定量或进行时间限制的概念性目标，主要解决为了什么而发展的问题。

指标(狭义目标)是可测量的数值性目标,它包含明确的数量、质量、时间和责任,通过一定的行动可以达到且能够用一定的标准进行评估,解决具体要完成什么的问题。

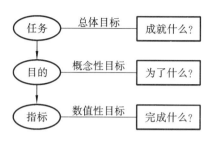

图 7-2 发展目标的组成结构

(二)旅游发展目标的分类

1. 按时间尺度分

按照旅游发展目标的不同时间要求,可分为总体目标和阶段目标。

(1)总体目标。

总体目标,又称"终极目标""愿景""使命",是该旅游地经过长期的开发和发展后要达到的总体要求,反映规划地区在规划期末希望实现的综合地位。总体发展目标是对地方旅游产业发展未来愿景的科学、精准和概括性表达。总体目标所包含的内容要素一般包括:发展旅游产业所依托的优势条件;旅游产业发展理念;旅游产业发展方向;旅游目的地建设的类型或性质定位;旅游产业发展要达到的总体水平。总体目标确定的依据主要来自当地社会经济发展目标、国土空间规划、当地旅游业发展条件和发展诉求等。

以一个城市或城镇为例,可根据其各种条件,把旅游业的发展目标分别定为:世界著名旅游城市(或旅游地)、国际知名旅游城市、全国著名旅游城市、中国优秀旅游城市、区域性旅游城市、地方性旅游中心城镇等。在确定旅游业发展目标时,也可根据自身某方面的特点,确定独具特色的发展目标,如"中国热带国际滨海旅游城市""中国北疆旅游门户城市""华北文化旅游城市"等。

总之,在确定一个省、市、县的旅游发展目标时,最好能包含三个方面的内容:

一是地域范围,如"世界……""中国……""某某省……"。

二是旅游特色,如"滨海旅游……""都市旅游……""冰雪旅游……""文化旅游……"。

三是目的地的性质和功能,如"……旅游中心城市""……旅游门户城市""……休闲度假胜地"。

此外,旅游目的地发展目标定位中最好还能体现其个性和主题。

(2)阶段目标。

相对于旅游发展的总体目标,阶段目标较为细致和具体。根据人们的分期习惯,可以将旅游发展的阶段目标分为近期、中期和远期三个阶段。

为了增强规划的可操作性,旅游规划一般要指出近期、中期和远期发展目标,这种分期时段一般与国民经济和社会发展五年规划相对应。近期强调可操作性,优先考虑

知识拓展 7-2

区位好、收效快的建设项目，必要的基础设施和服务设施，重点的文化和生态环境保护项目。中、远期强调前瞻性，主要是提高和完善已建成的项目，深化景观特色和文化内涵。

一般而言，近期目标通常是对旅游发展中的旅游项目和基础设施建设、旅游产品组合、旅游发展指标等基本内容和亟待解决的问题做出规定；中期目标是在前期成果的基础上对旅游形象塑造、旅游市场推广、旅游综合效益等提出要求；远期目标是对旅游发展的可持续性和总体目标的实现提供蓝图。

2. 按表述形式分

按照表述形式不同，可将旅游发展目标分为概念性目标（目的）和数值性目标（指标）。

（1）概念性目标主要采用描述性的语句，对旅游地未来的发展期望达到的目标和效果加以说明。如习近平2021年4月到桂林市考察时提出，要将桂林市努力打造成世界级旅游城市。

（2）数值性目标需要通过相关研究，借助具体的量化指标来探讨旅游地未来发展需要达到的具体标准。如某一时期接待境内外旅游者人次、旅游收入、人均消费额等指标。

3. 按内容属性分

按照内容属性，可将旅游发展目标分为经济水平目标、社会效益目标、环境保护目标和文化发展目标。

（1）经济水平目标。

经济水平目标是反映旅游发展的最终产业规模和经济收益状况的系列指标，包括境内外旅游人次、人均消费额、旅游外汇收入、旅游总收入及GDP占比、旅游财政贡献率、旅游增长率、地方居民收入水平、投资回收期、投资收益率、旅游乘数效应等。

（2）社会效益目标。

社会效益目标主要涉及特定时期下的旅游发展将会产生怎样的社会效果，包括提供的就业机会、地方居民的支持率、社会风气、地方声誉、旅游者的满意度、旅游从业人员服务质量等指标。

（3）环境保护目标。

环境保护目标直接关系到旅游可持续发展的问题，主要包括旅游资源保护、植被覆盖率、物种保护与生物多样性、水质指标、空气质量指标、环境卫生指标等内容。

（4）文化发展目标。

文化发展目标需体现旅游发展对当地文化的积极影响及与文化互动的预期结果，包括当地文化的完整性（原真性）、文化传承与认同、文化交流与传播、当地居民的文化自豪感、受教育程度和能力素质提升，满足游客的认知审美、教育需求等指标。

（三）旅游发展目标的框架

在旅游规划与开发中，其发展目标的制定不仅要关注当地的发展，同时还应将旅游者的需求和满足感置于较为重要的位置。从旅游者的角度制定旅游发展目标的框架。

1. 满足旅游者需求

满足旅游者需求是旅游发展的根本目标之一。旅游者的需求动机虽不尽相同，但具有一些共性,如:安静惬意,同时能够参与消遣活动和体育活动;回避喧嚣,同时能与当地居民适当接触;接触自然与异域风俗,但拥有宾至如归感;隐逸或独居,但有安全保障。

2. 提供新奇经历

对大多数游客而言,他们所向往的旅游经历是逃避常规生活中的高密度人群、快节奏的生活压力与严重污染的环境,追求回归自然、慢节奏、异质的文化与生活方式。塑造差异是提供新奇经历的重要途径。

3. 创造具有吸引力的旅游形象

应尽可能赋予旅游区一种新颖、易记的旅游形象。利用当地资源特色,就地取材,展现区域特点,营造特别的旅游气氛。

五、旅游产业定位

规划案例 7-2

旅游产业定位是指对旅游产业未来发展方向与目标的定位。产业定位主要考虑三个因素:一是明确旅游产业在旅游地整个国民经济和社会发展中的地位与作用;二是未来旅游产业可能在国民经济中占有什么地位;三是参照本省或国家对旅游产业的定位(李晓琴、朱创业,2021)。

确定旅游业在本地区国民经济中的产业地位,这是旅游产业发展规划的关键。《国务院关于加快发展旅游业的意见》(国发〔2009〕41 号)中明确将旅游业定位为国民经济的战略性支柱产业和人民群众更加满意的现代服务业。该定位对我国旅游业发展产生了深远的影响。其中,"国民经济的战略性支柱产业"定位了旅游业的经济属性,将战略性和支柱产业作为关键词来定位旅游业,可以说是目前对各类产业中定位较高的;"人民群众更加满意的现代服务业"定位了旅游业的社会属性,体现了产业的民生特性,即以人民群众更加满意为目标。

目前,国内外对旅游产业的内涵和外延尚无定论,对旅游产业的经济效益(旅游收入和旅游增加值)的计算和统计尚无统一的方法,对旅游业究竟要达到多大规模才算形成产业模式,并成为先导产业、支柱产业、主导产业等尚无统一的标准。但是,"旅游业是一个经济产业"这一点已成为人们的共识。根据产业的地位,一般可以分为主导产业、支柱产业、先导产业、新兴产业和辅助产业。

(一)主导产业

主导产业又称"龙头产业",指在整个国民经济中起支撑性、关键性或决定性作用的产业,其产值在国内生产总值中占有非常大的比重(一般超过 50%),其税收在总税额中占有很大的份额,是当地财政收入的主要来源,并成为该地居民的主要就业源头。一个地区的主导产业往往只有一个。一般情况下,在工业、农业和商贸业十分发达的地区,旅游业难以成为国民经济的主导产业。但在旅游资源极为丰富且极具特色、工农商贸不发达的少数地区,旅游业有可能发展成为该地区的主导产业,如海南省三亚市、安徽省黄山市、四川省九寨沟县。

（二）支柱产业

支柱产业一般是指在一个地区国民经济发展中起着支撑作用的产业,其产值在该地的国内生产总值中应达到8%以上。一个地区的支柱产业往往有几个,如云南省的支柱产业确定为烟草、旅游、生物和矿产四大产业。

（三）先导产业

先导产业一般是指能适度超前发展,对整个国民经济具有很强的关联带动功能、辐射牵引功能的产业,其产值在国内生产总值中的占比并无量化标准,但其增长速度应高于国内生产总值的增长速度。旅游业对第一、第二、第三产业都有不同程度的关联带动作用,但与第三产业的关系最紧密,因而经常被确定为第三产业的先导产业。由于各地情况不同,有的把旅游业与其他产业并列为第三产业的先导产业。《四川旅游业灾后重建规划》中明确指出,地震灾区应将旅游业作为灾后重建的先导产业,加快重点旅游景区、景点的恢复重建。

（四）新兴产业

新兴产业又称"朝阳产业",是指新发展起来的关系到国民经济社会发展和产业结构优化升级,具有全局性、长远性、导向性和动态性特征的产业。随着科技革命、经济腾飞、社会发展、文明进步,以及生活水平和生活质量不断提高,人们有越来越强烈的需求、越来越充足的条件参加各种形式的旅游活动。在我国,虽然有不少传统旅游地的旅游业早已经历了新兴产业发展阶段,但仍有一些新兴的旅游地将旅游业作为新兴产业,如四川的理塘、青海的茶卡盐湖。

（五）辅助产业

辅助产业是在产业结构系统中为主导产业和支柱产业的发展提供基本条件的产业。对乡村振兴而言,旅游业是促进许多乡村致富的富民产业;对全体国民而言,旅游业是满足人们日益增长的精神文化需求的幸福产业;对资源枯竭型城市或地域而言,旅游业能够较好地辅助其实现产业转型;对工业、农业、商贸业、文化与体育业而言,旅游业对其具有较好的辅助和带动作用。

六、旅游产品定位

旅游产品定位是对旅游目的地未来发展哪些旅游产品进行选择,即明确旅游产品的类型、档次、组合结构和目标消费者群体,是基于旅游主题形象定位、旅游功能定位、旅游市场定位等而做出的综合性定位。旅游产品的发展是随着旅游业的发展逐渐演变的。在旅游刚刚兴起的时代,旅游产品主要以观光旅游为主。随着旅游者旅游需求的多样化,旅游市场上的旅游产品种类也越来越多,并且产品细分的趋势越来越明显,观光产品、休闲产品和度假产品衍生出更多种类的专项旅游产品。

七、旅游性质定位

旅游性质定位主要针对旅游景区(景点、度假区)而言。旅游景区可以根据其所有权性质,分为国有景区和私有景区。根据其定价策略和利润水平,分为营利性的经营性景区和非营利性的公益性景区。一般而言,国有景区应定位为非营利性的公益性景区,私有或民营景区多为营利性的经营性景区。旅游性质定位有时也特指旅游规划的类型,一般用"规划性质"表示,如公益旅游规划、概念性旅游规划等。

第二节 旅游口号设计

一、旅游口号的概念和作用

口号(slogan)是用来传达特定品牌的描述性和说服性信息的短语(Keller K L., 2004;Shi 等,2019)。旅游口号是"旅游目的地形象口号"的简称,是旅游地主题形象定位的最终表达,是凝练和宣传旅游地形象的重要载体。优秀的旅游口号可以产生神奇的广告效果。旅游口号是旅游目的地品牌形象研究的热点之一,最早由 John Richardson 和 Judy Cohen 于 1993 年提出。

(一)旅游口号的概念

旅游口号是以旅游地形象定位为前提,以目的地旅游资源为基础,将旅游地最具优势的特征提炼成能激发旅游者前来游览的营销卖点或简洁承诺。

旅游口号的本质是承诺。徐尤龙(2017)认为,"旅游口号是旅游目的地管理组织为了传递地区形象、塑造区域品牌、吸引游客而基于战略定位向公众做出的承诺"。曹李梅和曲颖(2019)收集我国 34 个省级行政区、333 个优秀旅游城市和 202 个 5A 级旅游景区的 1133 条旅游口号,研究发现:大多旅游口号含有价值命题(89.8%)和利益承诺(96.6%);"利益承诺偏好"是我国优秀旅游目的地口号的五个主要特征之一。

(二)旅游口号的分类

从旅游目的地等级规模来看,旅游口号大体可以分为国家旅游口号、区域旅游口号、城市旅游口号、乡村旅游口号、景区旅游口号五类。根据我国国情,区域旅游口号又可以分为省域旅游口号、市(州)域旅游口号、县域旅游口号三类。从旅游口号表达的卖点来看,可以将旅游口号分为功能型旅游口号、情感型旅游口号和复合型(功能+情感)旅游口号。功能型旅游口号是从旅游目的地资源的角度做出承诺,偏重生理和物质的满足;情感型旅游口号是从游客心理诉求的角度做出承诺,偏重心理和精神的满足;复合型旅游口号则是功能和情感二者兼顾。

(三)旅游口号的作用

旅游口号是旅游目的地品牌的三大显性要素之一(Gali等,2017),是旅游地品牌化和营销的重要组成部分。一个好的旅游口号在吸引游客、旅游目的地品牌沟通、提升旅游目的地形象辨识度与品牌资产等方面起着至关重要的作用(李蕾蕾,1999;Pike,2004;Kotler等,2008;李天元、曲颖,2010;邹统钎,2021)。

旅游口号的作用主要体现在两个方面:一是提高宣传的针对性,具有一定的广告效应,扩大旅游地的知名度和影响力;二是激发潜在旅游者的旅游欲望,最终促成其旅游行为的实现。

李天元、曲颖(2010)认为,一个成功的目的地定位主题口号(旅游口号)应能发挥对内对外的双向沟通作用:对内,进行内部品牌推广,促使所有内部利益相关者意愿一致、精诚合作;对外,帮助创建品牌资产,塑造消费者形成理想的品牌知识结构。这表明:旅游口号不只是用于对外宣传,它具有对内和对外双重作用,而且对内和对外的作用关系有明显差别。

1.旅游口号的对内作用

旅游口号对内作用的对象为全体旅游目的地居民。旅游目的地居民扮演着东道主与游客双重身份。旅游目的地尺度越大,目的地居民扮演游客的角色越充分,如以省级旅游目的地居民开展的省内游、以国家级旅游目的地居民开展的国内游。

旅游口号对内作用可以分为三个方面:一是精神作用,用于凝聚共识,统一思想,塑造共同价值观;二是实践作用,用于指导建设、兑现承诺,作为地方行动纲领;三是制度作用,用于协调关系,化解矛盾,管理、约束个体行为。

对旅游地而言,口号设计只是开始,不能只停留在口头上,要转化为实际行动,努力做到名副其实,兑现承诺。

徐尤龙(2017)将旅游口号的对内作用总结为"凝聚共识、指导建设和协调关系",对外作用总结为"宣传卖点、吸引游客"和"区分优势、差异化竞争"。

针对旅游地(自身)、客源地和竞争地,明确了旅游口号的"三地"作用关系,总结出的旅游口号内外部作用机理关系见图 7-3。

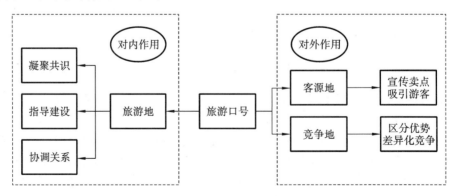

图 7-3 旅游口号的内外部作用机理关系图

(资料来源:徐尤龙《基于品牌理论的旅游目的地口号资产价值研究》,科学出版社,2017 年版。)

2. 旅游口号的对外作用

旅游口号作为一种注意力经济，其对外作用可以分为两个方面：一是客源地，二是竞争地。旅游口号对客源地的作用主要是宣传卖点、吸引游客，即通过营销活动向游客传递旅游目的地的价值承诺，包括功能价值和情感价值。旅游口号对竞争地的作用是区分优势，进行差异化竞争。旅游口号的竞争角色有四种：领导者、挑战者、追随者、补缺者。

二、旅游口号的设计原则

国内外学者认为，旅游口号要"内容源自文脉，表达针对游客，语言紧扣时代，形式借鉴广告"（李蕾蕾，2003）；旅游口号设计要名副其实（金颖若，2003；张立生、王海燕，2010）、真实可信（Kotler 等，2008）、有吸引力（Supplhellen 和 Nygaardsvik，2002；Galí 等，2017）。"记忆"效应和"说服"效应是口号设计的两大核心诉求（曲颖、周曦，2018）。总体来说，旅游口号的设计应遵循四个原则。

（一）口号内容要体现地方独特卖点

旅游口号的内容必须源于地方的独特性，通过充分挖掘和分析旅游地的地方特性传达其独特卖点，避免空泛。四川省都江堰市的旅游口号"拜水都江堰，问道青城山"，凝练了当地最具代表性的旅游资源。

（二）体现美与健康的旅游需求特征

游客与一般消费者不同，他们追求的是在旅游经历中获得美的体验、身心健康的满足和情绪的调节。因此，口号设计要具有美感，将旅游地美好的事物传达给潜在的游客。口号内容要健康，强调"友善、美好、欢乐、新奇"等积极理念，避免低俗和不良寓意。例如，厦门市以"海上花园，温馨厦门"作为旅游口号，"花园"和"温馨"让游客充满亲切感。

（三）突出时代特征

旅游口号要具有时代气息，反映时代特征，反映旅游需求的热点、主流和趋势。口号设计要新颖、时尚、别具一格，便于吸引旅游者的眼球。例如，2003年"非典"后，中国向海外推出了"China Forever"（中国，魅力永存）的旅游口号；党的十八大提出建设"美丽中国"后，国家旅游局于2013年适时向全球推出"Beautiful China"（美丽中国之旅）的旅游口号。

（四）语言具有广告效应

旅游口号的语言应通俗易懂，简练易记，便于识别、朗读和宣传，尽量控制在14个字以内。旅游口号的语言要有震撼力、吸引力和号召力，允许运用比喻、夸张等修辞手法，但不能违背基本事实，进行虚假宣传。

三、旅游口号的创意模式

旅游口号的创意模式主要有三种。

(一)资源/游客导向模式

资源/游客导向模式由李燕琴和吴必虎于2004年提出。

1. 资源导向型模式

资源导向型模式的旅游口号创意适合于旅游资源特别丰富、特色突出的旅游地,这类旅游口号有利于旅游地形象的树立。资源导向型模式又可以分为自我阐释型和比较阐释型。

1)自我阐释型

自我阐释型主要是将旅游目的地优势的旅游资源提炼出来,不去理会它在周边或同类的旅游资源中居于何种地位。常见的表现手法有白描法、比喻法、夸张法等。

(1)白描法。比如云南大理的旅游口号"风花雪月,逍遥大理",既是对大理的典型旅游资源"下关风,上关花,苍山雪,洱海月"的抽象与概括,更于无形中营造出一种浪漫、缥缈的氛围。

(2)比喻法。比如黑龙江省哈尔滨市的旅游口号"天鹅颈下的珍珠",因为黑龙江省的地图就像一只天鹅,该口号既说明了哈尔滨市在黑龙江省的地理位置,又借珍珠的自然高贵衬托出哈尔滨市旅游资源的品质和地位。

(3)夸张法。比如埃塞俄比亚的旅游口号"埃塞俄比亚,享受13个月的阳光",这一看似夸张的宣传口号一下子让人仿佛沐浴在温暖的阳光中,从而造成一种极具煽动性的效果。实际上,埃塞俄比亚年历的确为13个月,前12个月每月30天,第13个月平年为5天,逢闰年便有6天。

2)比较阐释型

比较阐释型主要是将旅游目的地的旅游资源与其他旅游地的资源进行比较,在比较中凸显自己的优势和特色。常见的表现手法有领先法、比附法、衬托法等。领先法如"一品黄山,天下无山";比附法如"肇庆山水美如画,堪称东方日内瓦",衬托法如"桂林山水甲天下,阳朔山水甲桂林"。

2. 游客导向型模式

游客导向型模式是从游客的角度创作旅游口号。其出发点和归宿是游客,不过多地考虑自身的资源特色和地方性。在旅游地之间竞争日趋激烈的今天,这种旅游口号创意模式因其具有极强的亲和力而备受游客的青睐。游客导向型模式又可分为刺激需求型和克服阻力型。

1)刺激需求型

刺激需求型是通过迎合游客在感情上的某种需求,借助重要事件或设置一种悬念来激发潜在游客的出游动机。常见的表现手法有满足情感需求法、借势法、公关法、悬念法等。

(1)满足情感需求法。满足情感需求法结合旅游目的地资源的特色,抓住目标市场某种带有共性的情感需求来创作旅游口号,其着力点应放在满足目标消费者的情感需求上。例如,上海市曾公开征集旅游口号,经广泛筛选后,选定为"上海,精彩每一天"。该口号既反映了上海作为国际型大都市的繁华和活力,也迎合了人们对于不断变化、日新月异、丰富多彩的生活的渴望。

(2)借势法。由于旅游口号具有一定的生命周期,每个旅游口号往往只能在一定时期内起到较好的效果。因此,每当旅游地遇到一些重大事件时,就应适时创作新的旅游口号。这些新的旅游口号应借助某些社会发展的大势或焦点事件来进行创作。例如,北京在申办2008年奥运会时提出了"新北京,新奥运"的形象口号。

(3)公关法。在选择旅游目的地时,亲友们的建议往往会得到重视。因此,在创作旅游口号时,可使用类似营销中的公关方式,如一个刚刚旅游归来的朋友娓娓道出其感受。例如,秦皇岛曾以"夏都的感觉真好"为旅游口号,这一旅游口号对潜在的旅游者具有很强的吸引力,营销效果较好。

(4)悬念法。悬念法主要是利用人的好奇心设置悬念创作旅游口号。例如,葡萄牙的旅游口号——"如今人们都想去葡萄牙,你知道是为什么吗?"充满悬念。受众要解开其中的悬念,要么亲临其境,要么从各种渠道搜集有关葡萄牙的资料。无论哪一种结果,都有助于吸引更多的人到葡萄牙去旅游。

2)克服阻力型

目标消费者产生旅游需求后,还要克服来自各方面的阻力,才能实现旅游购买行为。为此,创作旅游口号时,可有意识地帮助潜在旅游者消除这些阻力。研究表明,旅游阻力主要来自三个方面:距离、时间、心理。相应地,也可形成不同的旅游口号创作方法。

(1)克服距离阻力法。克服距离阻力法是在旅游口号中帮助潜在旅游者消除出游中的空间距离所形成的阻力。例如,迪士尼乐园尚未进入我国大陆地区以前,苏州乐园曾以"迪士尼太远,去苏州乐园"为旅游口号,为那些希望到像迪士尼一样的主题公园去旅游的潜在旅游者提供了一个更切实可行的替代方案。

(2)克服时间阻力法。旅游者外出旅游的时间不可能是无限的,旅游口号创作时也可以通过恰当的表现方式帮助潜在旅游者消除时间阻力。例如,深圳锦绣中华的旅游口号——"一步迈进历史,一日畅游中国"。

(3)克服心理阻力法。北欧的瑞典,冬季冰雪覆盖,许多人望而却步。为此,瑞典就有针对性地创作出"瑞典是奇妙的,即使在冬天"的旅游口号,帮助人们克服冬天是不好的旅游季节的心理阻力;2008年四川汶川地震后,重灾区的都江堰市推出了"都江堰安然无恙,青城山依然美丽"这一旅游口号,在消除潜在旅游者的担忧方面获得较好的效果。

(4)承诺法。通过向潜在旅游者提供保证与承诺的方式,消除旅游者在出游前的种种担忧。例如,"好客山东""晋善晋美""七彩云南,旅游天堂"等旅游口号,都含有某种承诺。

(二)原型模式

原型是心理学中的概念,是指一种集体的无意识。马梅(2004)从心理学原型的视角,将旅游口号分为四种类型。

1. 第一原型法

第一原型是指不同时代产生的具有最广泛认同的超越现实的最高理想境界。它在不同时代、不同地区、不同宗教信仰中是不一样的。例如，希腊神话中的伊甸园，中国神话中的蓬莱仙境、瑶池，陶渊明笔下的世外桃源等。这些无一不是人们梦寐以求的乐园，自然也是潜在旅游者渴望获得的，以此作为旅游口号，其吸引力不言而喻。例如，马尔代夫的旅游口号——"印度洋上人间最后的乐园"，塞舌尔群岛的旅游口号——"失落的伊甸园"，我国苏州和杭州的旅游口号——"上有天堂，下有苏杭"等。

2. 第二原型法

第二原型主要是指那些公认的名称升华为经典内涵的旅游地。例如，成为神秘悠远代名词的香格里拉，成为神奇绚烂、多姿多彩代名词的九寨沟。此外，金字塔、万里长城、迪士尼等也被人为赋予了特定的内涵。采用这类方法创作旅游口号时，多用比附形式，如西夏王陵的旅游口号是"中国的金字塔"，海南三亚的旅游口号是"东方夏威夷"。

3. 第三原型法

第三原型是指具有一定精神文化内涵的广为人知的文化符号，如中原、孔子、大观园、园林、龙、花果山、水帘洞等。由于这些文化符号知晓度高，使用其创作旅游口号，能被潜在的旅游者广泛接受，适用面较广。例如，连云港市云台山景区的旅游口号——"花果山福地，水帘洞洞天"，瑞士的旅游口号——"如果山有故乡，那一定是瑞士"等。

4. 知觉法

知觉法主要是用人们最直接的一些知觉感受，如浪漫、温馨、激情、魅力、神奇等创作旅游口号，对潜在的旅游者产生较强的吸引力。这些知觉感受是每个人都能体会得到的，可以广泛用于创作各种类型旅游地的形象口号。例如，吉林省的旅游口号——"缤纷四季，精彩吉林"，内蒙古的旅游口号——"美丽大草原，激情蒙古风"等。

（三）具象/抽象模式

吴必虎（2001）根据旅游地发展的不同阶段和旅游口号内容的具象与否，将旅游口号的创作分为具象法、具象-抽象法和抽象法三种。

1. 具象法

具象法主要是针对旅游地代表性旅游资源的现象学提炼具有直观、具体的景观指称，受众易于理解。例如，北京市曾以"东方古都，长城故乡"作为旅游口号，古都、长城均是对北京市旅游资源的真实反映。这种旅游口号适宜于发展初期的旅游业或小型的旅游地。

2. 具象-抽象法

在旅游目的地具体旅游资源的基础上提炼出抽象的印象，既具有一定的物质形象，又体现一定的抽象理念。例如，黑龙江省伊春市的旅游口号为"伊春，森林里的故事"。森林是具体的物质景观，是伊春最有代表性的旅游资源。森林里的故事，就显得不具象，为受众留下较为广阔的想象空间。

3. 抽象法

创作旅游口号时完全抛开旅游目的地的具体景观和事物，选择全新的角度提炼旅游口号。表面上看，这类旅游口号与当地的物质景观毫无关系，实际上却能深刻体现当地的特点。例如,福建省的旅游口号——"清新福建"。口号中没有具体显示福建的任何物质景象,却充分体现了福建因沿海和森林覆盖率高而空气清新的特质,且与"倾心"谐音。

四、旅游口号的评价方法

独特的销售主张标准是国外学者衡量口号有效性的通用方法(Henthorne 等,2016)。Richardson 等(1993)提出了旅游口号独特卖点(unique selling proposition, USP)的四个衡量标准,即必须具有价值命题;价值命题应限于 2 个以内;价值命题应该能够反映目标市场的利益;利益必须具有独特性。他们应用 USP 的评价标准和内容分析法,将美国 46 个州的旅游口号划分为七个层次。Lee 和 Cai(2006)在此基础上细化评价标准,进一步将旅游口号划分为五种类别。Supphellen 和 Nygaardsvik(2002)提出了一个用以检测国家旅游口号的"三阶段"模型:①测量由旅游口号所引发的联想;②测量旅游口号便于记忆和区分的能力;③测量旅游口号在商业传播环境下的作用效果。Steve Pan(2019)提出了旅游口号分析的概念框架,发现品牌形象、休闲动机和文化维度可以影响品牌口号的创作和效果,并通过软件,进一步分析了 134 个国家旅游口号的影响水平。

目前,国内旅游口号的评价方法主要有三种:一是李蕾蕾(1999)的"三度评价法",即旅游口号知名度、美誉度和认可度;二是曲颖、李天元(2008)的两轮检验法,即围绕"独特卖点"和"恰当的表述方式"两个尺度,进行旅游口号一般标准检验和理想标准检验;三是基于独特的销售卖点理论(李佰帆、谢合明,2014;范小华、牛永革,2014)。此外,吴俊(2014)构建了包含旅游口号静态评价和动态评价维度的旅游口号评价标准体系;田里和徐尤龙(2015)构建旅游口号相符度——接受度测量模型,将旅游口号分为四种类型:优质口号、劣质口号、夸张口号和保守口号。

知识拓展 7-3

第三节 旅游发展战略

旅游发展战略是在旅游市场分析的基础上,结合总体定位和目标设置所做出的战略路径选择,只有选择合适的发展战略才能够保证总体定位的实现和目标的完成。旅游发展战略是根据旅游业发展的政策环境和规划中所确定的旅游业发展目标对战略选择的客观要求来确定的。旅游发展战略必须具有针对性和可实施性。选择这些发展战略的关键是要紧密结合规划地的实际情况,牢牢把握规划的战略目标,充分掌握各战略的核心因素和关键点。

随着旅游业的持续快速发展,旅游实践和旅游理论取得长足的进步。在旅游规划中可供选择的发展战略有许多,它们在实际应用中都取得过良好的效果和效益,如全球化战略、跨越式发展战略、创新发展战略、区域合作战略(区域一体化战略)、产业化战略、龙头带动战略、可持续发展战略等。旅游规划中确定的旅游发展战略,一般分为两类:一是普遍性战略;二是针对性战略(王德刚,2017)。

一、普遍性战略

旅游业的发展有普遍性的基本规律,任何一个地方发展旅游业都要遵循旅游业发展的基本规律,因此也就会有一些适合所有或大部分地区的、具有普遍意义的战略选择。这些普遍性的战略选择主要包括政府主导战略、资源整合战略、创新发展战略、区域合作战略、人才强旅战略等,它们在旅游业的发展过程中被证明具有普遍意义。

(一)政府主导战略

政府主导战略,是已经被世界旅游业的发展所证明了的最具普遍意义的发展战略。它在不同国家、不同地区都具有现实意义。政府主导的内容主要包括以下四个方面。

1. 政策主导

政策主导具体包括:确定旅游产业地位,制定旅游产业政策与专业法规,促进旅游业发展;建设有效的旅游管理体制和协调、促进机制,打破资源管理体制藩篱,盘活、调动各种社会资源来发展旅游业。

2. 资金引导

资金引导具体包括:以政府投入引导社会资金流向,提高社会投资者投资旅游业的信心;提供足够的促销经费;以政府投入为主体,完善旅游基础设施体系和公益性设施体系,为旅游业发展提供保障。

3. 管理规范

管理规范具体包括:制定并推行行业标准;规范市场行为;编制旅游发展规划、计划,通过规划、计划调控旅游业发展;协调各种关系(部门、企业之间)。

4. 形象促销

形象促销具体包括:根据市场发展的要求设计旅游地形象;积极推介形象,提高旅游地的知名度和吸引力;加强品牌建设和管理,维护旅游地形象。

(二)资源整合战略

旅游业是个综合性的产业群。发展旅游业就是在整合各种社会资源的基础上,将资源转化为产品。这些资源包括自然的、文化的、社会的、经济的资源等,它们分布在不同的领域,被不同的部门、单位、机构或个人管理和占用,这些资源都具有旅游价值,是发展旅游业的重要资源。旅游规划就是要全面整合这些资源,为发展旅游业服务,以"大旅游"的观念和视角发展旅游。

资源整合战略包括三个含义:

一是协调一切资源领域,发挥各种社会资源的旅游价值,推动社会资源向旅游产品的转化,开发诸如农业旅游、工业旅游、渔业旅游、研学旅游、社区旅游等新型旅游产品,在"新资源观"的理念下发展新旅游。

二是调动各社会领域、部门、企业、机构、组织参与旅游规划的积极性,让那些旅游行业之外的社会力量在发展旅游的过程中找到自己的位置,发挥自己的作用。

三是建立有效的旅游协调、促进机制,通过宏观的协调机制和微观的管理职能,来促进地方旅游业的健康发展。

(三) 创新发展战略

创新是产生竞争力的源泉。旅游产品的核心竞争力是差异性,而差异性来自创新。因此,创新发展战略,是旅游地发展旅游业的"法宝"。

创新发展战略是规划地旅游业以本地现状为参照系,借鉴国内外先进旅游发展理念和经验,突破陈旧观念,树立创新思想,以市场为导向,以效益为中心,多领域多方位实施开拓创新,推动旅游地超常规发展的战略行动计划。

创新发展战略的主要内涵是观念创新、技术创新、制度创新、产品创新。四者又相互关联:观念创新是前提,技术创新是手段,制度创新是保障,产品创新是结果,而最终的目的就是通过壮大旅游业促进地方经济发展。

(四) 区域合作战略

区域合作战略是指在特定区域范围内的旅游业或相关行业以及地方政府,在一定的领域和层面,通过协商建立战略性合作关系的模式。这个特定区域大到国内多省区,小到一个县区;合作的领域可以是全方位的,也可以是单一领域的;通过旅游合作,可以建立起资源共享、产品互补、客源互送、利益共享的区域旅游合作网络体系,充分利用和开发区域内的资源和客源。譬如在开封成立的"一带一路"城市旅游联盟,就是一个多层面的区域旅游合作组织,该联盟成员来自陕西、新疆、甘肃、河南等"一带一路"沿线省、自治区、直辖市,已在旅游发展、节庆活动、品牌培育、旅游市场开发、旅游客源互送、媒体宣传和国际交流方面展开合作,有效推动了"一带一路"倡议沿线城市的经济社会发展和文化旅游交流(吕连琴,2021)。

(五) 人才强旅战略

旅游业本身属于劳动密集型产业,对人力资源、人才的依赖度比较高。而且,越是进入发展高级阶段,对人才的依赖度就越高。但是,与其他行业相比,旅游业在吸引人才方面,却存在着很多弱势,例如:服务行业在人才凝聚方面的弱势,人们对服务行业的认识仍比较传统;旅游企业规模的弱势,旅游企业大多是小企业,发展空间有限;旅游企业驻地位置的弱势,特别是旅游景区,大多在城市郊区,工作、生活不方便;经济欠发达地区在吸引人才方面存在弱势。

当前,我国旅游行业已经沦为"人才洼地",吸引高层次人才比较困难,留住高层次人才更困难。这就要求地方政府、旅游企业高度重视培养人才和吸引人才,以创新的人才使用机制招徕人才、留住人才。

对政府和企业来说,在旅游业领域实施人才战略,重点要结合旅游业的特点,做好如下几点:一是创新人才机制,吸引和招徕人才;二是明确行业从业人员的知识结构,建立合理的专业教育体系;三是建立高绩效的继续教育和专业培训体制;四是完善持证上岗制度和监督体系。

二、针对性战略

不同的国家和地区处于不同的经济发展阶段,各自有自己的优势和劣势,外部市场和相关条件也各异。因此,除一般战略外,更重要的是与自身条件相吻合的针对性战略。在旅游规划已经成为一种普遍的社会现象的时候,针对性战略往往具有决定意义。

(一)差异化战略

旅游规划的差异化,就是寻找与别人的不同。寻找、创造差异化是新兴旅游地起步的关键,是在旅游产品包围圈中"突围"的最有效路径。

差异要在对比中找,自认为最好的旅游资源在市场上不一定有竞争力。差异化战略在更多的条件下,是产品的错位开发,只有错位才能够互补。在旅游产品开发领域,差异化战略选择主要表现在两个方面:一是要开发不同类型和功能的异质性产品;二是开发不同形态的同质性产品。

(二)文旅融合战略

文旅融合战略是一些具有鲜明地方文化特色的旅游地的一个非常具体、现实的战略选择。文化和旅游部组建以来,明确了"宜融则融,能融尽融,以文促旅,以旅彰文"的工作思路。当前,我国各级政府注重文化和旅游融合发展这一重要工作,以人民美好生活引导文化建设和旅游发展。

中国是历史文化悠久的国家,许多地方仍然保持着丰富的、地域特色鲜明的传统文化,如传统的生产习俗、社会习俗、民间风情等,构成地方最具特色、最有吸引力的文化资源主体。这些资源的开发和保持是维系地方文化特色、使旅游吸引力持久的根本。因此,在旅游规划的过程中,从文化保护、传承和维持地方持久吸引力的角度出发,必须保护和传承这种地域文化特色和民俗特色,并将其上升到战略高度,予以重视(王德刚、史云,2006)。

(三)转型战略

转型战略是当地方旅游业发展到一定阶段时,根据旅游业发展趋势的变化和当地旅游业发展的需要,采取的一项调整战略,这在旅游业发展的中期或后期阶段尤为重要,许多地方实际上都需要根据形势的发展变化适当调整原已确定的发展目标、方向和战略,这是识时务的一种选择。

转型可以体现在很多领域,可以有很多方向和内容,如由观光向度假转型,由农业、林业、采矿业向旅游业转型,等等。这要根据当地的实际情况而定,到底要"转型"什么,怎样"转型",这是应该深入研究的问题。转型实际上也是在解决问题,即通过"转型"来解决已经发现的不足或缺陷,促进之后的发展。

(四)捆绑战略

捆绑战略通常是一些处于相对弱势地位的旅游区、旅游地采取的一种依托型发展战略。选择这种战略的情况一般有两种:一是紧靠一个著名的、处于强势地位的旅游区的新开发旅游区或旅游地;二是在竞争博弈中处于弱势地位的旅游区、旅游地。

对于这样的旅游区、旅游地,主动与处于强势地位的旅游区联合,既有利于自身的发展,又有利于在大区域中进行产品组合,是一种双赢或多赢的选择。

通过捆绑来谋求发展,在具体操作中,一般有两种做法:一是产品捆绑组合,即在产品组合上进行跨区域的联合,把自己的产品捆绑到强势产品身上,或者说依靠强势产品的影响力,提高市场覆盖面;二是营销捆绑组合,即在对外宣传、营销中,将自己的产品与强势产品包装在一起。

(五)跨越式发展战略

跨越式发展战略也称超常规发展战略,是指在一定历史条件下,落后者对先行者走过的某个发展阶段的超常规赶超战略计划,俗称"弯道超车"。跨越式发展具有相对性,它是针对渐进式发展而存在的一种非线性特殊发展方式。

跨越式发展战略主要包括三个基本内涵:

一是速度与效益的统一性。跨越式发展是旅游业发展质量和水平的整体跃升,既要有数量上的赶超,又要着力于提高旅游经济的整体素质。跨越式发展是数量、质量、结构、效益统一的协调发展,是可持续发展。

二是创新的前提性。跨越式发展必须推进全面创新,在观念创新上超越传统,在体制创新上打破旧体制,在机制创新上高效先行,在科技创新上具有前瞻性,集中力量解决具有全局性、战略性的重大问题。

三是非均衡性。跨越发展是一个非线性的特殊发展,要遵循客观规律,按照非均衡发展理论,坚持有所为有所不为,集中人力、物力、财力,在基础好、具备发展条件的重点区域、重点行业、重点项目上取得重点突破,并率先实现跨越式发展。

跨越式发展战略最适用于旅游资源丰富但旅游业相对落后的地区。譬如在我国改革开放初期,旅游业率先打开国门,采取了"适度超前"的跨越式发展战略,使我国旅游业在较短时间内达到了与世界接轨的水平。

(六)龙头带动战略

龙头带动战略是指在较大范围的旅游区域内,精心挑选、强力打造龙头旅游景点,带动整个区域旅游业快速发展的战略行动计划。其主要内涵是实施两个战略步骤:

一是要推行精品战略。加大龙头景点建设力度,进一步整合旅游资源,开发观光旅游精品、文化旅游极品、休闲度假新品,高水平展示旅游景点的文化内涵,全面提升景点的建设水平和文化品位,使其成为具有强大吸引力的旅游产品。

二是要推行名牌战略。建立创新发展机制,全面塑造品牌形象,加大旅游宣传推广,以持续性高聚焦度的热点事件大力提高旅游吸引力,从而带动全区域的旅游发展。譬如吸引迪士尼乐园、乐高乐园、环球影城等国外主题公园巨头进入中国市场,形成基于区域市场的纵向分工;长隆集团在广州、珠海等地的发展,起到了良好的龙头带动作用,有效提升了当地旅游业的发展水平。

(七)全域旅游战略

全域旅游是在一定区域内,以旅游业为优势产业,通过对区域内经济社会资源尤其是旅游资源、相关产业、生态环境、公共服务、体制机制、政策法规、文明素质等进行全方位、系统化的优化提升，实现区域资源有机整合、产业融合发展、社会共建共享，以旅游业带动和促进经济社会协调发展的一种新的区域发展理念和模式。全域旅游有五个特征：全部门齐抓共管、全资源综合利用、全产业融合创新、全社会共享共建、全时空完美体验。

（八）高质量发展战略

高质量发展战略必须树立和践行"绿水青山就是金山银山"的发展理念，坚持节约资源和保护环境的基本国策，坚定走生产发展、生活富裕、生态良好的发展道路，建设美丽中国，为人民创造良好的生产生活环境，为全球生态安全做出贡献。旅游业作为环境友好型产业，已经成为全国各地加强生态文明建设的重要战略选择。旅游业的生存和发展与资源的保护和环境质量的改善具有天然的耦合关系，被誉为"永远的朝阳产业"，但如果不注重资源的保护与环境的协调，同样也不能持续健康发展。为了避免旅游开发可能产生的消极影响，必须贯彻开发与保护相结合的原则，大力倡导绿色开发、绿色产品、绿色经营、绿色消费，在项目、服务、品牌、机制上求突破，尽可能营造良好的自然生态环境和社会人文环境，实现融合发展。

以上发展战略是旅游地发展的主要战略，不同的旅游目的地可以选择不同的战略组合，但可持续发展战略、创新发展战略、旅游产业化战略等普遍性战略是基本战略，是每个旅游目的地和景区都必然要选择的战略。在选择了合适的发展战略后，还要对战略重点做进一步梳理，划分出现有优势重点领域和潜在优势重点领域，分主次、有轻重地进行梯次开发。

总之，在旅游规划过程中，应根据自身面临的发展机遇和现实的挑战，有针对性地进行战略选择。任何一个旅游区、旅游地，都应该根据自身的实际情况，研究市场需求与竞合关系，研究自身的优势与劣势，在综合分析中确定适合自身的发展战略。

第四节　旅游空间布局

一、旅游空间布局的概念与原则

（一）旅游空间布局的概念

与旅游空间布局相关的名词有"旅游景区划分""功能分区""功能布局""分区计划"等，实质上是将一个大的旅游空间细化的过程。旅游空间布局是指在空间上落实旅游发展的目标和任务，明确中心地、增长极、旅游功能区、旅游线路、重点旅游区等，使各组成要素、各组成部分均能发挥其应有作用，使旅游地成为旅游发展的有机整体（李晓琴、朱创业，2021）。旅游空间布局规划决定了未来旅游发展的驱动与客源地的空间网络体系,体现了未来规划区发展的重点区域、优先发展级别与区域协作关系的界定等,规划区旅游建设将依次重点展开与梯度推进,对旅游地的规划与开发以及今后的建设和管理起着指导作用。

旅游空间布局的实质是在旅游功能分区的基础上对规划区域空间部署形态进行可视化表达。旅游空间布局规划是对旅游产业发展在地理空间上的安排,其内容包括空间的划分、每个空间区块的功能定位和项目安排等。

旅游空间布局的主要目的包括以下几个方面:
(1)方便游客的旅游活动,对游客的活动进行有效控制和分流。
(2)将旅游项目及设施布局在恰当区域。
(3)避免旅游活动对旅游资源和环境造成破坏。
(4)确保旅游活动的有序开展和旅游业的可持续发展。

(二)旅游空间布局的原则

科学、合理的旅游空间布局有利于更好地组织和促进当地旅游业的发展。旅游空间布局的原则主要有以下几个方面。

1. 游客导向原则

旅游空间布局要安全可靠,点、线、面布局合理,旅速游缓,为游客提供便利,有利于游客旅游活动的安排组织。

2. 主题功能分区原则

对旅游规划区域进行划分,每一个单元必须有一个鲜明的主题。主题既可以是特色旅游资源,也可以是人工建筑物。根据旅游资源分布和空间组合特征,将具有资源类型相似性、历史文化继承性、旅游功能同一性、市场形象统一性的景观集中成片。

3. 完整性原则

在进行旅游空间布局时,要尽量确保地理区域的完整性。对旅游发展规划而言,要确保行政区域的完整性;对旅游区规划而言,要保持旅游资源和自然地理要素的完整性。

4. 服务集中、游览分散原则

针对不同类型的旅游服务设施,如餐饮、住宿、娱乐、商业设施等,应相对集中布局,使其在空间上形成集聚效应,以降低投资成本、提高旅游设施的利用率和促进环境保护;对于景区、景点和游览项目,应相对分散布局,避免游客过于聚集,造成交通拥堵。

5. 旅游资源和环境保护原则

旅游空间布局不但要考虑旅游资源特色、地域的完整性,同时还要充分考虑旅游资源和环境的承载能力,确保旅游资源和环境不被破坏。一般而言,接待服务区、休闲娱乐区等游客集中活动的区域应远离自然环境脆弱的地区或珍稀动植物分布区,后者应单独划分成特殊区域加以保护,控制游客数量和开发程度。

二、旅游空间布局的内容

(一)旅游功能区命名

旅游空间布局所划分的不同功能区应该有相应的名称,以便旅游规划、开发、管理和市场营销。旅游功能区命名应遵从"名称＋类型"法则。名称的选取可参考当地山名、地名、景观特征、历史古迹等,应尊重当地的风俗习惯,雅俗共赏。

(二)确定功能区的范围

确定功能区的范围是根据旅游空间布局的原则,在图纸上确定规划区各个旅游功能区的边界、范围、面积和形状。

(三)提炼旅游功能区的特色

提炼旅游功能区的特色是根据每个旅游功能区内的主体旅游资源,总结提炼其特色,为下一步确定开发利用方向奠定基础。

(四)功能定位

功能定位是根据旅游功能区的资源特色确定其旅游功能,如观光、休闲、娱乐体验、探险、科考等。

(五)市场定位

市场定位即仔细分析每一个旅游功能区能够吸引的游客类型和市场分布情况,在此基础上进行市场定位。

(六)形象定位

形象定位即根据旅游功能区内的主体旅游资源特色,确定其旅游形象。

(七)确定开发利用方向

确定开发利用方向是针对所划分的每一个旅游功能区,根据其特色和定位提出开发利用的方向。如将奇特景观较多的旅游功能区的开发方向确定为观光游览,将靠近出入口且有建设用地空间的旅游功能区的开发方向确定为旅游接待服务。

三、旅游空间布局的方法

区域旅游产业的空间布局受自然条件与旅游资源特点、区位与集聚效应、经济发展水平、旅游发展阶段、国土空间规划和城乡规划、旅游市场需求、旅游产业政策、旅游业未来发展诉求等因素的影响。这些因素共同作用于旅游产业,彼此关联、相互整合,形成区域旅游产业空间布局的动力机制。

区域旅游协调发展已经成为区域经济一体化发展的必然要求。要求配合区域发展总体战略,以旅游资源特点为基础,以高速交通体系和都市群发展为依托,通过分区指导、示范带动,构建特色鲜明、优势互补、充满活力的旅游空间布局体系。

特大旅游城市、中小型旅游城镇、旅游区、旅游通道四者是旅游空间结构的极点和增长轴,共同形成一个复杂的旅游网络系统。

从宏观层次上看,旅游产业空间布局明显呈现出以特大旅游城市为中心,以中小型城镇为次中心,以旅游经济区(板块)为重要支撑,以旅游线路(旅游交通)为网络连接的点网状分布态势。

从空间来看,在规划范围内,旅游吸引物、设施或服务仅仅在规划区域内的空间或者土地利用上占有一定的份额,而不是全部或大多数份额,也就是说,旅游功能在空间上是不连续的。

在功能上,规划区域内的土地往往只有一部分具有旅游功能,其他土地则为非旅游业用地。

空间布局方法有如下四类。

(一)以旅游城市为中心的产业布局

城市是重要的旅游目的地,良好的城市整体形象、科学的旅游功能分区、完善的旅游服务设施、优美的城市环境、深厚的城市文化底蕴,以及全体市民健康、积极的旅游意识是构成城市旅游吸引力的重要组成部分。因此,一座城市就应该是一个旅游目的地。

作为旅游目的地,城市为旅游产业的发展奠定了稳定的市场客源基础;同时,城市发达的经济、社会、文化水平以及资金、技术、信息等条件又为旅游产业的发展奠定了雄厚的物质基础。因此,在现代旅游产业的发展中,以城市为中心的旅游产业占有至关重要的地位。

旅游产业空间布局常常以旅游城市为核心。在空间上,城市是旅游产业布局的极点和核心,其外围则星罗棋布般分布着环城游憩带、次一级旅游地和旅游吸引物聚集体。众多的以旅游城市为中心的旅游产业集群通过各种旅游交通线路紧密地连接在一起,使宏观上的旅游产业布局亦呈现出一定的点网状分布特点。

(二)以旅游经济区为面状辐射的产业布局

旅游经济区包括旅游景区、旅游城镇、旅游村落和旅游通道四个空间要素,所有产业要素向这四个空间集中,形成产业集群,发挥聚集效应,形成一个集吃、住、行、游、购、娱于一体的完整的旅游产业链。这些功能不一、层次不同的行业、部门在一定的地域范围内聚集在一起,共同服务于相似的旅游消费者。

其中,旅游景区在旅游经济区中处于核心地位,旅游景区优美的景色和极强的吸引力往往是旅游者来此旅游的原始动力。旅游城镇和旅游村落为旅游者的旅游活动提供综合配套服务。旅游通道是连接旅游景区、旅游城镇、旅游村落的景观连线。旅游经济区内部各组成部分功能、作用的不同导致其在空间布局上的不同,呈现出明显的特征,即旅游经济区内部次一级的空间布局常常以旅游景区为中心,其外围或边缘分布着旅游城镇、旅游村落、旅游交通等相关产业,呈现出显著的放射状分布特点。

(三)以优先开发区为重要支撑的产业布局

在规划区内,根据旅游资源分布和空间组合特征,确定优先发展旅游区,是区域旅游规划工作的重点任务之一。旅游区是以旅游资源联系为基础,具有完整的管理机构、服务设施、能够独立开展旅游活动的区域;而优先发展旅游区是指以开展旅游活动为主要功能,旅游业在区域经济中占有重要地位的地区。判断一个地区能够成为重点旅游区的条件包括:具有较强吸引力和竞争力的旅游资源、便捷的区际交通网络、完备的服务设施、健全的组织管理机构。确定优先发展区后，还必须确定其名称、范围、主要景点，分析其资源特色，提出开发利用方向，确定其功能定位和市场定位。

优先开发区也称为精品旅游区。优先开发区在区域旅游开发中起着典型示范作用，通过优先开发区的建设来带动整个区域旅游的发展。

(四) 以交通干线为经济带的产业布局

依托交通主干线，如国道、省道、高速公路和旅游快速通道，通过合理的交通组织，处理好沿线旅游城市、旅游城镇、重点旅游景区之间协调互动关系。在较大的区域范围内，可以旅游线路为主脉，沿线开发相关景点，进行旅游服务"六要素"配套建设，形成各具特色和功能的旅游线路；也可以若干景点为支点，形成一个环状的旅游线。如桂林市以桂林市区和阳朔县城为两个支点，由漓江水路交通和桂阳公路陆路交通组成一个环状的旅游线。

四、旅游空间布局的表达方法

(一) 区域旅游空间基本要素

区域旅游空间结构中的基本要素包括点、线、网络和域面。

1. 点

旅游空间结构中的点就是旅游节点，主要包括旅游目的地、中心地、景区、景点等。旅游节点存在特定的职能体系，各节点之间的关系可分为以下五种。

(1) 从属关系。

从属关系反映低级旅游节点对高级节点在旅游职能上的隶属关系。

(2) 共生关系。

共生关系，即两个节点互利共生，可以互通有无。

(3) 依附关系。

依附关系，即两个节点偏利共生，一方依附于另一方而存在和发展。

(4) 松散关系。

松散关系，即两个节点关系模糊，若即若离，缺乏联系。

(5) 排斥关系。

排斥关系，即同质的节点之间为争夺客源市场等资源而发生利益冲突。

2. 线

线状要素主要是指规划区内各种交通线路。交通线路是旅游区发展的先决条件，包括区域内部的线路组织，以及与外部的交通联系。

3. 网络

网络是节点和线路的结合体，特指旅游区内各种交通线路的空间分布体系。旅游网络系统大体有放射状网络、扇形网络、轴带网络、过境网络等四种分布模式。

4. 域面

域面要素是区域内某些旅游资源在地理空间上所表现出的面状分布或密集分布状态，对应单个旅游功能区。

（二）旅游空间布局"三定"方法

吴人韦（1999）将旅游空间布局的方法概括为"三定"，即定位、定性、定量。

1. 定位

定位就是确定旅游景区或旅游建设项目的位置。常用的旅游空间布局定位的方法有以下四种。

（1）认知绘图法。

认知绘图法即通过综合旅游者对地区形象的认知，计算出每个旅游节点或功能区的位置分数，以此作为空间布局的依据。

（2）综合区划法。

综合区划法又称聚合区划法或向上区划法，是指通过逐渐合并相邻或相似的小的空间单位而展开的旅游功能分区区划。

（3）分解区划法。

分解区划法是与综合区划法思路相反的区划法，即按一定原则和逻辑将较大的规划区整体分解为若干旅游功能区的方法。

（4）二元区划法。

二元区划法是建立在一系列二元决策（通常为"是/否"）基础上的一种逻辑划分方法。

2. 定性

定性就是对已定位的旅游规划地、旅游功能区、旅游景区（点）、旅游项目进行分类、命名，确定功能和级别，以明确各自特色、主题、功能和发展方向，确定各区域之间的分工协作关系。

3. 定量

定量就是确定旅游规划地、旅游功能区、旅游景区（点）、旅游项目的位置、边界和占地面积。在旅游区总体规划中，一般用虚线在地图上圈画；在自然保护区、森林公园、世界遗产地及旅游区详细规划中，需要精准确定各项用地的控制性坐标和标高。

五、旅游空间布局的模式

学者们总结的旅游空间布局的模式主要有五种。

1. 同心圆式布局模式

同心圆式布局模式由理查德（Richard）于1973年提出，主要用于国家公园的空间布局，包括核心区、缓冲区和开放区，三大布局区域由内到外形成一个同心圆（见图7-4）。核心区严格限制甚至禁止游客进入，缓冲区通常规划一些野营、划船、越野、观景点等服务，最外围的开放区则为游客提供餐饮、住宿、购物、娱乐等设施和服务。

2. 环核式布局模式

环核式布局模式的核心是某个景区，酒店、餐馆、商店、娱乐设施等环绕这一核心布局。各种设施与核心景区之间有道路相连，形成圆环（见图7-5）。

3. 双核旅游空间布局模式

双核旅游空间布局模式由特拉维斯（Trveis）于1974年提出。双核是旅游接待设

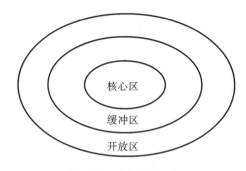

图 7-4 同心圆式布局

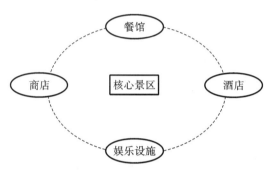

图 7-5 环核式布局

施、娱乐设施集中的两个社区：度假城镇和辅助型服务社区。其中，辅助型服务社区位于自然保护区的边缘，可以集中布局观景台、餐饮设施、购物设施等（见图7-6）。该模式为满足游客需求与自然保护提供了商业纽带。

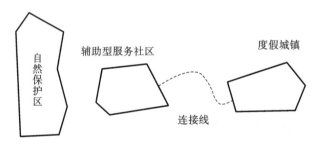

图 7-6 双核旅游空间布局模式

4.社区-吸引物空间布局模式

社区-吸引物空间布局模式由冈恩（Gunn）于1965年提出。它是以旅游城镇、乡村社区、度假酒店等社区为旅游服务中心，若干旅游吸引物在外围分散布局，并用旅游交通线连接服务中心与各个旅游吸引物（见图7-7）。

5.海滨旅游空间布局模式

海滨旅游空间布局模式，一般是从海水区、海岸线到内陆，依次布局海上活动区、海滩活动区和陆上活动区。其中海上活动区包括养殖区、垂钓区、海滨浴场、游艇船坞等，海滩活动区包括滨海公园、沿海植物带、娱乐区、野营区等，陆上活动区包括餐饮区、交通线、旅游住宿区、游客中心、购物区等（见图7-8）。从陆上活动区到海面，旅游设施或建筑物的高度逐次降低。

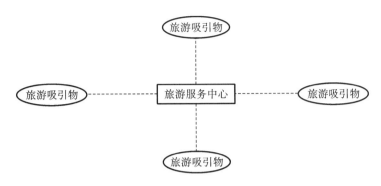

图 7-7　社区-吸引物空间布局模式

图 7-8　海滨旅游空间布局模式

六、典型旅游区的旅游功能分区

旅游功能分区是在旅游空间布局的指引下，依托一定的空间区域面积，营造不同属性与功能的区域结构，每个区域结构有着自己的个性和主题，要与其他功能区加以区分。不同旅游区类型的旅游功能分区存在一定的差异性。

1. 国家公园

国家公园是指以保护具有国家代表性的自然生态系统为主要目的，实现自然资源科学保护和合理利用的特定陆域或海域。国家公园是国家自然生态系统中最重要的且自然景观最独特，以及自然遗产最精华、生物多样性最富集的部分，它的保护范围大，生态过程完整，具有全球价值，是国家的象征，国民认同度高。

国家公园是我国自然保护地中最重要的类型。2018年初，党和国家机构的相关文件中明确提出，要加快建立以国家公园为主体的自然保护地体系。2022年，我国首批五个国家公园(三江源国家公园、大熊猫国家公园、东北虎豹国家公园、海南热带雨林国家公园、武夷山国家公园)正式设立。为了正确地处理好公园保护与利用的关系，一般把国家公园划分为3~5个不同的功能区，包括生态保护区、特殊景观区、历史文化区、游憩区和一般控制区。

世界公认的第一个国家公园是美国的黄石国家公园。在美国国家公园管理模式中，将国家公园内部土地利用划分为不同的区域，以实施分区控制，这就是分区制。分区制是国家公园进行规划、建设和管理的最重要手段，用以保证国家公园的大部分土地及其生物资源得以保存原来的状态，把人为的设施限制在最小范围内。

2. 风景名胜区

风景名胜区是指具有观赏、文化或者科学价值，自然景观、人文景观比较集中，环境优美，可供人们游览或者进行科学、文化活动的区域。风景名胜包括具有观赏、文化或科学价值的山河、湖海、地貌、森林、动植物、化石、天文气象等自然景物和文物古迹,以及革命纪念地、历史遗址、园林、建筑、工程设施等人文景物和它们所处的环境以及风土人情等。

根据我国《风景名胜区总体规划标准》(GB/T 50298—2018),风景名胜区内一般可分为五个功能区:

(1)特别保存区。

特别保存区生态价值高,不对游客开放,仅允许科研人员进入考察研究,如自然保护地的核心区。

(2)风景游览区。

风景游览区的美学价值较高,可以开展游览、审美、创作体验等活动,不允许建立机械交通和过夜设施,可修步行道及建立解说系统。

(3)风景恢复区。

风景恢复区特指景观遭到破坏的区域,需要进行生态修复,暂停对外开放。

(4)旅游服务区。

为区内游憩区,可修建游客接待中心、停车场等,可设置过夜设施,以安全、卫生、简朴为原则,不建豪华宾馆,可修建公路。

(5)发展控制区。

风景名胜区内一般都有村落和农田,要考虑区域内居民的发展,改变粗放农业,发展生态农业,控制村落建筑的高度、体量和形式,使之与风景区的景观协调。结合旅游业的发展,鼓励当地人参与旅游服务业,如开办家庭旅馆等,考虑他们的利益。

此外,为了保护风景区的完整性,还要确定外围保护地带,防止污染和不协调的开发建设对风景区造成不良影响。

知识拓展 7-4

3.森林公园

森林公园是以良好的森林景观和生态环境为主体,融合自然景观与人文景观,利用森林的多种功能,以开展森林旅游为宗旨,为人们提供具有一定规模的游览、度假、休憩、保健疗养、科学教育、文化娱乐的场所。

森林公园因地制宜地设置不同功能区,主要有游览区、游乐区、狩猎区、野营区、休(疗)养区、接待服务区、生态保护区、生产经营区、行政管理区、居民生活区等。

(1)游览区。

游览区是供游客游览观光的区域,主要用于景区建设,在不降低景观质量的条件下,为方便游客及充实活动内容,可根据需要适当设置一定规模的饮食、购物、照相等服务项目。

(2)游乐区。

游乐区主要针对距城市 50 千米之内的近郊森林公园。为弥补景观不足,吸引游客,在条件允许的情况下,建设大型游乐与体育活动项目时,应单独划分区域。

(3)狩猎区。

狩猎区是供建设狩猎场的区域。

(4)野营区。

野营区是为开展野营、露宿、野炊等活动的区域。

(5)休(疗)养区。

休(疗)养区是主要用于游客的休憩疗养、增进身心健康的区域。

(6)接待服务区。

接待服务区主要是相对集中建设宾馆、饭店、购物、娱乐、医疗等接待服务项目及其配套设施的区域。

(7)生态保护区。

生态保护区是以涵养水源、保持水土、维护公园生态环境为主要功能的区域。

(8)生产经营区。

生产经营区是从事木材生产加工、林下种植和养殖等非森林旅游业的各种林业生产区域。

(9)行政管理区。

行政管理区是供森林公园管理部门修建办公场所、仓库、车库、停车场等的区域。

(10)居民生活区。

居民生活区是供森林公园职工及公园境内居民集中建设住宅及其配套设施的区域。

4. 自然保护区

自然保护区是指对有代表性的自然生态系统和珍稀、濒危野生生物种群的天然生存环境的集中分布区以及有特殊意义的自然遗迹等保护对象所在的区域,依法划出一定面积予以特殊保护和管理的区域。

我国的自然保护区一般分为核心区、缓冲区和实验区。

(1)核心区。

自然保护区内保持完好的天然状态的生态系统以及珍稀、濒危动植物的集中分布地,应当划为核心区。自然保护区的核心区禁止任何人进入,因科学研究的需要,必须进入核心区从事科学研究观测、调查活动的,应当事先向自然保护区管理机构提交申请和活动计划,并经省级以上人民政府有关自然保护区行政主管部门批准。进入国家级自然保护区核心区的,必须经国务院有关自然保护区行政主管部门批准。

(2)缓冲区。

缓冲区位于自然保护区核心区外围地带。缓冲区内禁止开展生产经营活动。因教学科研需要进入从事非破坏性的科学研究、教学实习和标本采集活动的,应当事先向自然保护区管理机构提交申请和活动计划,经自然保护区管理机构批准方可实施。

(3)实验区。

实验区位于缓冲区外围地带。可以进入从事科学实验、教学实习参观考察、旅游以及驯化、繁殖珍稀、濒危野生动植物等活动。

5. 旅游度假区

旅游度假是以游客调整身心、放松自我、娱乐休闲为目的,以体验和享受为主要形式,以舒适环境、趣味活动、特色服务为吸引物的旅游方式。

爱德华·因斯克普等人通过研究发现,旅游度假地的形成取决于以下九个条件:旅游吸引物具有特色;拥有与开发类型相适应的气候条件;自然环境有吸引力;有足够的可供开发利用的土地;交通便捷;拥有供水、供电、通信等基础设施;没有过度污染;当地居民积极支持旅游业发展;有充足的劳动力资源。

旅游度假区一般包括以下七个分区：

(1)公共设施区。

公共设施区可以规划建设行政管理机构、商业服务、旅游接待及会议中心等。

(2)度假居住区。

度假居住区可以规划建设度假别墅、度假公寓、休养所、生活居住区等。

(3)游乐观光区。

游乐观光区主要规划自然观光、自然游乐、文物古迹观光、人工游乐等方面的活动项目。

(4)文化娱乐区。

文化娱乐区主要规划影视欣赏、电子游戏、室内娱乐、特色表演等项目。

(5)运动区。

运动区主要规划水上运动(包括游泳、游艇、赛艇、冲浪、帆板、摩托艇等)、冰上运动、沙滩运动、陆上运动(包括高尔夫、赛马、球类、田径等)等项目。

(6)轻加工产业区。

轻加工产业区可以规划建设后勤服务产业开发区、工艺品及土特产加工区、高科技项目研发区,以及传统的拳头产品(如老字号)生产、展示及交易中心等。

(7)供应设施区。

供应设施区可以规划建设水、电、交通、环保、环卫、通信、仓储等设施。

6. 地质公园

地质公园是以具有特殊地质科学意义、稀有的自然属性、较高的美学观赏价值,具有一定规模和分布范围的地质遗迹景观为主体,融合其他自然景观与人文景观而构成的一种独特的自然区域。地质公园是地质遗迹景观和生态环境的重点保护区,是地质科学研究与普及的基地。

根据国家林业和草原局2019年修订的《国家地质公园规划编制技术要求》功能区的划分,依据土地使用功能的差别、地质遗迹保护的要求,结合科普教育、社区发展和旅游活动的需求,在公园或独立的园区范围内,可酌情划分出如下功能区：

(1)地质遗迹景观区。

地质遗迹景观区是以地质遗迹景观为主,包含重要自然景观的分布的区域。

(2)人文景观区。

人文景观区是有一定的历史古迹、古典园林,体现宗教文化、民俗风情等的游览观光区域。

(3)综合服务区。

综合服务区主要包括公园大门、地质广场、博物馆、影视厅,以及提供游客服务与公园管理的区域。

(4)居民点保留区。

居民点保留区是园内规划保留的居民点用地。

(5)自然生态区。

自然生态区是除地质遗迹景观区、人文景观区、综合服务区和居民点保留区外,处于自然环境状态的区域。

7. 露营地

露营地是具有一定自然风光的,可供人们使用自备露营设施外出旅行短时间或长时间居住、生活,配有运动游乐设备并安排有娱乐活动、演出节目的公共服务设施(李晓琴、朱创业,2021)。露营地是占有一定面积,安全性有保障的娱乐休闲小型社区。

根据所处环境的不同,露营地可划分为以下六种类型:山地型露营地、海岛型露营地、湖畔型露营地、海滨型露营地、森林型露营地、乡村型露营地。

露营地通常会有停车区、生活区、娱乐区、运动休闲区等功能区。

本章要点

(1)旅游定位是指某一旅游发展主体在一定的环境中的相对位置。旅游定位主要包括:旅游主题形象定位、旅游功能定位、旅游发展目标定位、旅游产业定位、旅游产品定位等。

(2)旅游主题形象定位是指为将旅游地形象深入传播到潜在旅游者心中,并占据一定的位置,而对旅游资源及其产品特色进行高度概括的行为。旅游主题形象定位策略包括超强定位策略、近强定位策略、对强定位策略、避强定位策略、重新定位策略五种类型。

(3)旅游功能定位是在旅游发展目标的指导下,以当地拥有的历史文化和资源条件为基础,对旅游规划地功能的系统设计和安排。规划区的旅游功能总体来说可以分为经济功能、社会功能和生态功能三个方面。

(4)旅游口号是以旅游地形象定位为前提,以目的地旅游资源为基础,将旅游地最具优势的特征提炼成能激发旅游者前来游览的营销卖点或简洁承诺。旅游口号内容要体现地方独特卖点,体现美与健康的旅游需求特征,突出时代特征,语言具有广告效应。旅游口号的创意模式主要有三种:资源/游客导向模式、原型模式、具象/抽象模式。

(5)旅游规划中的旅游发展战略一般分为两类:一是普遍性战略;二是针对性战略。普遍性战略主要包括政府主导战略、资源整合战略、创新战略、区域联动战略、人才战略等;针对性战略主要包括差异化战略、文旅融合战略、转型战略、捆绑战略等。

(6)旅游空间布局是在旅游功能分区的基础上对规划区域空间部署形态进行可视化表达。旅游空间布局的原则主要有:游客导向原则、主题功能分区原则、完整性原则、服务集中与游览分散原则、旅游资源和环境保护原则。

(7)旅游空间布局的模式主要有五种:同心圆式布局、环核式布局、双核旅游空间布局模式、社区-吸引物空间布局模式、海滨旅游空间布局模式。

核心概念

旅游定位　tourism positioning
旅游主题形象定位　tourism theme image positioning
旅游功能定位　tourism function positioning
旅游发展目标定位　orientation of tourism development objectives
旅游口号　tourism slogan
旅游发展战略　tourism development strategy
旅游空间布局　tourism spatial layout

思考与练习

一、选择题(请扫描边栏二维码)

二、简答题

1. 请思考旅游定位的类型。
2. 请思考旅游主题形象的定位策略。
3. 请思考旅游口号设计应遵循的原则。
4. 请思考旅游口号的创意模式。
5. 请思考旅游发展的战略。
6. 请思考旅游空间布局的原则。
7. 请思考旅游空间布局的模式。

三、实践操作题

1. 请根据旅游口号的设计原则和创意模式，设计一个你家乡的旅游口号或熟悉的旅游目的地的旅游口号。3～4人为一个小组，根据旅游口号评价的"两轮检验法"，进行旅游口号互评。

2. 请结合具体旅游规划案例，尝试给出或者优化某个旅游目的地/景区的旅游空间布局。

推荐阅读

1. 杨晓霞,向旭.旅游规划原理[M].北京:科学出版社,2013.
2. 冯学钢,吴文智,于秋阳.旅游规划[M].2版.上海:华东师范大学出版社,2017.
3. 李燕琴,吴必虎.旅游形象口号的作用机理与创意模式初探[J].旅游学刊,2004(1).
4. 马梅.格式塔——旅游地形象宣传口号的原型分析[J].城市规划汇刊,2004(3).

5.徐尤龙.基于品牌理论的旅游目的地口号资产价值研究[M].北京:科学出版社,2017.

6.曲颖,周曦.旅游目的地口号的记忆效应和说服效应——以国内海滨目的地为例的整合研究[J].经济管理,2018(7).

第八章
旅游产品、项目与线路规划

学习引导　旅游产品是旅游规划和游客体验的核心内容。旅游项目是旅游产品的组成部分。旅游线路是旅游者的活动轨迹，串联旅游项目。旅游商品开发能够创造经济效益。然而，这一切都需要创新创意，需要让游客满意。那么，什么是旅游产品？旅游项目如何创意？旅游路线和旅游商品该如何规划？通过本章的学习，让我们来了解旅游产品规划、旅游项目策划、旅游线路设计和旅游商品规划的相关内容。

学习目标

（一）知识目标

1. 了解：旅游产品和旅游线路的类型、旅游商品规划。
2. 理解：旅游产品和旅游线路的概念及规划设计原则。
3. 掌握：旅游产品规划、旅游项目创意与旅游线路设计的方法。

（二）能力目标

1. 能够运用所学知识从事旅游产品规划、旅游项目策划、旅游线路设计和旅游商品规划实践。
2. 能够运用所学知识分析和评价旅游规划案例中的旅游产品规划、旅游项目策划、旅游线路设计和旅游商品规划。

（三）价值塑造目标

1. 弘扬集体主义作风，培养学生团队合作、勇于探索、勇于创新的精神。
2. 培养学生理论与实践相结合的学习态度和工作作风，增强职业使命感和认同感。

思维导图

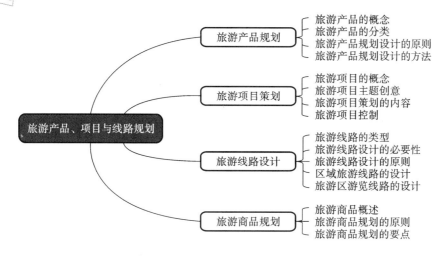

案例导入 8-1

第一节 旅游产品规划

一、旅游产品的概念

旅游资源经过规划、开发建设形成旅游产品。旅游产品是旅游活动的客体与对象(《旅游规划通则》(GB/T18971—2003))。就旅游规划而言,旅游产品是为了满足旅游者游览和休闲需要而开发建设的供旅游者欣赏、使用或购买的对象,其主要形式是旅游景区、旅游景点等游览项目,核心功能是满足旅游者的某种体验需求。

旅游规划的核心是旅游产品规划(范业正,1998)。旅游产品规划的成果不仅仅是制作精美的旅游规划文本和图集,还要具有创造性、效益性和科学实践性。只有这样,才算得上是科学的旅游产品规划。

二、旅游产品的分类

(一)按旅游产品的性质分类

根据旅游产品的性质不同,一般将旅游产品分为观光旅游产品、度假旅游产品和专项旅游产品。

1. 观光旅游产品

观光旅游产品是一种供游客观看、欣赏的旅游产品,可分为自然观光产品(如桂林山水)和人文观光产品(如八达岭长城)两大类。观光旅游产品属于旅游行为的基本层次,主要为了满足旅游者求新求异的心理,是我国较常见、占比较大的旅游产品。

2. 度假旅游产品

度假旅游产品对环境质量、旅游设施和气候舒适度要求较高，游客在旅游目的地逗留的时间比较长、重游率高，主要进行休养和娱乐健身活动。常见的度假旅游产品主要有海滨度假、湖滨度假、山地度假、温泉度假、森林度假、乡村度假等。

3. 专项旅游产品

专项旅游产品是满足旅游者某一方面个性需要的专门化、主题化、特种化的旅游产品，是旅游产品发展的高级阶段。常见的专项旅游产品主要有体育旅游产品、节庆旅游产品、会展旅游产品、研学旅游产品、科考旅游产品、狩猎旅游产品等。

（二）按旅游产品的功能分类

按照旅游产品的功能，可以划分为基础型旅游产品、提高型旅游产品和发展型旅游产品。这三个层次内部存在递进关系。该分类主要从客源面、游客花费、游客旅游天数、游客参与程度、游客得益程度来划分。

1. 基础型旅游产品

基础型旅游产品泛指观光游览型旅游产品，这类产品游客参与程度不高，但客源面，可适应不同类别旅游者。

2. 提高型旅游产品

相对于观光游览型产品，提高型旅游产品的游客参与程度较高，花费的费用、时间增加，但客源面变窄，可适应部分旅游者，如休闲旅游者、度假旅游者等。

3. 发展型旅游产品

相对于观光游览与休闲度假型旅游产品，发展型旅游产品的游客参与程度最高，花费的费用、时间也有所增加，客源面更窄，可适应部分专门类别旅游者，如探险旅游者、研学旅游者、文化体验旅游者、SPA旅游者等。

（三）按旅游产品的地位分类

按照旅游产品在规划区所处的地位，可以将旅游产品分为核心旅游产品、重点旅游产品和配套旅游产品。

1. 核心旅游产品

核心旅游产品是规划区的王牌产品、拳头产品和导向性产品，对旅游市场具有引导作用，是竞争力最强的旅游产品，也是最能展现和强化旅游地形象的产品，一般一个规划区只能有一个核心旅游产品。

2. 重点旅游产品

重点旅游产品是规划区整个产品体系的主要支撑，仅次于核心产品，一个规划区可以有几个重点旅游产品。

3. 配套旅游产品

配套旅游产品不具备强大的市场吸引力，但它可以丰富规划区的旅游产品结构，满足小众游客的某种个性化需求，可以多个并存。

（四）按旅游者的参与程度分类

根据旅游者在旅游产品消费过程中的参与程度，可将旅游产品分为观赏型旅游产品、主题型旅游产品、参与型旅游产品和体验型旅游产品。

1. 观赏型旅游产品

观赏型旅游产品主要是供旅游者"饱眼福",缺乏可参与性活动,难以满足旅游者的个性化需求。如游客来桂林乘船游览漓江就属于传统的观赏型旅游产品。

2. 主题型旅游产品

主题型旅游产品要求其内在的各个组成部分之间需要存在某些历史、文化等方面的联系,要能提炼出一个主题。这类旅游产品通常以旅游线路的方式出现,如中国六大古都游、江南古典园林之旅、中国古镇游、三国古迹游等。

3. 参与型旅游产品

参与型旅游产品要尽量调动旅游者的积极性,使其旅游方式由被动接受转为主动参与,让旅游者在整个旅游活动中扮演重要的角色。例如,游客参与傣族的泼水节狂欢、清明上河园中的绣楼招亲等。

4. 体验型旅游产品

体验型旅游产品强调的是旅游者在旅游过程中的体验和感受,是参与性最强的一类旅游产品。常见的体验型旅游产品有漂流、滑雪、登山、探险、攀岩、蹦极等,这些项目对旅游者产生了强烈的感官刺激,给旅游者留下了深刻的印象。

三、旅游产品规划设计的原则

知识链接 8-1

旅游产品规划设计的原则主要有资源依托原则、市场导向原则、主题突出原则、文化挖掘原则、特色体验原则、品牌化原则、产品系列化原则等。旅游产品的规划设计要以当地的旅游资源为基础,以市场需求为导向,突出主题特色,注重游客体验和品牌化塑造。

旅游产品的文化挖掘主要体现在三个方面:一是要注重文化内涵的挖掘与丰富;二是要注重文化的表现形式;三是要突出旅游过程中的文化性。

四、旅游产品规划设计的方法

旅游产品规划设计的方法主要有以下四种。

1. 寻求特色差异法

追新求异是绝大多数旅游者外出旅游的基本动机。旅游地应从文化差异的角度,设计与旅游者常住地存在较大差异的旅游产品,以增强旅游产品的吸引力和竞争力。

2. 寻找文化认同法

虽然大部分旅游者的出游动机是寻求差异,但人们内心深处会对自己熟悉的或经历过的事物感兴趣,有文化认同感和怀旧情结。寻求文化认同是旅游体验的高级形式,有利于提升游客的忠诚度和重游率。

3. 逆向思维法

采用与旅游者的惯常思维逆向而行的方法设计旅游产品,能够突出新意和特色。例如,传统动物园的旅游产品模式为"人在笼外看动物",野生动物园的旅游产品模式则改为"人在(车)笼中看动物"。

4. 因地制宜法

旅游产品规划设计应从当地的旅游资源、社会经济发展水平、旅游设施的完善程度等条件出发，因地制宜，不能生搬硬套其他地区的成功模式。

第二节　旅游项目策划

一、旅游项目的概念

关于旅游项目的概念，目前业界还没有达成共识。刘俊（2004）认为，旅游项目是指为完成旅游开发目标而规划的投资、政策、机构、策划等方面的综合体。刘琴（2011）从规划设计的角度，将旅游项目界定为一种设施或是活动。旅游项目是旅游资源向旅游产品转化的桥梁，是旅游产品的具体支撑和核心组成部分，是旅游规划和旅游开发的重点。旅游项目策划作为策划的一种，是依据旅游市场的需求和旅游地的资源优势，对该旅游地的旅游项目进行定向和定位的过程（宋文丽，2000）。

本书采纳马勇等（2020）的定义，认为旅游项目是指借助于旅游资源的开发，以旅游者和旅游地居民为吸引对象，为其提供休闲消遣服务的旅游吸引物。旅游项目是在调查、分析和研究的基础上，运用智力为旅游地开发提出发展主题及整体运筹规划概念的过程。旅游项目可大可小，一个景点可以成为一个项目，一项旅游活动可以成为一个项目，一栋建筑可以成为一个项目，旅游目的地的一种美食甚至一个景观带等都可以成为一个旅游项目。在正式开始旅游项目设计之前，首先要从旅游资源、旅游市场、市场竞争态势角度进行基础性分析。

二、旅游项目主题创意

旅游项目主题是指旅游项目的核心内容和基本思想，主题选择是对旅游项目核心内容和基本思想的确定。

（一）旅游项目主题选择的原则

马勇等（2020）认为，旅游项目主题必须符合八个方面的要求，分别是针对性、本土性、适应性、独特性、新颖性、文化性、持续性和延展性。其中，针对性、本土性、适应性、独特性属于基本要求，新颖性、文化性、持续性和延展性属于较高要求。这些要求也就是策划者在进行主题构思时必须考虑的基本内容。

知识链接 8-2

（二）旅游项目创意的方法

旅游项目创意的方法有头脑风暴法、时空搜寻法、智能放大法、逆向思维法、优势组合法、联想策划法、类比策划法、借鉴引进法、问题分析法等。

1. 头脑风暴法

头脑风暴法是通过成员之间的知识、经验、灵感的互相激励，由各成员大胆设想，提出建议,最后由集体讨论决定采纳哪些项目创意。在使用这种方法进行策划时,组织者要明确策划的主题,提供必要的相关信息,创造一个自由的空间,让各位成员充分表达自己的想法。头脑风暴法的最大特点在于能够在短时间内获取广泛的信息与创意,互相启发,集思广益。

2. 时空搜寻法

时空搜寻法是指从时间轴和空间轴两个维度搜寻本地区位、市场和资源条件最佳交叉点的方法,通过此法能够挖掘旅游地的地脉和文脉特色。

3. 智能放大法

智能放大法先对事物有全面和科学的认识,在此基础上对事物的发展做出夸张的设想,然后运用这种设想对具体的项目进行策划。这种策划方法容易形成公众舆论的焦点,进而提高知名度。

4. 逆向思维法

从事物的另一面去观察分析,通常能突破传统思维框架束缚,找到利用正向思维所不能发现的、全新的解决方案,这就是逆向思维法,是一种成功率较高的方法。逆向思维法通常要求策划者从旅游者和竞争者的角度去考虑项目的构思设计。

5. 优势组合法

优势组合法是将旅游项目的资源、市场、资本、管理、营销等各方面的优势科学合理地组合、联结在一起,使策划者最大限度地利用和发挥这些优势,构建新颖独特的项目。

6. 联想策划法

联想策划法是指通过由此及彼的联想对旅游项目进行创新的方法。联想策划法的具体实施方法很多,最常用的有相关联系法、序列联系法和强制关联法。

7. 类比策划法

类比策划法是将两个思考对象进行比较,根据它们的某些相似特征,推断出它们可能具有的其他相似特征的策划方法,即从已知项目创造出未知项目的方法。

8. 借鉴引进法

借鉴引进法是选取国内外旅游资源相近的一些有代表性的旅游地进行案例借鉴,分析案例地的项目背景、现状、特色与成功经验,最后在此基础上创新性地借鉴、改进某些项目。

9. 问题分析法

问题分析法是从旅游者调查入手,询问其对旅游地的旅游需求、发现的问题,以及对旅游地项目规划和创意的想法,根据旅游者的启发来进行旅游项目创意。

三、旅游项目策划的内容

(一)旅游项目的名称

旅游项目的名称是旅游项目策划的一个重要内容,是连接旅游项目与旅游者的桥梁。旅游项目命名要准确、有新意和吸引力,力争通过一个有创意的名称,吸引广大旅游者。

知识拓展 8-1

(二)旅游项目的主题

主题是项目的灵魂,体现了旅游地和旅游企业的目标和特色。项目主题鲜明与否,影响着旅游地或旅游企业是否拥有吸引力和竞争力,决定着项目开发效果的好坏。项目主题策划必须深入研究旅游地或旅游企业的发展目标、自身特色和优势,以及旅游者的需求特征和规律。只有这样,才能保证项目主题确切、新颖、鲜明、形象化,从而获得旅游者的好感,保证项目成功。

(三)旅游项目的功能

旅游者所能直接体验的是旅游项目的功能,进而深层次体验旅游项目的性质与主题。在策划过程中,策划者应明确项目的主导功能是观光型、度假型、专项型项目,还是复合型项目。

(四)旅游项目的市场策划

项目的市场策划,是策划者通过对与项目产品市场紧密相关的各种要素进行系统的分析、组合,对项目未来的市场和市场行为进行全方位的超前筹划。项目的市场策划由市场机会策划和市场营销策划两部分组成。

市场机会策划是对项目市场机会的分析、识别、捕捉、创造,进而选择占领目标市场的投资策略谋划。市场营销策划是根据项目现有的优劣势状况和既定的项目总目标,制定出市场营销目标,并就实现目标的过程、对策及措施进行创造性筹划设计。

(五)旅游项目的选址和规模

为了保证项目的落地性和可操作性,旅游项目应具有一定的空间特征,项目策划要明确给出每一个项目大致的地理位置和占地面积。此外,还要考虑旅游项目的整体布局和建筑风格等。

(六)旅游项目的投融资策划

项目投融资策划应根据项目的性质、规模,对项目设立所需的资金数量进行估算,制订项目资金投入计划,设计合理的资金筹措渠道和方式,以保证项目资金按时、足额到位,使建设按照策划方案有序进行。

四、旅游项目控制

旅游项目控制是对旅游开发项目进行评价、遴选和再设计的过程,能够规范旅游项目落地。

1.旅游项目控制的原则

旅游项目控制的原则包括独特性原则、市场导向原则、因地制宜原则、综合效益最优原则和可持续发展原则(唐代剑等,2016)。

遴选旅游项目主题时,可以考虑如下标准:身临其境、情感体验、寓教于乐、穿越时空、营造梦想。

2.旅游项目创意评价

面对众多的旅游项目创意,如何进行取舍与筛选就涉及创意的评价问题。在进行旅游项目或产品的创意选择时,可以借鉴禹贡和胡丽芳(2005)的"旅游项目及产品创意评价表"(见表 8-1)。根据旅游市场需求、开发难度、主题形象、旅游容量、投资规模、资源状况、发展机会、竞争态势、安全与环境保护等创意评分因素进行逐项评分,然后加权计算项目得分。通过评分计算,得分在 0~4.0 分为平庸创意,得分在 4.1~7.5 分为一般创意,得分在 7.6~10.0 分为优秀创意。

表 8-1 旅游项目及产品创意评价表

创意评分因素	加权 A	创意评分等级 B										得分 A 乘 B
		1	2	3	4	5	6	7	8	9	10	
旅游市场需求	0.15											
产品销售情况	0.15											
开发难度	0.10											
主题形象	0.10											
旅游容量	0.10											
投资规模	0.10											
资源状况	0.10											
安全与环境保护	0.10											
发展机会	0.05											
竞争态势	0.05											
合计	1.00											

3.旅游项目设计控制

(1)项目选址。

旅游项目选址首先要考虑旅游资源条件,选择旅游资源密集且符合建设条件的最佳地点;其次要具备便利性和可达性(探险旅游除外),方便旅游者进入;再次要尽量选择经济成本最优的地方;最后要满足项目本身的特殊需求,如人流量大的项目必须选址在空间开阔的地方。

(2)项目功能控制。

项目设计时必须明确每个项目的功能。旅游项目的功能设计包括两个方面:一是该项目对旅游者有什么功能,是游憩还是服务,是观赏还是参与体验;二是该项目对整个旅游区的主题形象有什么作用,或在旅游空间布局中有什么功能。

(3)建设方案控制。

在控制性详细规划中,旅游项目的建设方案要翔实并符合控制性详细规划的有关要求。建设方案的设计还必须让旅游者满意,要做到使用方便、新颖美观、清洁环保。

第三节　旅游线路设计

旅游线路是指在一定的区域内，为使旅游者能够以最短的时间获得最大的旅游效用，由交通线把若干旅游点或旅游城镇合理地贯穿起来，并具有一定特色的游览路线。旅游线路是联结旅游需求与旅游供给的纽带，是实现旅游者旅游欲望的重要条件。旅游线路是旅游者的旅游轨迹，是一种综合性的旅游产品。

一、旅游线路的类型

(一)按空间跨度分类

1. 大中尺度旅游线路

大中尺度旅游线路是联系旅游客源地和一系列旅游目的地的旅游路径。它以城镇和旅游区为线路中的节点，把航空线、铁路线、公路线、水路线有机串联，涉及的空间范围较大，主要用于旅游发展规划。

2. 小尺度旅游线路

小尺度旅游线路是旅游区或景区内以游道、绿道等串联各个景点的游览线路，其涉及的空间范围较小，主要用于旅游区规划。

(二)按属性组合分类

1. 周游型线路

周游型线路以交通线串联若干旅游城市和景区，主要供旅游者观赏自然和人文景观。游客单次旅游往返重复利用同一线路的可能性较小。

2. 逗留型线路

逗留型线路往往是连接客源地与单一目的地的线路，主要供旅游者休闲度假。游客单次旅游往返重复利用同一线路的可能性较大。

(三)按空间分布形态分类

吴国清(2006)将旅游线路的空间分布形态总结为六种模式，即两点往返式、单通道式、环通道式、单枢纽式、多枢纽式、网络分布式。

1. 两点往返式旅游线路

两点往返式旅游线路中的两点分别是指旅游客源地和旅游目的地。(见图8-1)

2. 单通道式旅游线路

单通道式旅游线路以交通线串联若干旅游城市、旅游景区或景点。(见图8-2)

3. 环通道式旅游线路

环通道式旅游线路属于闭环型旅游线路。选择环通道式旅游线路，旅游者不用走

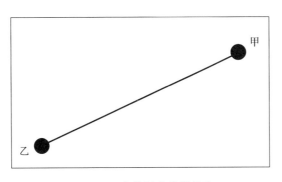

图 8-1　两点往返式旅游线路

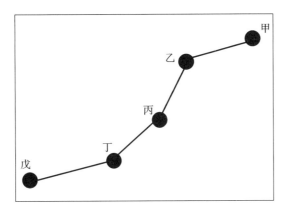

图 8-2　单通道式旅游线路

回头路,接触的景点较多。所以环通道式旅游线路是旅游者最乐于接受的旅游线路。(见图 8-3)

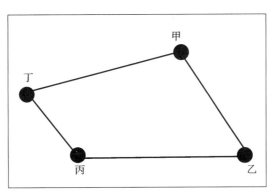

图 8-3　环通道式旅游线路

4. 单枢纽式旅游线路

单枢纽式旅游线路是以某一旅游城镇或住宿场所为核心节点,其他的所有旅游景点都与之连接,形成放射状。旅游者以节点为中心向四周景点开展往返式的短途旅游活动。(见图 8-4)

5. 多枢纽式旅游线路

多枢纽式旅游线路以若干重要的旅游城镇为节点连接其他的旅游目的地或景点,

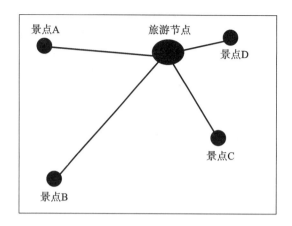

图 8-4　单枢纽式旅游线路

几个旅游节点之间有线路连接。该类线路一般应用于范围较大的旅游区，如"桂林—柳州—南宁"旅游线路就有多个旅游枢纽城市。（见图 8-5）

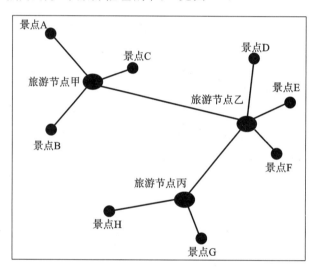

图 8-5　多枢纽式旅游线路

6. 网络分布式旅游线路

网络分布式旅游线路将一定区域内的旅游城市、旅游景区或景点全覆盖，可供旅游者任意选择旅游景点及线路。这类旅游线路形成的前提条件是拥有发达、便捷的交通系统。（见图 8-6）

二、旅游线路设计的必要性

旅游线路设计的必要性主要体现在以下几个方面：

一是为了整合优质旅游资源，降低游客的信息搜索成本，增强旅游目的地的吸引力。游线串联多个旅游景点，给旅游者提供更多的旅游信息。

二是为了方便旅游者的游览活动。由于旅游者对旅游地不熟悉，对旅游景点的游览顺序很难做出最合理的选择。

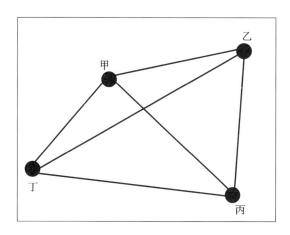

图 8-6 网络分布式旅游线路

三是为了使旅游者获得最佳观赏效果。游线将景观的最佳观赏时辰、最佳观赏角度呈现给旅游者,使旅游者领略最佳观赏效果。

四是通过设计经典旅游线路,促进区域旅游合作,有利于旅游地的可持续发展。

五是为了促使"冷""热"景区(点)均衡发展。

三、旅游线路设计的原则

旅游线路设计的原则有市场导向原则、主题突出原则、游程不重复原则、"先抑后扬"原则、机动灵活原则、安全便利原则、最小旅游时间比原则等。其中,"先抑后扬"原则要求按照"序幕、发展、高潮、尾声"线路组织游览,将高质量的旅游景区或景点放在后面;最小旅游时间比原则要求选择快捷的交通方式,尽量缩短旅游线路上节点与节点之间的空间距离,并通过恰当的组合缩短旅途时间。

四、区域旅游线路的设计

汪淑敏等(2008)总结了区域旅游线路的四种组合模式。

1. 优势组合模式

将一定区域内的若干特色突出、差异显著的旅游点(风景区)组合起来,形成该区域的旅游增长极,用较强的资源品牌效应吸引客源。

2. 主题组合模式

将一定区域内风格相近或性质相似的旅游资源组合起来,根据旅游活动的主题组织线路。

3. 季节组合模式

根据季节的变化组合不同的线路或利用区域内各地区固定的节庆活动和民族民俗活动组织旅游。

4. 游览时间组合模式

从旅行社角度出发,综合区域的空间距离、可进入性和旅游者的经济状况、闲暇时间等因素,合理设计一日游、二日游、多日游的旅游线路。

五、旅游区游览线路的设计

旅游区内部游览线路的设计,可以借鉴中国古典园林的一些构景手法,使设计的游览线路符合旅游者的审美情趣。

旅游区游览线路设计的典型手法主要有以下几种。

1. 曲径通幽式线路

曲径通幽式线路。有意使游览线路迂回曲折,上下盘绕。

2. 步移景异式线路

步移景异式线路。将反差较大的景观组合在一条游线上,让观赏者感受到一步一景,景景不同。

3. 豁然开朗式线路

豁然开朗式线路。类似于古典园林中的"障景",欲扬先抑,通过巧妙安排,使游览空间由狭小突然变得开阔。

4. 渐入佳"景"式线路

渐入佳"景"式线路。合理编排游览顺序,景观一个比一个好,旅游者的游览兴趣不断提升。

5. 跌宕起伏式线路

跌宕起伏式线路。使游览线上的景观组合形成节奏和韵律。

规划案例 8-1

第四节 旅游商品规划

一、旅游商品概述

(一)旅游商品的定义

旅游商品又被称为旅游购物品或旅游购品。从旅游规划的角度出发,旅游商品是指旅游目的地专营场所出售的、以外来旅游者为主要目标客源的实物形态产品。一般认为,旅游纪念品是旅游商品的组成部分,而旅游商品是旅游产品的组成部分。

(二)旅游商品的类型

旅游商品的分类标准不同,划分的类型也不一样。

1. 按旅游商品的属性分类

(1)旅游工艺品。

旅游工艺品是用特殊的工艺制作成的具有收藏、纪念、馈赠、实用等价值的艺术品。我国的旅游工艺品类型众多(见表8-2)。

表 8-2 我国常见的旅游工艺品

名称	内涵	代表作品
陶器	用黏土造型,经过高温焙烧,作为工艺品或生活用品的器皿	宜兴紫砂陶、洛阳唐三彩等
瓷器	用瓷土制作,经高温(1200～1300 ℃)烧制而成的器皿	景德镇瓷器、绍兴越瓷、耀州青瓷等
漆器	经过制胎式脱胎,再髹底漆、扫磨、推光、装饰而制成的一种工艺品	北京雕漆、福州脱胎漆器、扬州镶嵌漆器等
雕刻工艺品	用刀等工具在各种硬质材料上创作形象的一种艺术品	玉雕、牙雕、石雕、木雕、贝雕、米雕、发雕等
丝织工艺品	以蚕丝为原料的丝织品和刺绣品的总称	三大名锦(北京云锦、四川蜀锦、苏州宋锦)、四大名绣(苏绣、湘绣、蜀绣、粤绣)等
金属工艺品	以金、银、铜、铁等金属为主要原料,经各种特殊工艺制成的工艺品	景泰蓝、珐琅、金银首饰、金银器皿等
塑造工艺品	用泥、面、石膏等软质材料捏塑成各种形象的传统民间工艺品	北京"面人"、天津"泥人张"彩塑、无锡惠山泥塑等
编织工艺品	以草、竹、柳、藤、棕、麻、麦秆等为原料,经手工编织而成的民间工艺品	竹编、草编、藤编等
文物古董	国家法律允许进行流通的,具有时代价值的艺术品、工艺美术品、历史文献,以及反映各时代社会制度、社会生产和社会生活的代表性实物	出土文物复制品、碑帖,以及法律不禁止交易的古玩等
书画金石	书画,即书法和绘画,包括印章篆刻;金石,即金属器物和石制器物上文字的拓片	书法、绘画、篆刻、拓片
文房四宝	文房,即文人的书房,笔、墨、纸、砚为文房所常用,故名"文房四宝"	湖笔、徽墨、宣纸、端砚等
民间剪纸	流传于民间的、用剪刀或刻刀在纸上剪刻成各种图案的手工艺术品	陕北安塞剪纸

(2)土特产品。

土特产品是旅游目的地特有的地方物产制品,如茶叶(西湖龙井、碧螺春、铁观音、普洱等)、中药材(人参、虫草、鹿茸、麝香、阿胶、天麻、贝母等)、地理标志产品(阳澄湖大闸蟹、阳朔金桔等)等都属于土特产品。

2.按旅游商品的主要用途分类

(1)旅游纪念品。

旅游纪念品主要是指那些可以帮助旅游者回忆旅游经历,反映旅游目的地的旅游资源、风土人情等的旅游商品,如少数民族旅游区的服饰、上海东方明珠电视塔模型等。

(2)旅游馈赠品。

旅游馈赠品是旅游者在旅游目的地购买的,用以馈赠亲朋好友的旅游商品。一般应能展示旅游目的地的特性,同时应具有一定的经济价值和实用价值,如桂林的山水画、香港的珠宝等都属于旅游馈赠品。

(3)旅游用品。

旅游用品是旅游者在目的地购买的、在旅游过程中可以使用的物品,如旅游箱包、旅游鞋帽、登山器械、雨衣、太阳镜、摄影器材、防暑用品、防寒用品、帐篷等都属于旅游用品。

3. 按制作旅游商品的原材料分类

制作旅游商品的原材料可以分为天然材料和人工合成材料两大类。天然材料可以分为植物材料、动物材料、矿物材料等。植物材料又可以分为木、竹、草、藤、树叶、树根等类型;矿物材料,如金、银、铜、铁、锡、铅、玉石等。随着科技的进步,利用人工合成材料制作的旅游商品越来越多。

(三)旅游商品的特点

旅游商品具有以下特点(郭鲁芳等,2008):

1. 纪念性

旅游商品一般可以显示旅游目的地的某些特性,如民族文化、地域文化、名人文化等。在时过境迁后能够引起旅游者美好回忆,将游客的旅游经历物化。因此,纪念性越强的旅游商品,越能受到旅游者的青睐。

2. 艺术性

旅游活动主要是满足人们的审美需要,作为旅游活动组成部分的购物品,只有具有较高的艺术价值,才能较好地满足人们的审美情趣。当然,不同人的审美观不一样,评判的标准也不一样,这就要求制作旅游商品时要突出个性。

3. 轻便性

旅游商品一般应该较为精巧和轻便,因为旅游者在旅途中不希望携带笨重的物件,体积大、重量大的旅游商品不适宜旅游者携带,会影响旅游者的购买积极性。

4. 宣传性

旅游商品的宣传性是指以旅游纪念品为核心的旅游商品具有宣传旅游目的地,吸引更多潜在旅游者来访的功能。旅游商品具有的特色往往能成为旅游目的地的象征,旅游者购买当地的旅游商品并将之带回常住地,在其与亲朋好友交流旅游经历时起到宣传旅游目的地的作用。

二、旅游商品规划的原则

(一)市场导向原则

市场导向原则是根据市场需要规划设计旅游商品,只有这样,规划设计出来的旅游商品才会得到旅游者的认可,才会产生经济效益和社会效益。因此,在旅游商品规划设计前期,必须要花大力气研究旅游者的购物动机和购物心理。

一般而言,旅游者的购物动机有以下几个方面:

1. 纪念动机

购买旅游商品,主要是留作本次旅游的纪念,在若干年后,看到旅游商品就能回忆起这次旅游经历。这类旅游商品在旅游者心目中与在旅途中拍摄的照片的作用相差不多。因此,应将那些反映旅游目的地景观特色、风土民情、历史文化的内容作为旅游商品的题材。

2. 馈赠动机

旅游者购买旅游商品,主要是为了在返回常住地后,将其作为礼品赠送给亲朋好友。

3. 收藏动机

收藏动机主要是指旅游商品能保值、增值,有收藏价值,旅游者在旅游目的地花较少的钱购买,日后才会产生增值效果。

4. 享受动机

购买和使用部分旅游商品可以使旅游者舒适、方便、享受,增添旅途的乐趣。

(二) 特色原则

只有具有地方性、民族性特色的旅游商品,才会对旅游者产生吸引力,才具有纪念价值、馈赠价值。带有浓厚地域色彩的旅游商品往往能够以其特有的地域暗示,勾起旅游者对旅游经历的美好回忆而为广大旅游者所喜好。地域性的旅游商品往往具有地域垄断的特点,如果错过该地域再购买就会比较困难,在旅游者特殊消费心理的作用下,旅游者一般对此类旅游商品情有独钟。因此,旅游商品的开发应充分挖掘地方特色,找出当地特有的物品或者某一元素开发成旅游商品,独树一帜。

(三) 就地取材原则

就地取材可以降低旅游商品的成本,突出地方特色。旅游商品设计、制作中的就地取材主要包括三个方面的内容:

一是旅游商品的题材来自旅游目的地,如西安出售的兵马俑复制品,八达岭长城出售的长城模型。

二是原料来自旅游目的地,如江西景德镇产出售的各种陶瓷工艺品。

三是旅游商品的制作工艺来自旅游目的地,如贵州少数民族地区出售的各类蜡染工艺品。

(四) 创新原则

在旅游商品竞争日趋激烈的今天,旅游商品的规划设计必须要贯彻创新原则,打破常规和惯常思维,规划设计出符合旅游者求新求异需要的旅游商品。旅游商品规划设计中的创新主要包括题材创新、制作材质创新、生产工艺创新、旅游商品的外形创新、旅游商品的包装创新、产品形式创新等(王德刚、魏有广,2006)。

三、旅游商品规划的要点

(一)旅游商品现状分析

旅游商品现状分析主要是对规划区域旅游商品的现状进行实地调查和分析。重点应对旅游商品的种类、生产情况、销售情况、与相邻旅游目的地旅游商品的对比、旅游者对旅游商品的满意度等进行调查分析,找出规划区域旅游商品生产、销售中存在的突出问题。

(二)旅游商品题材规划

旅游商品的题材应来自对规划区域的地方性分析,应与规划区域的自然景观、人文景观、历史文化、风土民情等紧密相关,应成为旅游目的地形象的传播媒介。例如,云南丽江的旅游商品以东巴文化为题材,开发出众多反映东巴文化的旅游商品,如服装、装饰品、日用品、工艺品等。旅游商品的题材选择,一定要具有地方特色和文化内涵,成为当地的标志。

(三)旅游商品生产规划

旅游商品的生产主要分为两类:一是采用传统的手工生产,其优点是艺术性强,工艺精良,生产出来的旅游商品具有较强的保值、增值性,但其产量有限,价格较高;二是机械化生产,优点是产量大,产品质量、规格统一,可以极大地降低生产成本,但不适宜制作传统工艺品。究竟采取何种模式进行旅游商品生产,在规划时应做具体分析,根据所生产的旅游商品的特性来确定。

(四)旅游商品销售规划

旅游商品销售事关其产生的经济效益和社会效益,必须要做总体规划。根据对现代旅游者购物心理的分析,旅游商品销售应采取开放式、参与式、互动式、组合式、捆绑式的销售方式。超市开架式的销售方式深受旅游者的喜欢(娄世娣,2006)。

对于旅游城市,可以在恰当的位置规划旅游商品购物区或旅游商品购物街;对于重点旅游城镇,可以规划旅游购物一条街、专业性旅游商品市场;对于旅游景区(点),可以规划旅游商品销售区;对于那些以购物为主要内容的古城、古镇,可将旅游商品的生产与销售相结合,与古城(镇)风貌的恢复相结合,形成"前店后厂"模式。

(五)旅游商品管理规划

旅游商品管理的核心是行业管理。旅游商品的主管部门应编制旅游商品规划,提供旅游商品信息,指导旅游商品的设计、生产、销售;加快旅游商品研发的人才培养,确保有一支专业的旅游商品设计、生产和销售人才队伍;成立相关行业组织,对旅游商品的生产和销售进行管理和监督。此外,旅游商品主管部门还应对旅游商品的质量进行实时监控、检查,确保旅游商品质量,树立良好的形象;要加大对旅游商品设计、生产、销售的扶持力度,出台优惠政策,适当减免税收,使旅游目的地的旅游商品健康发展。

我国旅游商品生产和销售亟须建立诚信奖惩机制,设立红黑名单制度,杜绝强制购物和欺诈行为,通过第三方强有力的监督和信息提供增进游客的旅游购物欲望。

本章要点

(1)根据旅游产品的性质不同,一般将旅游产品分为观光旅游产品、度假旅游产品和专项旅游产品。

(2)旅游产品规划设计的原则主要有资源依托原则、市场导向原则、主题突出原则、文化挖掘原则、特色体验原则、品牌化原则、产品系列化原则等。

(3)旅游产品规划设计的方法主要有四种,分别是寻求特色差异法、寻找文化认同法、逆向思维法、因地制宜法。

(4)旅游项目创意方法包括头脑风暴法、时空搜寻法、智能放大法、逆向思维法、优势组合法、联想策划法、类比策划法、借鉴引进法、问题分析法等。

(5)旅游线路的空间分布形态有六种模式,即两点往返式、单通道式、环通道式、单枢纽式、多枢纽式、网络分布式。

(6)旅游线路设计的原则有市场导向原则、主题突出原则、游程不重复原则、"先抑后扬"原则、机动灵活原则、安全便利原则、最小旅游时间比原则等。

(7)旅游商品规划的原则有市场导向原则、特色原则、就地取材原则、创新原则。

核心概念

旅游产品　tourism product
旅游线路　tourism route
旅游项目　tourism project
旅游产品规划　tourism product planning
旅游线路设计　tourism route design
旅游商品　tourism commodity
旅游商品规划　tourism commodity planning

思考与练习

一、选择题(请扫描边栏二维码)
二、简答题
1.请简要回答旅游产品的常见分类。

在线答题

2.请简要回答旅游产品规划设计的方法。
3.请简要回答旅游项目创意的方法。
4.请简要回答区域旅游线路应该如何设计。
5.请简要回答旅游区内部游览线路应该如何设计。
6.请简要回答旅游商品的类型。
7.请阐述旅游商品规划的原则。

三、实践操作题

××旅游区旅游线路设计

绘制出所设计的旅游线路图(可以是示意图)。

要求:

(1)规划区域简介。

(2)设计多条区域旅游线路。

(3)设计多条旅游区内部游览线路。

(4)对每条线路设计中贯彻的原则和注意事项进行简要的文字说明。

推荐阅读

1.马勇,韩洁,刘军.旅游规划与开发[M].武汉:华中科技大学出版社,2018.

2.吕本勋,杜靖川.旅游产品规划新方法"漏斗法"——兼与许春晓同志商榷[J].旅游科学,2005(5).

3.刘琴.旅游项目规划的理论与方法研究进展[J].安徽农业科学,2011(8).

4.汪淑敏,杨效忠.基于区域旅游整合的旅游线路设计——以皖江一线旅游区为例[J].经济问题探索,2008(4).

第九章 旅游设施规划

学习引导

旅游设施是旅游活动顺利开展不可或缺的因素。没有旅游设施,再好的旅游资源也无法转化成为旅游产品。因此,旅游设施规划是各类旅游规划的重要组成部分。旅游设施大致可分为旅游基础设施、旅游服务设施和旅游解说系统三大类别。那么,什么是旅游基础设施、旅游服务设施和旅游解说系统?各类旅游设施包括哪些具体内容?各类旅游设施规划的要点和方法有哪些?这一章我们就来探讨这些问题。

学习目标

(一)知识目标
1. 了解:旅游基础设施、旅游服务设施和旅游解说系统的概念与类型。
2. 理解:各类旅游设施规划的内容、原则与要点。
3. 掌握:不同类型旅游基础设施规划的编制方法。

(二)能力目标
1. 能够辨别旅游设施规划的类型,并对相应规划内容进行分析与评价。
2. 能够运用旅游基础设施、旅游服务设施和旅游解说系统的有关知识,参与旅游设施规划的实践。

(三)价值塑造目标
1. 通过中国传统风景园林美学熏陶,培养文化自信和团队合作精神。
2. 遵守旅游设施规划的相关法律、法规、标准和伦理道德规范。

思维导图

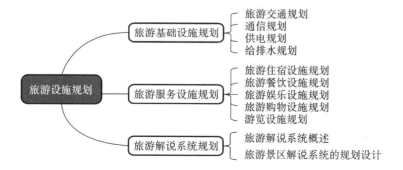

案例导入 9-1

第一节　旅游基础设施规划

学术界关于旅游基础设施（tourism infrastructure）的概念还存在较大分歧。有的学者认为，旅游基础设施就是指旅游者在目的地逗留期间必须依赖和使用的或旅游目的地不可缺少的有关设施；另外一些学者则将建造于旅游目的地地下和地表的一般公用事业设施称为旅游基础设施。

我国将旅游基础设施定义为：在与旅游有关的各种设施中，凡其主要使用者为当地居民，但也必须向旅游者提供或者旅游者也必须依赖的目的地的有关设施（李天元，2015）。

旅游基础设施主要包括两大类：

（1）一般公用事业设施。如交通设施、通信设施、供电设施、给排水设施、供热设施、燃气设施等。

（2）满足现代社会生活所需要的基本设施或条件。如银行、商店、医院、治安管理机构等。

一、旅游交通规划

顺畅的交通是旅游业发展的前提条件。旅游发展历程表明，人类每一次交通的进步，都会极大地推动旅游业的发展。对于一个地区而言，交通成为影响旅游业发展的重要因素。因此，旅游交通规划是旅游基础设施规划中的重点。

（一）旅游交通概述

1. 旅游交通的定义

旅游者利用某种手段和途径，实现从一个地点到达另外一个地点的空间转移过程。

2. 旅游交通的类型

旅游交通主要分为以下两种类型。

1）主流交通

主流交通是指在现代旅游活动中广泛使用、载客量大的交通方式，包括航空、铁路、公路、水路等。

（1）航空交通。

航空交通是现代旅游的主要交通方式之一，包括定期航班服务和包机服务两种。航空交通的优点包括：快捷高效；飞行线路短（直线）；能跨越各种自然障碍；乘坐舒适；安全性能相对较好。航空交通也存在若干缺点，主要包括：价格较高；容易产生噪声污染；有最小飞行距离的限制（又称航线最短经济半径）；只能实现从点到点的旅行；易受天气状况影响等。

(2)铁路交通。

铁路交通对世界近现代旅游业的产生和发展起到了巨大的促进作用。火车是人们旅行的主要交通工具之一,其主要优点有:运载量大,费用低;对环境的污染小;安全性能较好,连续运行能力强;对气候的适应能力强,能昼夜运行,风雨无阻等。铁路交通的缺点有:灵活性较汽车差,可达性受铁路铺设的限制;传统火车速度较慢;线路建设投资大;占地多;建设周期长。随着我国的高速铁路的建设,高铁旅游备受推崇,已经成为中国的一张名片。

(3)公路交通。

公路交通是现代旅游活动中人们选择最多的一种交通方式。公路交通的优点包括:灵活方便,可任意选择旅游地点,能深入到旅游点内部;把旅游活动从点扩大到面;对自然条件适应性强;能随时停留;线路建设投资小;施工期短等。公路交通存在以下缺点:速度较慢;舒适性较差;不宜长距离旅游;能源消耗大,运载量较小;费用较高;产生的噪声、尾气等对环境造成污染;安全性较差等。公路旅游交通工具主要包括以团队游和自助游为主的旅游大巴车和以自驾游为主的私家车两种。

(4)水路交通。

水路交通是历史最悠久的交通方式。主要有海上远程定期班轮、海上短程渡轮、游船、内河航运等形式。水路交通的优点有运载能力强;耗能低;投资少;安全舒适等。水路交通的缺点是速度较慢;准时性差;灵活性差,容易受季节、气候、水深、风浪、泥沙等自然因素的影响。海上邮轮旅游、游艇旅游以及内河游船旅游是当前水路旅游交通的主要形式。

2)特种交通

特种交通的主要功能不是载客运输,而是将娱乐、个性、时尚、刺激等内容附加于交通方式中,特别强调寓游于旅。按其驱动方式可分为机械类、自然力类、畜力类、人力类等(见表9-1)。

表 9-1 特种交通的类型

类型	驱动原理	示例
机械类	机械传动驱动	缆车、索道、观光客车、观光电梯、摩托车、电瓶船、游艇、机动游船等
自然力类	依靠风力、水力推动或凭借坡度滑行	帆船、漂流皮艇、滑雪板、滑沙板、滑草车、雪橇、溜索、荡索等
畜力类	畜力驱动	畜力坐骑(马、牛、羊、骆驼、骡、象等)、畜力车
人力类	人力驱动	自行车、三轮车、黄包车、独木舟、竹排、牛皮船、羊皮筏、乌篷船、滑竿、轿子等

(二)旅游交通规划要点

1. 外部交通规划

外部交通又称大交通,是连接旅游目的地与客源地的交通。外部交通主要包括航空、铁路和公路等方式。

受航空、铁路和公路交通工具时速的影响,在规划旅游目的地与客源地之间的交通方式时应遵循以下原则:空间距离在 200 km 以内,优先规划公路交通;空间距离 200~500 km 的,优先规划铁路交通;空间距离超过 500 km 时,优先规划航空交通。

1)航空交通规划

受航线最小经济半径的影响,如果在 500 km 范围内已有机场的,不宜再规划新建机场,只能增开航线。此外,在重要旅游区可规划中短距离的直升机航线、航空俱乐部、滑翔机、水上飞机、热气球等空中交通方式。

2)铁路交通规划

铁路交通规划主要涉及以下几个方面:

(1)可将已有的铁路干线延伸至旅游目的地。

(2)在距离旅游目的地较近的地方规划车站。

(3)在旅游目的地和客源地之间规划旅游专列。

规划长途旅游专列,最好夕发朝至,白天游客沿途游览,夜晚食宿在车上。列车上配备标准化快餐,提供旅行读物、电视、网络、娱乐设施、洗漱用具等,可开设双人豪华软卧车厢,增添星级饭店设施,如淋浴、独立卫生间等。

3)公路规划

公路规划主要涉及公路的等级、走向等。按行政等级,我国公路等级可分为国家公路、省公路、县公路和乡公路(简称为国道、省道、县道、乡道),以及专用公路五个等级。一般把国道和省道称为干线公路,县道和乡道称为支线公路。进行公路规划时,要符合《公路工程技术标准》(JTGB01—2014)和《城镇化地区公路工程技术标准》(JTG 2112—2021)等标准。

根据我国现行的《公路工程技术标准》(JTGB01—2014),公路按功能和适应的交通量分为高速公路、一级公路、二级公路、三级公路、四级公路五个等级。其中,高速公路为专供汽车分向、分车道行驶并应全部控制出入的多车道公路。各种等级公路的主要技术指标见表 9-2。

表 9-2 各级公路的主要技术指标

等级	适应情况	设计车速/(km/h)	车道宽度/m	车道数	路基宽度/m 一般值	路基宽度/m 最小值	极限最小半径/m
高速路	—	120	3.75	8	45.00	42.00	650
				6	34.50	—	
				4	28.00	26.00	
	—	100	3.75	8	44.00	41.00	400
				6	33.50	—	
				4	26.00	24.50	
	—	80	3.75	6	32.00	—	250
				4	24.50	21.50	
	特殊地形	60	3.50	4	23.00	20.00	125

续表

等级	适应情况	设计车速/(km/h)	车道宽度/m	车道数	路基宽度/m 一般值	路基宽度/m 最小值	极限最小半径/m
一级	干线公路	100	3.75	8	44.00	41.00	400
				6	33.50	—	
				4	26.00	24.50	
	集散公路	80	3.75	6	32.00		250
				4	24.50	21.50	
		60	3.50	4	23.00	20.00	125
二级	干线公路	80	3.75	2	12.00	10.00	250
	集散公路	60	3.50	2	10.00	8.50	125
	特殊地形	40	3.50	2	8.50	—	60
三级	干线公路	40	3.50	2	8.50		60
	集散公路	30	3.25	2	7.50		30
四级	—	20～30	3.00,单车道时为3.50	2	6.50	—	15
				—	4.50	—	

2. 内部交通规划

内部交通又称小交通,即旅游目的地内连接各旅游区、景区(点)的交通。

内部交通主要依托公路交通方式。此外根据具体情况,可规划一些特种交通方式,将娱乐、观光与空间位移多种功能结合起来。

1)道路规划

道路规划主要涉及景区公路、游道等的规划。

(1)景区公路规划。

景区公路规划包括公路的等级、公路类型(新修或改扩建)建设的时序计划、投资预算、建筑材料、公路布局等。由于水泥路面与环境不协调,又易产生大量灰尘,影响观景效果,因此,可以考虑选择沥青路面,甚至泥石路面,保持与环境的高度协调性。

(2)游道规划。

游道规划应注重观景效果,充分考虑审美因素,尽可能创造出曲径通幽、"柳暗花明又一村"等效果;在陡峭、险峻的游道路段应规划安全设施,如护栏;所有游道均应按照一定的间距规划休憩设施,如亭、廊、座椅等;游道的建筑材料要与旅游区环境协调,要有特色和新意。

2)特种交通工具规划

特种交通工具是旅游区小交通规划的重要内容,它既可解决旅游区内行的问题,又能增加旅游活动内容,增添娱乐气氛。在规划时,必须因地、因景规划,突出特色。比如,水域地区可设置独木舟、竹筏、木排、摩托艇、气垫船、羊皮筏等;山岳地区可规划缆车、溜索、滑道及骑马项目等。

3. 交通配套设施规划

(1) 停车场规划。

首先是确定旅游区停车场的面积。停车场的面积一般采用下列公式计算：

$$停车场面积 = \frac{高峰游人数 \times 乘车率}{停车场利用率} \times \frac{单位规模}{每台车容纳的旅游者数量}$$

式中：乘车率和停车场利用率可取 60%~80%；

单位规模即每台车占用停车场的面积；

车型不同，单位规模、每台车容纳的人数也不一样。

一般按表 9-3 中所列参考标准计算。

表 9-3 不同车型的单位规模和容纳的人数

车型	单位规模/(m²/车)	每辆车容纳的游客量/人
小轿车	17~22	5
旅行车	24~32	10
大巴车	30~36	30
特大型大巴车	70~100	45

计算出规划区停车场的总面积之后，还需要将其布局在恰当的空间。一般而言，停车场应布局在旅游区的出入口、住宿、餐饮、娱乐设施集中分布的地区，并尽量在平缓开阔的地方选址。停车场要按照国家标准设置交通标志，规划交通标线。

(2) 旅游码头规划。

靠近水域的旅游区，应规划专用的旅游码头。常用的驳船码头形式有驳岸式、伸出式和浮船式。旅游码头规划应注意与环境、景观的协调，容量要能满足游客接待量的要求，要保证水深达标，水域畅通，水面清洁，连接道路合理。

(3) 加油(气)站规划。

大型旅游区需要规划加油(气)站，加油(气)站的站址选择应符合城镇规划、环境保护和防火安全的要求，并选在交通便利的地方。随着电动汽车的普及，加油站和停车场应配备汽车充电桩，鼓励绿色出行。

(4) 洗车场规划。

一般规划在旅游区入口附近，有的也可与旅游区的停车场或加油站规划在一起，但必须注意对环境的污染问题。

(5) 维修站规划。

大多规划在旅游区外距离旅游区不远的地方，有的也可规划在旅游区入口处，以方便旅游者，特别是自驾车旅游者。

二、通信规划

通信在现代旅游活动中越来越重要，通信设施是旅游目的地必备的公用事业设施。

(一) 电信规划

电信规划包括有线电话和无线电话的规划。

1. 有线电话规划

有线电话在规划时着重考虑其数量、类型、线路走向、空间布局、敷设方式等。其中,数量,一般以酒店客房数为基础,每间客房设置一部电话,再加上其他场所和办公电话。另外,在游客集中活动的场所,要设置公用电话;在容易发生安全事故的地区,设置报警电话。

2. 无线电话规划

无线电话主要是移动通信,规划的主要内容是基站设置,保证旅游区内移动信号无盲区。随着我国5G通信网络的普及,旅游区要尽量设置5G基站。

(二)邮政和网络规划

1. 邮政规划

旅游区可根据面积大小适当规划一定数量的邮局和快递寄件点。

2. 网络规划

网络的重要性决定着要将网络规划纳入各类旅游规划中。网络规划的主要内容包括旅游区互联网的接入方式、线路走向、营运商、速率等。

(三)旅游信息中心规划

旅游信息中心是发布和提供旅游信息的场所和机构。旅游信息中心分为两种:一种是既为旅游者又为旅游企业、管理机构、研究机构和其他单位提供与发布信息的场所或机构;另一种是专为外来游客提供目的地交通、游览、住宿、餐饮、购物、安全、医疗、急救、保险等多种旅游信息的场所,又称为游客问讯中心、旅游咨询中心,在国际上一般用英文"I"(information)表示,印制在路标、导游图、旅游指南和自助旅游手册上。文中讲的是第二类,此类旅游信息中心主要可分为以下几种类型。

1. 游客咨询服务中心

有专人值守的亭房、柜台、窗口等,专人接待游客询问。

2. 触摸式多媒体

将大量的相关旅游信息输入计算机后,游客可以通过手指触摸、滑动触摸式多媒体的屏幕获得所需要的信息。

3. 旅游咨询电话

可向公众公布旅游咨询电话号码,游客通过拨打电话获得所需信息。

4. 无人看管的旅游信息资料发放点

游客可以根据需要,自己到旅游信息资料发放点拿取导游图、旅游指南、旅游宣传品等。

5. 旅游官方网站

可通过旅游官方网站在互联网上发布旅游信息,游客可根据需求上网免费查询相关资料。

知识拓展 9-1

三、供电规划

(一)用电现状分析

用电现状分析主要通过对规划区域的实际用电状况进行调查,获取相关信息,然后进行分析。主要内容包括以下几个方面。

1. 旅游规划区内的供电方式

对规划区域目前的供电方式进行分析,如联网供电、分区供电、自成网络供电等。

2. 供电线路走向

电源从什么地方接入,线路的走向等。

3. 变(配)电站情况

规划区域目前有无变(配)电站,功率多大,能满足多大的用电负荷等。

4. 线路敷设方式

输电线路从地表还是地下通过。

5. 存在的主要问题

对规划区域目前的供电情况进行分析,找出其存在的主要问题。

(二)用电量预测

预测规划区域用电量,是进行用电规划的基础性工作。目前常见的用电量预测方法有以下三种。

1. 按旅游区宾馆客房数量预测用电量

$$旅游区用电总量 = 旅游区客房总数 \times 客房单位耗电量$$

目前,我国每间客房日耗电量一般取 3.5 kW,以此计算旅游区的用电总量。

2. 按旅游区宾馆建筑面积预测用电量

$$旅游区用电总负荷 = 宾馆建筑面积 \times 单位建筑面积用电指标$$

其中,单位建筑面积用电指标一般每平方米取 20~25W。

3. 综合预测方式

$$总用电量 = 生活用电量 + 公建用电量 + 其他用电量$$
$$生活用电量 = 住宿游客用电量 + 居民和旅游区工作人员用电量$$
$$住宿游客用电量 = 住宿游客数量 \times 2000W/(床 \cdot 日)$$
$$居民和旅游区工作人员用电量 = (旅游区居民数量 + 旅游区工作人员数量)$$
$$\times 1000W/(人 \cdot 日)$$
$$公建用电量 = 生活用电量 \times 200\%$$
$$其他用电量 = (生活用电量 + 公建用电量) \times 40\%$$

(三)供电规划要点

(1)确定用电量指标。

确定用电量指标是指确定旅游区总用电负荷最大用电负荷、分区负荷、分期负荷等,确定各分区电压等级(一级、二级、三级)。

(2)选择供电电源。

选择供电电源主要是确定旅游区供电电源从什么地方接入。

(3)确定旅游区变电站、配电所的位置、变电等级、容量、数量及分布。

(4)确定旅游区高压走向、高压走廊位置,低压接线方式,架空线距游道的最小平行距离,地下电缆位置等。

(5)供电线路走向。

高压线路架设既要考虑不破坏景观和植被,尽量隐蔽,又要使供电安全经济;在景区(点)可视范围内,供电线路应采用地下敷设方式。

(6)特殊场所用电规划。

旅游区内一些特殊场所,如洞穴、水底等,如果停电就会发生严重的安全事故,必须规划备用电源。备用电源主要是自备发电机组,包括自备电源的位置、功率、入网方式、人员配置、燃料选择等。

四、给排水规划

(一)供水规划

旅游区供水规划就是截取天然的地表水或地下水,经过一定处理,使其符合国家饮用水标准,用经济合理的输配方式,输送到各用水区,满足旅游活动的正常开展,以及游客、当地居民及旅游区员工的正常用水需求。当旅游区在城市中时,可利用城市市政给排水的基础设施。

1. 预测用水量

常见的旅游区用水量预测方法有两种。

(1)分类预测法。

将旅游区的用水量分为生活用水量、公共服务用水量和其他用水量三部分,分别进行预测,然后加总,其预测公式为

$$S = S_i$$

式中:S 为旅游区总用水量;

$S_i = S_1 + S_2 + S_3$;

S_1 为生活用水量,由旅游区住宿游客用水量、非住宿游客用水量、旅游区居民及员工用水量之和组成,$S_1 =$ 住宿游客用水量 + 非住宿游客用水量 + 旅游区居民及员工用水量;

S_2 为公建用水量,$S_2 = S_1 \times 40\%$;

S_3 为其他用水量,$S_3 = (S_1 + S_2) \times 15\%$。

住宿游客、非住宿游客、旅游区居民及员工的单位用水标准,可参照《风景名胜区总体规划标准》(GB/T 50298—2018)中的相关规定执行(见表 9-4)。但不同类型的旅游区(如度假旅游区和观光旅游区)、不同地域的旅游区(如南方和北方)有较大差异,应视具体情况而定。

表 9-4 风景区供水标准

单位:L/床·日

类别	简易旅馆	一般旅馆	中级旅馆	高级旅馆	居民	散客
供水	80~130	120~200	200~300	250~400	60~150	10~30

此外,旅游区用水量中还应包括消防用水量,主要由灭火用水量(一般取 10L/s)、消防延时等因素决定。

(2)综合预测法。

综合预测法将旅游区各种人员的用水量、各类活动的用水量综合起来计算。根据相关标准,旅游区的总用水量可使用下列公式预测(唐代剑,2005):

旅游区总用水量＝0.5 m^3/人次×住宿游客人次＋0.02 m^3/人次×一日游游客人次＋0.35 m^3/人次×(常住人口数＋服务人员数)＋20 m^3/hm^2×绿地喷洒面积(hm^2)＋36 m^3/hm^2×消防用水面积(hm^2)＋10 m^3/hm^2×道路喷洒面积(hm^2)

2. 选择水源地

水源地选择应先从旅游区内部入手,因山就势,建立高位水库、蓄水池、拦河坝等,利用重力供水;或者利用地表水,如河流湖泊、溪流泉水等。有条件的旅游区,也可选择地下水作为水源,但需要测量其流量是否能满足旅游区的需求,化验其水质,最后得出其是否能作为生活用水水源。

3. 确定取水方式

有条件的旅游区可以选择自流方式,但有些旅游区只能选择抽水方式。究竟采用哪种取水方式,应根据旅游区的情况,充分考虑地形、经济、环保等因素。

4. 净水方案及制水能力规划

所有的水源,必须引入蓄水池,经过净化达到国家饮用水标准才能使用。必须制定详细的净水方案,制水能力要与预测的旅游区用水总量相一致。

5. 输水管网布局规划

确定输水管道的走向、管径的大小和敷设方式等。输水管网一般应敷设在地下,不能影响旅游区的美观。

6. 加压站位置及数量

很多蓄水池由于位置较低,很难向位置高的地方供水,必须加压。有些旅游区在供水时需要多级加压,应规划出加压站的位置和数量。

7. 水源地保护措施

对旅游区水源地要规划相应的保护措施。在取水点周围半径100 m内禁止停泊船只,禁止游泳及其他可能污染水源的活动;在水源地周围1000 m和下游100 m范围内不得排入生活污水;不能在蓄水、供水的上游地区布置接待设施、生活设施等。

(二)排水规划

旅游区的游客和当地居民都会产生一定数量的污水,为了确保旅游区的环境卫生,保护游客、当地居民和旅游区员工的身体健康,维护旅游目的地的生态平衡,旅游区必须配备一定的污水排放和处理设施。旅游区排水规划需按照《室外排水设计标准》(GB 50014—2021)执行,要点有以下几个方面:

1. 预测污水排放量

旅游区排污量的预测,一般以旅游区的供水量为参照物,按其80%计算,具体计算公式为:

旅游区排污总量＝旅游区供水总量×80%

2. 确定污水类型、污染源位置

确定污水类型、污染源位置主要是分析旅游区产生的污水类型,确定主要的污水排放地点。

3. 确定排水方式

旅游区的排水方式主要有雨污合流制和雨污分流制,究竟采用哪种排水方式,应根据旅游区的具体情况而定。

一般情况下,为减少工程造价,多采用雨污分流制。雨水就近用明渠方式排入溪涧河沟,污水应分区就近处理后排放。一些污水排放量大的旅游区,可建立污水处理设施,经过集中处理后排放;污水排放量小的旅游区,可采用多级沉淀过滤消毒后,排入隐蔽的山谷,自然净化。

4. 确定排水管道的走向和管径

旅游区地形一般较为复杂,排水管道敷设工程量较大,可以采用明渠或暗沟相结合的方式,利用地形高差进行修建。排水管道的走向要充分考虑地形、经济、美观等因素。排水管径的大小应与排污量相一致,《室外排水设计标准》(GB 50014—2021)中规定了污水管和雨水管的最小管径为 300 mm,最小设计坡度为 0.002(塑料管)。

5. 排污工程规划

旅游区主要的排污工程包括旅游厕所、污水处理设施、雨水排放设施、垃圾处理设施等。

(1)旅游厕所。

旅游厕所是指在旅游活动区域和场所内主要为游客服务的固定式和活动式公共厕所。国家标准《旅游厕所质量要求与评定》(GB/T 18973—2022)将旅游厕所分为Ⅰ类、Ⅱ类两个类别,强调旅游厕所以满足干净卫生、方便实用等基本功能为主,坚决避免奢华浪费。

根据标准,规划旅游厕所设置位置和间距如表 9-5 所示。

表 9-5 旅游厕所设置位置和间距

位置	间距/m
景区内主要景点景区出入口、停车场、旅游集散中心、文体活动设施区域等;旅游度假区、旅游街区、乡村旅游点	<400
国家森林公园或类似规模景区道路沿线、景区内部道路沿线等	400~2000
主要景点、全域旅游道路沿线(不含高速路)的游客休息点、观景平台、停车场等	区域内同步规划和建设

注:①每个位置类别中,根据人流量和现场情况选取合理的间距。
②以老人、孩子为主要服务对象的旅游目的地,根据旅游区的特点适当缩小厕所间距,不超过 300 m。
③设置旅游厕所间距和位置时包括附属式厕所和活动厕所。

旅游厕所规划应符合旅游厕所质量类别与景区等级匹配的要求,达到干净无味、安全方便、低碳节能、环境友好的目标,提升游客的如厕体验,满足文化和旅游高质量发展的要求。

旅游厕所分布合理、厕位数量够用、男女比例适当、设计人性化、管理有效、运行良好,应符合现行国家相关标准的规定。

(2)污水处理设施。

旅游区内较为集中的污水通过排污管网集中到污水池,利用污水处理设备进行处理。分布较散和较远的生活污水(如旅游厕所)可使用化粪池进行初级处理。

(3)雨水排放设施。

旅游区雨水排放采取散水蓄水并重,综合治理的原则。雨水就近用明渠方式排入溪涧河沟或进行截留蓄水。大多数旅游区不需要建设专门的雨水排放系统,以减少投资。但对于不能自然排放或自然排放不畅的旅游区,则需设立排水暗沟。在道路工程设施建设的同时,要预留足够的泄水通道。

(4)垃圾处理设施。

旅游区生活、生产垃圾可以通过规划、管理予以控制。游客产生的垃圾要有专门的垃圾箱或垃圾桶收集,垃圾箱或垃圾桶应安放在游览线上或游客集中的地方,并派专人管理,定期收集清运。

第二节　旅游服务设施规划

旅游服务设施又称旅游专门设施,是指主要使用者为外来游客,但也可供当地居民使用的目的地有关设施。旅游服务设施包括旅游住宿设施、旅游餐饮设施、旅游娱乐设施、旅游购物设施、旅游问讯中心、游览设施等。

根据《旅游规划通则》(GB/T 18971—2003),旅游服务设施的配置可依照以下原则:

1. 经济上可行

配套设施的选择不仅要符合投资能力,要力争较好的经济效益,还要考虑其日常维护费用和淘汰速度,力求经济实惠。

2. 要与旅游区性质和功能相一致

不能设置与旅游区性质和规划原则相违背的设施,必须按照规划确定的功能与规模来进行。设施的配套满足使用要求,既不能配套不周全,造成旅游区在使用上的不便,也不能盲目配套造成浪费。

3. 要有一定的弹性

波动是旅游市场的显著特征,设施配套应考虑这一情况,使之有一定的适应力。

一、旅游住宿设施规划

住是旅游活动的六大要素之一,是旅游活动顺利实施的保障。旅游住宿设施规划是各类旅游规划的重要内容。

(一)预测旅游住宿设施量

1. 床位数预测

床位数不仅是旅游区住宿设施规划的基础,而且直接关系到旅游区其他设施量的预测,是一个基础性的指标。目前,关于床位数的预测,主要采用下列公式。

$$床位数 = \frac{一定时期内住宿游客数 \times 平均过夜时间}{旅游区一定时期内可开放时间 \times 客房出租率}$$

平均过夜时间可通过对过夜游客的抽样调查取得;开放时间则根据不同旅游区的气候条件和旅游资源状况确定;客房出租率一般取 60%～75%。

2. 客房数预测

$$客房数 = \frac{床位数}{每间客房住宿人数}$$

每间客房住宿人数一般取 1.5 人,但一星、二星级饭店可取 1.7 人,三星级饭店取 1.5 人,四星、五星级饭店取 1.2 人。

(二)旅游住宿设施的档次规划

旅游住宿设施的档次分为高、中、低三个档次,四星级、五星级为高档,三星级为中档,一星级、二星级为低档。

旅游区住宿设施档次的规划,主要是对各档次住宿设施的比例进行确定。一般而言,在经济发达地区、以海外和国内大中城市客源为主的旅游区,可规划相当的高档饭店、较多的中档饭店;在经济欠发达地区、以国内中小城市客源为主的旅游区,则应以低档饭店为主,配以少量的中档饭店。具体比例应视实际情况而定。

(三)确定旅游住宿设施的类型

旅游住宿设施的类型应根据旅游区的特色和功能来确定。大中型旅游城市,应规划旅游饭店、商务饭店、会议饭店等类型的住宿设施;海滨度假区、滑雪度假区、温泉度假区等,应规划度假饭店;在游客自己驾车的旅游区则应规划汽车旅馆;自然旅游区内,不宜构建永久性住宿设施,应以部件装配式旅游房屋来代替。在较大范围的旅游区内,可规划几种不同类型的住宿设施。

(四)旅游住宿设施的空间布局规划

旅游住宿设施的空间布局,就是将不同类型、档次、数量的住宿设施布局在规划区恰当的空间上。保继刚等(1999)将旅游住宿设施的选址分为宏观和微观两个维度。

1. 旅游住宿设施的宏观选址

保继刚等(1999)认为,旅游住宿设施的宏观选址应遵循以下几个原则:

(1)在同一旅游区中,不宜在旅游资源级别较低的景区或非旅游中心城市(或大居民点)选址。

(2)在一日游范围内,旅游中心城市(或大居民点)与风景区(旅游点)之间的小居民点不宜选址。

(3)在节点状旅游区,只宜在旅游中心城市选址。

(4)在一日游范围内,旅游中心城市与风景区之间若出现新的可留住游客的中间机会,可以在此选址。

2.旅游住宿设施的微观选址

旅游住宿设施的微观选址要着重考虑以下因素:

(1)交通因素——旅游宾馆应选址于交通方便或发达的地方。

(2)旅游资源因素——旅游宾馆应选址于风景优美的地方。

(3)土地费用因素——旅游宾馆应选址于地价相对较低的地方。

(4)扩建因素——旅游宾馆选址时要留有扩建的空间。

(5)集聚因素——旅游宾馆在空间布局上应相对集中,形成集聚效应。

(6)城市规划因素——城市中的旅游宾馆选址要与城市规划相结合。

(五)旅游住宿设施建筑风格规划

在规划旅游住宿设施建筑风格时,应考虑以下因素。

1.建筑具有民族特色和地方特色,与当地的传统建筑风格相协调

越是民族的,越是世界的。只有民族风格浓郁、地方特色显著的旅游住宿设施,才会对外来游客产生强大的吸引力。国外许多旅游住宿设施特别注重其民族特色和地方特色的营造,如西欧一些地方将古代破旧驿站、客栈、城堡、宫殿改建成旅馆,肯尼亚的鸟巢式树上旅馆等。

2.建筑与饭店的功能、所在地的人文环境相一致

度假饭店一般不能修建高层建筑,必须要有宽敞的门窗,光线充足,要有配套的休闲健身设施等。另外,要与人文环境基本一致。

3.建筑要富有个性,成为当地独树一帜的建筑物

例如,阿联酋迪拜的帆船酒店,造型如一张帆,而且整个酒店建造在海上的人工岛上,建筑物极尽奢华,被人们破例称为"七星级"酒店,成为当地重要的旅游吸引物。

4.建筑与周边的自然环境相融合

要特别注意与旅游区的环境协调,山岳型旅游区内最好不要修建大体量饭店,外墙不使用瓷砖、玻璃幕墙。

5.建筑尽可能节约原材料和能源

例如,山地、草原地区可使用风能、太阳能,采用自然采光、自然通风,使用循环水等,符合绿色饭店要求。

二、旅游餐饮设施规划

(一)餐位预测

餐位数的预测,一般按下列公式计算:

$$餐位数 = \frac{日游客总数 \times 入座率 \times 入座次数}{日均周转率 \times 高峰系数}$$

入座率通过调查获得,它与餐厅选址、餐饮类型等有关,一般取 $60\% \sim 80\%$。有些

远离城市的旅游区,游客的入座率可取高一些。入座次数是指游客在旅游区内的日均入座次数。日均周转率是每日平均周转次数,餐厅一般为2~4次,茶楼可达6次。高峰系数是高峰期游客数与平均游客数的比率。

(二)旅游餐饮设施规划要点

1. 旅游餐饮设施的空间布局

旅游餐饮设施的空间布局,需要注意以下几点。

(1)尽量布局在游客集中活动的区域。

(2)充分考虑游程的安排,方便游客的游览活动。比如,计算游客从住宿地到主要景点按平均速度游览需花费的时间,在邻近中午时到达的地方要规划餐饮设施。

(3)旅游餐饮设施的布局,要避免对环境造成污染,要远离溪流、瀑布、湖泊等水体,要远离生态脆弱的地区。

(4)旅游餐饮设施布局要避免对旅游景观产生负面影响,不能布局在重要旅游景观的附近,不能对旅游景观的视觉效果产生不良影响。

2. 旅游餐饮设施的类型选择

旅游餐饮设施类型众多,如中餐厅、西餐厅、风味餐厅、快餐厅等。其中,中餐厅又可分为川、粤、鲁、闽等类型,西餐厅也可分为欧式、美式等。旅游区餐饮设施类型,主要根据客源状况确定。

3. 确定旅游餐饮设施的档次

旅游餐饮设施的档次一般分为高档、中档、低档(经济型)。档次的确定主要根据餐厅定位和旅游区游客的消费能力。

三、旅游娱乐设施规划

旅游景区娱乐是借助景区工作人员和景区活动设施,给游客提供的表演欣赏与参与性活动,使游客得到视听及身心的愉悦。

(一)旅游娱乐活动类型规划

在现代旅游活动中,娱乐的类型众多,分类标准不同。较为常见的分类方案如下。

按活动规模和提供频率,旅游景区的娱乐设施可分为小型常规娱乐和大型主题娱乐(陈南江,1997)。前者是旅游景区长期提供给游客的娱乐设施及活动,具体分类见表9-6;后者则是旅游区经过精心组织策划,可以作为专门的吸引物加以开发的娱乐项目。

表9-6　旅游景区小型常规娱乐形式分类

大类	细分类型	特征及举例
表演演示型	地方艺术类	法国驯蟒女;日本茶道、花道;吉卜赛歌舞等
游戏游艺类	古代艺术类	唐乐舞、祭天乐阵、楚国编钟乐器演奏等

续表

大类	细分类型		特征及举例	
参与健身型	风俗民情类		绣楼招亲、对歌求偶	
	动物活动类		赛马、斗牛、斗鸡、斗蟋蟀、动物算题	
	游戏类		节日街头(广场)舞蹈、摆手舞、秧歌、竹竿舞	
	游艺类		匹特博射击、踩气球、单足赛跑、猜谜语、卡拉OK	
	人与机械	人机一体	操纵式	滑翔、射击、赛车、热气球
			受控式	过山车、疯狂老鼠、拖曳伞、摩天轮
		人机分离	亲和式	翻斗乐
			对抗式	八卦冲霄楼
	人与动植物	健身型		钓虾、钓鱼、骑马
		体验型		观光茶园、观光果园、狩猎
	人与自然	亲和型		滑水、滑草、游泳、温泉疗养、潜水
		征服型		攀岩、原木劳动、迷宫、滑雪
	人与人	健身型		高尔夫球、网球、桑拿
		娱乐型		烧烤、手工艺品制作

根据性质不同,目前较为流行的娱乐活动可分为歌舞类、体育健身类、游戏类、知识类、附属类等。

在进行旅游景区娱乐活动类型选择时,应充分考虑旅游区的性质和游客的需求。度假型旅游区的娱乐活动应偏重体育健身,强调参与性,选择一些高端的娱乐活动;城市旅游区的娱乐活动应强调综合性,以适应多种类型游客的需要。

(二)旅游娱乐设施空间布局规划

旅游娱乐设施的空间布局规划,主要应考虑以下因素。

1. 交通条件

旅游娱乐设施应布局在交通通达性好的地域,应有充裕的停车场、码头等交通附属设施。

2. 用地条件

娱乐设施除必要的建筑物外,还需要修建停车场及其他配套设施,占用土地面积较大,特别是部分室外旅游娱乐设施,如高尔夫球场、网球场等,在空间布局时要充分考虑用地状况。此外,还应考虑地价的高低。

3. 基础设施条件

水、电、气、通信等基础设施是旅游娱乐设施及其经营过程中必备的条件。其中,最为重要的是电。室内娱乐项目耗电量较大,应选址在电力供应有保障的地区。

4. 周边环境条件

旅游娱乐设施一般应与旅游接待中心、购物中心、文化中心和餐饮服务中心等毗邻,周边应有完善的公共服务机构,如治安管理机构、消防机构等。但旅游娱乐场所不能选址在学校、医院等单位的附近,有可能造成干扰。

四、旅游购物设施规划

旅游购物设施是指为旅游者提供购物活动的场所。为方便游客购物,往往在旅游目的地集中布局一些出售特色旅游商品的场所。不同类型的旅游目的地的旅游购物设施规划存在差异性。

(一)旅游城市

可规划旅游商品购物区、旅游商品购物街等。一般应布局在交通便捷、客流集中的旅游中心街区,游客出入的集散地,如机场、车站、码头等。

(二)重点旅游城镇

可规划"旅游购物一条街"、专业性旅游商品市场等。"旅游购物一条街"多选择在有特色的地段,如阳朔西街、重庆磁器口等。

(三)旅游景区(点)

可规划旅游商品销售区、旅游商品销售点等。一般布局在旅游景区(点)的出入口处,以及游客较为集中的地方。

五、游览设施规划

(一)游览设施类型规划

旅游区游览设施的类型众多,常见的有亭,台,楼,阁,塔,舫,榭,廊,桥,游道座椅等。

1. 亭

亭是一种有顶有柱,四周无墙壁的建筑物,最早出现于南北朝时期。其主要是供游客停留休息。建筑材质有木、石、砖、竹、钢筋水泥等,多建于山巅、湖心、花间、树荫、桥头、桥上。亭的类型多样,按平面形状分有三角亭、方亭、圆亭、矩形亭、六角或八角亭、扇面亭、梅花亭、套方亭;按屋顶层数有单檐亭、重檐亭;按屋顶的形式有攒尖亭、盝顶亭、歇山亭;按所处位置有桥亭、路亭、井亭、廊亭等。

2. 台

中国古代一种高而平的建筑,一般用土石和砖头垒砌而成。其主要功能是供游人眺望、游览观赏。

3. 楼、阁

早期,楼与阁有区别。楼为重屋,在建筑群中处于次要地位;阁则下部架空、底层高悬,在建筑群中居主要地位。后来,楼与阁逐渐互用。楼阁的主要作用是观景、赏景,如黄鹤楼、岳阳楼、大观楼、滕王阁等。

4. 塔

塔本来是一种佛教建筑,在我国有着悠久的历史。但随着历史的发展,其作用已逐渐超越了宗教的范围，有了更多的社会实用意义。塔具有登临远眺、点缀山川的作用，是一种非常重要的景观建筑。由于塔的体形高峻，在远处可以望见，所以成为导航的标志，在许多江河转折、海岸港岔、桥梁泮渡处，都建有专门或兼有导航功能的塔。

5. 榭、舫

榭，原指建在高台上的敞屋，只有楹柱而没有墙壁，后将建于水边或水上的建筑称为榭，用于点缀水岸或供游客观赏水景。其多为长方形，建于水边或架于水上，故名水榭。

舫，水边建筑，造型仿船，又名旱船，多以石材建造。主要作为观赏水景、品茗、宴客的场所。

6. 廊

中国古代有顶的通道建筑，主要用来遮阳、避雨供人小憩。在现代旅游区中，还具有赏景、连接建筑、引导游览、增添景色等功能。廊的形式多样，有直廊、曲廊、复廊、山廊、涉水廊、双层廊、花廊、游廊等。

7. 桥

作为旅游区游览建筑的桥，交通功能退居次要地位，点缀景观、增添自然情趣与意境美成为其主要功能。因而在设计上多夸张、浪漫，富于情调。

8. 游道座椅

游道座椅主要位于旅游区游道两旁，供游客休息之用，其功能与亭类似，但建造更简单、经济，成为现代旅游区常常选择的游憩设施。

(二) 游览设施的布局规划

游览设施必须布局在恰当的位置，按照一定比例设置，既不能过多，也不能不足。例如，座椅按游客数量的20%～30%设置，每200米左右设一组；亭子主要规划在山顶或能吸引视线的地方；楼、阁、台应布局在旅游区较高的地方，便于观景；水榭、石舫主要布局在水边。

(三) 确定游览设施的材质

根据游览设施的类型、用途和地方特色选取材质。一般要考虑用途，如长期负荷大量游人的桥梁，需要选择坚固、承重的材质，如钢筋混凝土；有些游览设施则应重点考虑与周围环境的协调，如有些亭子可以采用草顶的竹子结构。

知识链接 9-1

第三节 旅游解说系统规划

解说系统是旅游目的地诸要素中重要的组成部分，是旅游目的地教育功能、服务功能、使用功能得以发挥的必要基础，是管理者用来管理游客的关键工具。因此，旅游解说系统规划是旅游区规划的重要内容。

一、旅游解说系统概述

(一)旅游解说系统相关概念

1. 解说和解说系统

解说就是解释和说明的意思,它是指为了帮助人们认识和理解某种事物或现象而做的解释性、说明性工作。解说系统就是运用各种媒体和表达方式,使特定信息传播并到达信息接受者中间,帮助信息接受者了解相关事物的性质特点,并达到服务和教育的基本功能(吴必虎等,1999)。

2. 旅游解说

旅游解说是为了使游客能顺利实施旅游行为,旅游管理者利用各种媒介设施将与目的地相关的各种旅游信息传递给游客的过程(张明珠等,2008)。

(二)旅游解说系统的类型

1. 按旅游解说的主体分类

按照旅游解说的主体,可将旅游解说分为向导式解说和自导式解说。有的研究者将向导式解说称为动态解说系统,自导式解说称为静态解说系统(罗燕、胡平,2008)。

(1)向导式解说。

向导式解说是指以具有能动性的专门人员向游客进行主动的、动态的信息服务。向导式解说的主体包括导游、讲解员、问讯处工作人员或其他专业人员,主要向游客提供讲解服务、导游、信息咨询等。

向导式解说的优点表现在以下几个方面:

一是双向沟通,实现旅游者与导游人员的近距离接触,游客在旅游过程中的各种疑问可以得到及时的回答。

二是可以提供个性化服务,满足不同类型旅游者的个性需求。

三是向游客提供丰富的信息,信息内容广泛。

向导式解说的缺点是解说的准确性和可靠性不确定。

(2)自导式解说。

自导式解说是指通过书面材料、标准公共信息图形符号,以及电子导游讲解等无生命的设施、设备向游客提供的单向信息服务。

2. 按解说媒介的表现形式分类

刘艳红(2009)根据解说媒介的表现形式,将旅游解说分为显性旅游解说系统和隐性旅游解说系统。

1)显性旅游解说系统

以显而易见的方式被人们大量接触的旅游解说系统,由旅行社、旅游景区管理部门提供,是整个解说系统的核心部分,其目的是让游客方便、快捷、全面地了解旅游目的地的相关信息。

显性旅游解说系统主要包括以下子系统:

(1)人员解说系统。

人员解说系统,即导游、景区讲解员等向游客进行的面对面的解说服务,是一种主动的、动态的信息传递方式。

(2)非人员解说系统。

非人员解说系统,是指没有人员介入的解说媒介,主要包括标牌(全景牌示、景点牌示、交通导引牌示、警示牌示、服务牌示、教育牌示等)、展览(文字、图片、实物、模型、沙盘等)、视听媒介(幻灯片、录像、电影、电子触摸屏、自助语音导游等)、印刷品(旅游地图、导游手册、相关书籍、门票等)、旅游纪念品、互联网等组成的旅游解说系统。

(3)游客中心。

游客中心是旅游区(点)设立的为游客提供信息、咨询、游程安排、讲解、教育、休息等旅游设施和服务功能的专门场所。游客中心将人员解说和非人员解说结合在一起,是一种综合的旅游解说系统。

2)隐性旅游解说系统

隐性旅游解说系统在旅游目的地以不显著形式存在,是与游客旅游活动的顺利开展紧密相关的旅游解说系统。

隐性旅游解说系统主要包括以下子系统:

(1)交通导引解说系统。

交通导引解说系统,指引导游客到达旅游目的地的解说物,一般设置于旅游目的地的机场、车站、码头等游客集散地或主要交通干线两边,多以交通标识或交通地图的方式表示。

(2)接待设施解说系统。

接待设施解说系统,指对旅游接待设施进行指示和说明的旅游解说物。

(3)公益宣传解说系统。

公益宣传解说系统,指对旅游目的地进行介绍,或进行旅游环境保护、旅游资源保护的旅游解说物。

3.按旅游解说系统的空间结构分类

根据旅游解说系统的空间结构,可将其分为交通导引解说系统、接待设施解说系统、景观游览解说系统、游客中心解说系统、景区外辅助解说系统、可携性解说系统(文首文,2008)。

4.按旅游解说内容分类

张立明和胡道华(2006)根据旅游解说的内容,将其划分为环境解说系统、吸引物解说系统、旅游设施解说系统和旅游管理解说系统等类型。

(三)旅游解说系统的功能

1.导游功能

旅游解说系统中,无论是自导式解说,还是向导式解说,均是以向游客提供旅游目的地的各种信息,让游客的旅游活动顺利实施为目标。因此,引导游客游览,完成旅游活动是其最主要的功能。

导游功能实际上包含了旅游解说中的各种服务功能,如咨询服务、交通导引服务、气象服务等,这些服务的目的同样是方便游客在旅游目的地游览,属于广义的导游功能。

2. 教育功能

在旅游景区的解说物中，说明型解说物占的比重较大。说明型解说主要是针对旅游景区内的各种自然和人文景观的形状、成因、特色等进行说明，这些说明内容都具有权威性，游客通过阅读解说物，可以增加自己在某些方面的知识。在说明型解说物中，还有一部分属于特殊旅游活动技能的介绍，如滑雪、户外生存、登山等，游客通过准确的文字和图像资料，在短时间内可以掌握某种运动技能。

3. 保护功能

旅游解说系统的保护功能主要体现在三个方面：

一是保护游客，通过旅游解说系统，确保游客在游览过程中不受伤害。

二是保护旅游资源，提醒和制止游客对旅游资源的破坏。

三是保护旅游环境，通过旅游解说系统提醒、要求游客树立保护旅游环境的意识，加强对环境的保护。

4. 管理功能

旅游解说系统可以承担旅游景区的部分管理功能，如环境保护、秩序维护、友情提示、危险警示、危机处置等。

5. 广告功能

恰当地设置旅游解说物，特别是在城市、主要交通线两侧，以及交通工具上的旅游解说，往往可以起到户外宣传的作用，会对游客的旅游行为产生较大的影响。

二、旅游景区解说系统的规划设计

旅游解说系统规划涉及的区域十分广泛，既包括旅游目的地的交通场所、交通干线两侧，也包括主要的旅游设施所在地，但最集中、最有代表性的应该是旅游景区内部。旅游景区的解说系统规划是旅游区控制性详细规划和修建性详细规划的重要内容。

旅游景区内解说系统规划的内容主要包括导游解说系统规划、标牌解说系统规划、游客中心规划、音像解说系统规划、印刷物解说系统规划等。

（一）导游解说系统规划

导游解说系统，即向导式旅游解说系统，是由专业的导游向游客进行的解说服务。旅游景区从事导游服务的人员称作导游或讲解员。

对景区导游的基本素质要求，应按照国家标准《导游服务规范》（GB/T15971—2010）的相关规定执行。如导游应热爱祖国，遵纪守法，恪守职业道德，自觉维护国家利益、民族尊严和旅游者与旅行社的合法权益，自觉抵制团队运作过程中的违法行为。

不同等级的旅游景区，在导游服务质量上的要求不一样，应符合国家标准《旅游区（点）质量等级的划分与评定》（GB/T 17775—2003）的相关规定。如国家 5A 级旅游景区的导游（讲解员）的要求为：持证上岗，人数及语种能满足游客需要；普通话达标率 100%；导游（讲解员）均应具备大专以上文化程度，其中本科以上不少于 30%；导游（讲解）词科学、准确、有文采；导游服务具有针对性，强调个性化，服务质量达到《导游服务规范》中的要求。

导游抵达景点后，应对景点进行讲解。讲解内容包括该景点的历史背景、特色、地位、价值等。讲解语言应生动、繁简适度。

在景点讲解的过程中,应保证在计划的时间与费用内,让游客能充分地游览、观赏,做到讲解与引导游览相结合,适当集中与分散相结合,劳逸适度,并应特别关照老弱病残游客。导游应注意旅游者的安全,要自始至终与游客在一起活动,并随时清点人数,以防旅游者走失。

(二)标牌解说系统规划

旅游景区标牌是一种载有图案、标记符号、文字说明等内容的能够解说、标记、指引装饰的功能牌(张立明、胡道华,2006)。它具有直观简洁、使用简便、易于识记等特点,是旅游者获取目的地信息的重要手段。旅游景区标牌具有解说、广告、教育、服务等功能,是旅游景区规划设计的重要内容之一,是旅游景区解说系统规划的重中之重。

1. 旅游景区标牌规划设计的原则

(1)以人为本原则。

旅游景区标牌的主要受众是游客,标牌的规划设计要充分考虑游客的心理,站在游客的角度进行人性化设计。

首先,标牌的内容表达应通俗易懂,将科学性和趣味性结合起来,不能出现过于专业、生涩的文字。

其次,标牌上不宜使用命令和不友好语气的标语,否则会影响游客的游览情绪。

再次,标牌的高度应恰当,保证绝大多数游客能正常看到。

最后,标牌上字体的大小、颜色应恰当,方便游客阅读。

(2)与环境协调的原则。

做到与环境协调,要遵循以下几项原则:

首先,标牌的颜色与环境协调。标牌本身的颜色与标牌上文字和图件的颜色,要尽可能与所处环境协调,颜色对比不能过于强烈。

其次,标牌的样式与环境协调。标牌的外形特点、大体风格要根据景区的类型、特色及环境特征确定。

最后,制作标牌的材料与环境协调,尽量就地取材。但文博院馆、历史遗迹、主题公园等景区标牌一般不使用天然的石材、木材,应以人工合成材料为主。

(3)系统化原则。

同一景区的同类标牌在规格、材质、造型、颜色、风格上应尽量统一。

(4)规范化原则。

旅游景区标牌做到规范化,要遵循以下几点:

首先,标牌的内容应规范。标牌上的文字和图标都要采用规范表达方式,简洁醒目。指示的文字不宜过长,语义应清楚准确,不能模棱两可,不宜引起歧义和混乱;图示要简洁明了,指示信息必须正确无误;旅游景区标牌要使用双语甚至多语种,外文翻译应准确,不宜同时使用汉语和汉语拼音,因为汉语拼音国内游客不会去看,外国游客又看不懂。

其次,公共信息符号要规范。符号中涉及的文字、图案、颜色等均按照国家标准《公共信息图形符号》(GB/T10001.1—2012)的相关规定执行。

最后,标牌的摆放和安置要规范。景区内标牌既不能过于稠密,也不能过于稀疏,如何设置,要经过科学论证。

2.旅游景区标牌的内容设计

(1)景区标牌内容设计的原则。

景区标牌内容设计的原则包括以下几个方面的内容:

①简明。切忌文字冗长,表达不明确。

②准确。内容必须准确,切忌模棱两可。

③科学。内容必须是广泛公认的,不能采用一家之言或不确定信息。

④完整。标牌上的内容要完整,不能有所遗漏。

(2)景区标牌内容设计的具体要求。

不同类型的景区标牌,其内容要求不一样,具体如表9-7所示。

表9-7 不同景区标牌的内容要求

标牌类型	内容要求
景区介绍牌	景区位置;景区内特色资源;景区旅游服务;旅游须知;景区导游图等
景点名牌及介绍牌	景点名称;景点的特色
景观名牌	景观的中英文名称,若是单体的动植物,除中英文名称、拉丁文名称外,还应有它们的科、属、种等信息
旅游交通设施解说牌	国际通用图标(限速、限重、转弯等);方向指示(箭头);地名(下一个将要经过的地点或景点);距离数(标注到下一个景点的距离数)
配套设施解说牌	国际通用图标;方向指示(箭头);文字说明
环境解说牌	中英文介绍;图片
功能提示牌	地图;方向指示;中英文名称
导示牌	地图(环线图、位置示意图等);图标(景区荣誉图标)
友情提示牌	中英文提示标语
安全管理标志牌	国家规定的图标,如"严禁烟火"图标;文字说明,如中英文的"小心落石"等

(资料来源:张立明、胡道华《旅游景区解说系统规划与设计》,中国旅游出版社,2006年版。)

3.旅游景区标牌的布局规划

景区内的标牌主要集中于以下区域。

(1)景区出入口处。

景区出入口处主要布局全景指示图、全景导游图、风光图、游客须知等。

全景指示图布局于客流聚集处、旅游信息服务中心、停车场及景区入口处;全景导游图布局于景区大门外侧售票处附近显眼位置,可与景区简介、景区游客须知牌等并排设置;在售票处显眼位置应悬挂票价表、购票须知、营业时间、游览须知等服务指南类标牌。

(2)景点出入口。

景点出入口主要布局出入口标识、景点名牌、景点介绍牌等。

(3) 景区道路沿线。

在景区(点)内部的公路和游道沿线游客便于停留的地方(如观景台、观景点)，主要设置环境解说牌；景区(点)内主要通道、岔路口应布局引导标牌和各类交通标牌，还可根据需要设置友情提示牌。如提醒游客所处位置的负氧离子浓度，提醒游客"请勿喧哗""勿乱扔垃圾"等；在游道沿线酌情设置安全标牌；在公路干道通往景区的交通节点，设置景区风光牌，以展示景区最佳风光。

(4) 景点内部。

景点内部没有统一的标准，因景点不同而各异。一般而言，景观名牌分布在景观密集处；功能提示牌位于景点的出入口；导示牌分布于景点的出入口、游道转弯和岔路口；安全提示牌、公益提示牌、友情提示牌等根据景点情况酌情布局。

(三) 游客中心规划设计

游客中心又称游客接待中心，是旅游景区设置的向游客提供游览景区所必需的信息和相关服务的场所。游客中心是集旅游接待、信息咨询、形象展示、宣传教育、相关旅游服务等多种旅游功能于一体的综合性服务区。

目前，我国旅游景区的游客中心主要分为实体游客中心和虚拟游客中心。

1. 实体游客中心的规划设计

实体游客中心是指客观存在于旅游景区内，由相关设施和服务构成的旅游解说系统。

1) 实体游客中心的基本要求

旅游景区的等级不同，对游客中心的要求也不一样。国家标准《旅游区(点)质量等级的划分与评定》(GB/T 17775—2003)中，对此做了明确的规定(见表9-8)。

表9-8 不同等级旅游景区对游客中心的要求

景区等级	对游客中心的要求
5A	位置合理，规模适度，设施齐全，功能体现充分；咨询服务人员配备齐全，业务熟练，服务热情
4A	位置合理，规模适度，设施齐全，功能完善；咨询服务人员配备齐全，业务熟练，服务热情
3A	位置合理，规模适度，设施、功能齐备，游客中心有服务人员，业务熟悉，服务热情
2A	为游客提供咨询服务的游客中心或相应场所，咨询服务人员业务熟悉，服务热情
A	为游客提供咨询服务的场所，服务人员业务熟悉，服务热情

(资料来源：根据《旅游区(点)质量等级的划分与评定》(GB/T 17775—2003)相关内容整理而成。)

2) 实体游客中心的选址规划

选址是景区游客中心规划的核心。选址是否恰当直接关系到游客中心的功能能否得到充分发挥。

在游客中心选址时应着重考虑以下因素：

（1）游客的空间集聚程度。

游客中心的布局应充分考虑游客在景区内的空间集聚程度，一般而言，应布局在游客集中区域，如景区入口、景区内交通换乘处和重要节点。大多数旅游景区的游客中心都是位于景区的入口处。

（2）用地状况。

因为游客中心的建筑物本身要占据一定的面积，同时，游客人流的集聚也会导致交通工具的集聚，所以游客中心所在地一般应配置面积较大的广场或停车场，在选址时要充分考虑用地条件，一般应选址于面积较大、地势平坦的区域。

（3）基础设施供应条件。

游客中心必须位于主要交通线上，同时，水电气的供应要充足。只有同时具备了这些条件游客中心才能正常运转。

（4）自然灾害状况。

游客中心选址时应避开自然灾害区域，确保游客的安全。

（5）生态敏感性。

由于游客中心会聚集游客，势必产生大量垃圾、噪声等，这会给生态环境敏感的地区带来生态灾难，必须予以回避。

3）实体游客中心的功能区划分

不同旅游景区的游客中心的功能区是不完全一样的。张立明和胡道华（2006）认为，绝大多数景区的游客中心应具有旅游信息咨询区、景区风光展示区、售票区、旅游商品销售区、导游服务区、旅游服务预订区、其他服务区等，每个功能区所担负的功能各不相同（见表9-9）。

表9-9　景区游客中心的主要功能区

功能区名称	主要功能
旅游信息咨询区	提供综合信息的服务区，为游客提供景区内的相关信息，如旅游景观介绍、当地的历史文化、风土民情、游览线路、服务设施分布、交通工具的运行情况、求救电话等
景区风光展示区	展示景区的优美风光，如陈列景区风光图片、播放景区风光视频等
售票区	出售景区内的各种票据，如门票、景区内交通工具票据、景区内游乐设施票据、景区内保险票据等
旅游商品销售区	向游客出售景区的土特产品、旅游纪念品，以及旅游用品等
导游服务区	向游客提供导游服务。游客可在此雇请导游（讲解员），租用便携式解说器，免费领取导游图、导游手册等印刷品
旅游服务预订区	游客可在此处预订景区内的餐饮、住宿、交通、娱乐等服务项目
其他服务区	游客在景区内游览时涉及的其他服务，如失物招领、物品存放、医疗服务、邮政服务、残疾人设施提供等

（资料来源：张立明、胡道华《旅游景区解说系统规划与设计》，中国旅游出版社，2006年版。）

2. 虚拟游客中心的规划设计

所谓虚拟游客中心,就是将景区游客中心设置在客源接触面更广泛、互动性更强的互联网上,为潜在的旅游者提供旅游预体验、旅游咨询、出游咨询等方面服务的网上旅游解说系统。

虚拟游客中心主要由景区形象展示系统、在线预订服务系统、虚拟游程体验定制系统、互动与咨询服务系统组成(见表9-10)。

表9-10 虚拟游客中心的组成

系统名称	主要内容
景区形象展示系统	将与旅游景区形象相关的资料、图片、音像制品集中展示出来,如旅游景区的标识、形象口号、形象定位、旅游吉祥物、旅游标准字体、标准色、有代表性的图片等
在线预订服务系统	提供与旅游景区相关的各类票务预订服务,如景区门票、交通票、演出票、住宿及其他设施和服务预订等
虚拟游程体验定制系统	以步移景换的方式,使浏览者对旅游景区进行在线游览体验。定制系统可让使用者提供自己的时间、兴趣爱好、经济情况、游伴等信息,由系统设计出不同的游览方案
互动与咨询服务系统	游客在出游前能与旅游目的地的工作人员联系,咨询天气、票务、交通、食宿等信息;也可以与旅游归来者交流旅游感想

(四)旅游景区音像解说系统规划

旅游景区可以充分利用现代科技成果,使用音像设施和制品进行解说,帮助游客完成游览活动。

1. 影像放映厅

将景区宣传片,或拍摄的以景区为背景的影视作品,在影像放映厅不间断播放,让游客对景区的主要看点等有大致的了解。

影像放映厅既可以布局在游客中心,也可以单独设置,应宽敞通风、环境舒适。

2. 投影屏幕、触摸屏

投影屏幕是利用计算机制作反映景区特色风光的幻灯片,进行不间断播放的一种旅游解说方式,投影屏幕一般布局在景区人流量集中区域的显眼位置。触摸屏是根据观看者自己的意愿选择观看对象的一种影像解说设施,应布局在景区出入口、交通节点等人流量大的地方。由于这些内容均借助计算机来实现,语言应通俗易懂,内容要经常更新。

3. 广播及背景音乐系统

广播是以声音为主的信息传播媒介,景区广播传出来的声音包括语言和音乐。景区可以通过广播播放景区的基本情况、游客须知、与景区相适应的背景音乐等。广播使用的是有声语言,能刺激游客的听觉,让游客产生亲切感和归属感,传播效果较好。同时,利用广播播放,程序简单,成本低,但它不能让游客在听到声音的同时看见画面,不能满足游客视觉上的要求。

4. 便携式语音解说系统

便携式语音解说系统是根据旅游景区的特点借助通信、无线调控技术、微电脑控制、语音压缩,以及 GPS、GSM 等现代技术手段开发的便携式语音解说设备,并利用该设备为游客提供讲解服务的一种自助导游方式(张立明、胡道华,2006)。

便携式语音解说系统主要包括播放式语音导游器、感应式电子语音导游器、手控式电子语音导游器、无线接收语音导游器、手机接收语音导游器等。其中,感应式电子语音导游器是将解说内容通过语音压缩技术,压缩在芯片中,然后将芯片置于需要解说的对象物上。当游客携带解说器到达该对象物时,解说器会与之产生感应,自动启动信号,从而实现自动解说的一种语音导游器。手机接收语音导游器由移动通信运营商划拨出一个号段给景区,游客到达景区后,会发送一个信息给信息平台,手机将变成一个自动讲解器。

(五)旅游景区印刷物解说系统规划

旅游景区还可以通过印刷物对游客进行自导式解说。常见的印刷物主要有旅游地图、旅游指南、旅游风光画册、旅游宣传彩页、景区资料展示栏、书籍报刊等。

1. 旅游地图

旅游地图是景区印制的标明景区地理位置、景点分布旅游线路等内容的地图,附有文字性介绍,如景区概况等。这类旅游地图有的需要游客付费购买,有的则是附在景区门票上,免费提供给游客。

2. 旅游指南

旅游指南是指导游客游览的资料和信息汇编。由于不受字数和版面的限制,旅游指南内容丰富,包括景区简介、游客须知、旅游设施介绍、景点介绍、全景图、游线图、旅游咨询等。

3. 旅游风光画册

旅游风光画册是一种将旅游景区的优美图片、风光照片、景观特写、不常见的景象,以及具有纪念意义、现实意义的图片汇编制作的精美画册。

旅游风光画册上除了图片,还可以有少量文字。文字内容不像解说词那样突出科学性,应该比较优美、典雅。由于印制精美,成本较高,一般作为旅游纪念品出售给游客。

4. 旅游宣传彩页

旅游宣传彩页是向游客宣传景区旅游形象的一种印刷制品,单页双面,内容包括景区简介、景区导游图、景点享有的声誉、具有代表性和反映景区主题的图片、与图片相关的文介绍、景区联系电话、传真等。它既可以由旅游景区向游客免费发放,也可以通过旅行社的潜在游客发放,除了具有旅游解说功能外,还具有宣传功能。

5. 景区资料展示栏

在旅游景区内,将景观的解说内容用文字的形式印刷出来张贴在资料展示栏中,印刷纸张较大,内容丰富,图文并茂。

6. 书籍报刊

书籍主要是指由旅游景区组织编写出版的,以旅游景区和当地文化为背景,或直接反映景区资源特色。这些书籍作为旅游纪念品向游客出售。

报刊主要包括两类：一是对景区做介绍的大众性报纸或杂志；二是景区自己编辑印刷的内部报纸或杂志。报刊的主要内容包括对景区的总体介绍，对景区独特景观和特殊旅游活动项目的介绍等。报刊一般免费向游客发放。

> **本章要点**
>
> （1）旅游基础设施是指在与旅游有关的各种设施中，凡其主要使用者为当地居民，但也必须向旅游者提供或者旅游者也必须依赖的目的地的有关设施。主要包括两大类：①一般公用事业设施，如交通设施、通信设施、供电设施、给排水设施、供热设施、燃气设施等；②满足现代社会生活所需要的基本设施或条件，如银行、商店、医院、治安管理机构等。
>
> （2）旅游服务设施是指主要使用者为外来游客，但也可供当地居民使用的目的地有关设施。旅游服务设施包括旅游住宿设施、旅游餐饮设施、旅游娱乐设施、旅游购物设施、旅游问讯中心、游览设施等。
>
> （3）旅游服务设施的配置可依照以下原则：经济上可行；要与旅游区性质和功能相一致；要有一定的弹性。
>
> （4）旅游解说是为了使游客能顺利实施旅游行为，旅游管理者利用各种媒介设施将与目的地相关的各种旅游信息传递给游客的过程。
>
> （5）旅游景区内解说系统规划的内容主要包括导游解说系统规划、标牌解说系统规划、游客中心规划、音像解说系统规划、印刷物解说系统规划等。

核心概念

旅游设施　tourism facility

旅游设施规划　tourism facility planning

旅游基础设施　tourism infrastructure

旅游服务设施　tourism service facility

旅游解说系统　tourism interpretation system

旅游解说系统规划　tourism interpretation system planning

思考与练习

一、选择题（请扫描边栏二维码）

二、简答题

1. 请简要阐述旅游景区内部交通规划要点。
2. 请简要阐述旅游服务设施配置可依照的原则。

3.请简要阐述旅游餐饮设施规划要点。
4.请简要阐述旅游景区标牌规划设计的原则。
5.请简要阐述如何进行旅游景区标牌的布局规划。

三、实践操作题

假如你所在的大学校园要规划建设成为一个旅游景区,请以小组为单位,对其做一个旅游服务设施规划或旅游解说系统规划(二选一)。

推荐阅读

1.杰奎因·阿尔瓦多·巴侬,克里斯桑·安德拉什,潘友才.旅游基础设施[M].张安凤,译.桂林:广西师范大学出版社,2017.

2.赵梅红.基于地质景观保护的游线基础设施规划设计研究[M].武汉:华中科技大学出版社,2018.

第十章
旅游保障体系规划

学习引导

旅游规划的落地离不开土地、资金、人力资源等保障要素。旅游保障体系是旅游规划的辅助性内容,在很大程度上保证旅游规划的顺利实施。旅游保障体系规划主要包括旅游用地规划、旅游资源和环境保护规划、旅游人力资源规划以及旅游投融资规划等。这一章,我们就来学习这些内容。

学习目标

(一)知识目标
1. 了解:旅游人力资源规划。
2. 熟悉:"三区三线"与旅游用地规划、旅游投融资规划。
3. 掌握:旅游容量规划、旅游资源与环境保护规划。

(二)能力目标
1. 能够运用所学知识进行旅游容量测算。
2. 能够运用所学知识分析和评价旅游保障体系规划。

(三)价值塑造目标
1. 既要认识到土地、资金等旅游要素的重要性,更要重视人才和发挥人的主观能动性,有大局意识。
2. 树立"保护第一,开发第二"的旅游规划理念,注重旅游资源与环境保护,共建美丽中国。

第十章 旅游保障体系规划

思维导图

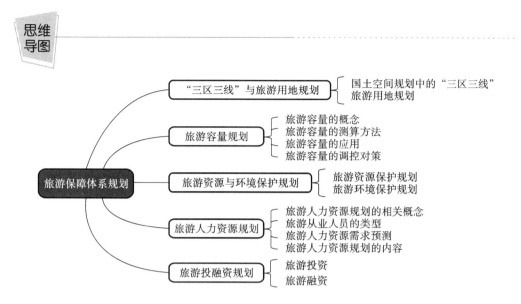

案例导入 10-1

第一节 "三区三线"与旅游用地规划

一、国土空间规划中的"三区三线"

中共中央、国务院发布的《中共中央 国务院关于建立国土空间规划体系并监督实施的若干意见》(中发〔2019〕18号)指出,编制国土空间规划体系应坚持生态优先、绿色发展,尊重自然规律、经济规律、社会规律和城乡发展规律,因地制宜地开展规划编制工作;坚持节约优先、保护优先、自然恢复为主的方针,在资源环境承载能力和国土空间开发适宜性评价的基础上,科学有序地统筹布局生态、农业、城镇等功能空间,划定生态保护红线、永久基本农田、城镇开发边界等空间管控边界以及各类海域保护线,强化底线约束,为可持续发展预留空间。

(一)"三区三线"的概念及其空间关系

"三区"是指生态空间、农业空间和城镇空间,对应的"三线"分别是生态保护红线、永久基本农田和城镇开发边界。

生态保护红线:指在生态空间范围内具有特殊重要生态功能、必须强制性严格保护的区域。

永久基本农田:是指为保障国家粮食安全和重要农产品供给,实施永久特殊保护的耕地。

城镇开发边界:是指在一定时期内因城镇发展需要,可以集中进行城镇开发建设、以城镇功能为主的区域边界,涉及城市、建制镇以及各类开发区等。

在空间关系上,"三区"各自包含"三线",已基本达成共识。生态空间,包括生态保护红线范围和一般生态空间。农业空间，包括永久基本农田和一般农业空间。城镇空间，包括城镇开发边界和边界外城镇空间。"三区三线"的空间关系如图 10-1 所示。

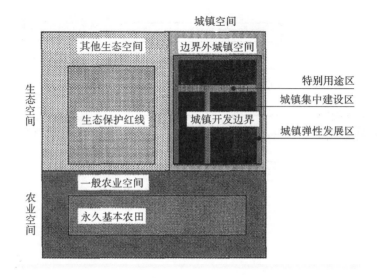

图 10-1 "三区三线"的空间关系

(资料来源：魏旭红、开欣、王颖、郁海文《基于"双评价"的市县级国土空间"三区三线"技术方法探讨》，《城市规划》，2019(7)。)

(二)划定三条控制线的总体原则

1. 底线思维，保护优先

以资源环境承载能力和国土空间开发适宜性评价为基础，科学有序地统筹布局生态、农业、城镇等功能空间，强化底线约束，优先保障生态安全、粮食安全、国土安全。

2. 多规合一，协调落实

按照统一底图、统一标准、统一规划、统一平台要求，科学划定落实三条控制线，做到不交叉、不重叠、不冲突。

3. 统筹推进，分类管控

坚持陆海统筹、上下联动、区域协调，根据各地不同的自然资源禀赋和经济社会发展实际，针对三条控制线的不同功能，建立健全分类管控机制。

二、旅游用地规划

(一)旅游用地的概念和分类

1. 旅游用地的概念

旅游用地作为旅游业发展的重要载体以及土地可持续利用研究的重要组成部分，其外延拓展和范围扩大导致土地利用综合性、复杂性、多功能性等特征更为显著，由于学者们对旅游、休闲和游憩的概念尚未达成共识，因此旅游用地与休闲用地、游憩用地等时常混用。

狭义的旅游用地是指经县级以上人民政府批准公布确定的各级旅游区内供人们进行旅游活动，具有一定经济结构和形态的旅游对象的地域组合。广义的旅游用地是指旅游业用地，即凡能为旅游者提供游览、观赏、知识、乐趣、度假、疗养、娱乐、休息、探险、猎奇、考察研究等活动的土地。

2. 旅游用地分类

旅游用地分类应按土地使用的主导性质划分。根据《城市用地分类与规划建设用地标准》(GB 50137—2011)，按照土地使用的主要性质，用地分类包括城乡用地分类、城市建设用地分类两部分。

在城乡用地分类中，旅游用地主要涉及独立建设用地(H15)，用地范围为商业服务业设施及风景名胜区、森林公园等的管理及服务设施用地，以及水域、农林等非建设用地(E)。

在城市建设用地中，旅游用地主要涉及文物古迹用地(A7)、商业服务业设施用地(B)、交通设施用地(S)、绿地(G)。

目前，我国旅游用地分类以国家标准的形式予以确定的是《风景名胜区总体规划标准》(GB/T 50298—2018)。该标准将风景区的用地分类按土地使用的主导性质分为10大类50个二级类型。

(二)旅游用地规划的一般原则

知识链接 10-1

旅游用地规划应符合下列基本原则：

1. 突出旅游(景)区土地利用的重点与特点

旅游土地利用规划应扩展风景游赏用地(甲类)，控制旅游服务设施用地(乙类)、交通与工程用地(丁类)、耕地(庚类)，缩减滞留用地(癸类)。应严格控制居民社会用地(丙类)，科学确定其规模，用地布局宜通过风景区详细规划确定，可并用城乡规划用地分类代码。

2. 保护风景游赏用地、林地、水源地、湿地和基本农田，确保旅游用地的可持续性

旅游用地的可持续性表现在，开发旅游资源的同时必须保护自然景观的原始风貌、人文景观的历史价值以及自然景观和人文景观的整体性。旅游用地的可持续利用应遵循短期效益与长远效益、局部利益与整体利益相结合的原则。

3. 因地制宜地合理调整土地利用，发展符合风景区特征的土地利用方式与结构

旅游用地的结构优化是确定旅游地土地利用格局的活动，资源质量组合和资源品质要达到生态效益最大化的目的。旅游用地结构优化的实质是合理利用。旅游用地既要满足旅游业发展的需要，又要达到生态优化和土地可持续利用。

(三)旅游用地规划要点

旅游用地规划应包括土地资源分析评估、土地利用现状分析及其汇总表、土地利用规划及其汇总表等。土地资源分析评估，应包括对土地资源的特点、数量、质量与潜力进行的综合评估或专项评估。土地利用现状分析，应表明土地利用现状特征，风景用地与生产生活用地之间的关系，土地资源演变、保护、利用和管理存在的问题。

旅游用地规划，应在土地利用需求预测与协调平衡的基础上，明确土地利用规划分区及其用地范围。

用地汇总应符合《风景名胜区总体规划标准》(GB/T 50298—2018)中的规定,并表明规划前后土地利用方式和结构变化。

相对集中的旅游服务设施用地(乙类),应明确建设用地规模、容积率、建筑高度、建筑体量、建筑色彩、建筑风貌等控制性指标或要求。

第二节　旅游容量规划

一、旅游容量的概念

(一)旅游容量的定义

《旅游规划通则》中将旅游容量定义为:在可持续发展的前提下,旅游区在某一时间段内,其自然环境、人工环境和社会经济环境所能承受的旅游及其相关活动在规模和强度上极限值的最小值。但这一概念较难理解,因此本书借鉴《风景名胜区总体规划标准》(GB/T 50298—2018)的定义:旅游容量又称游客容量、游人容量,是指在保持景观稳定性,保障游客游赏质量和舒适安全,以及合理利用资源的限度内,旅游区在特定时间内所允许容纳的游客数量。

(二)旅游容量的分类

旅游容量是一个概念体系,按内容尺度来分,特定旅游区的旅游容量可以分为空间容量、设施容量、生态容量和社会心理容量四类。

空间容量是指旅游资源依存的游憩用地和游览空间等有效物理环境空间能够容纳的游客数量。

设施容量是指旅游目的地的旅游从业人员向游客提供服务时依托的各项物质设施和设备能够容纳的游客数量,包括交通运输设施、食宿接待设施、游览娱乐设施、旅游购物设施、供水供电和安全卫生设施等的容量。

生态容量是指在景区生态环境承载力允许的范围内,景区可容纳的最大游客数量。

社会心理容量是指旅游者和旅游地居民双方对旅游活动的容忍上限、旅游活动对旅游地人文环境冲击的上限以及景区能够实施有效管理的上限的综合。

按时间尺度来分,特定旅游区的旅游容量可以分为瞬时(一次性)游客容量、日游客容量和年游客容量。一次性游客容量又称"瞬时容量",单位为"人/次";日游客容量的单位为"人次/日";年游客容量的单位为"人次/年"。

二、旅游容量的测算方法

(一)空间容量

旅游空间容量分为瞬时空间容量和日空间容量。

1. 瞬时空间容量的测算

瞬时空间容量是指旅游区在任意一个时点内旅游地的空间面积所能容纳的最大游客人数,景区瞬时空间容量 C_1 的测算公式为:

$$C_1 = \sum \frac{X_i}{Y_i}$$

式中: X_i 为第 i 景点的有效可游览面积;

Y_i 为第 i 景点的旅游者单位游览面积,即单个游客的基本空间占地标准。

单个游客的基本空间占地标准(Y_i)为:主景景点 50~100 m²/人;一般景点 100~400 m²/人;浴场海域 10~20 m²/人(海拔−2~0 m 以内水面);浴场沙滩 5~10 m²/人(海拔 0~2 m 以内沙滩)。

2. 日空间容量的测算

日空间容量的测算是在给出各个空间使用密度的情况下,考虑游客日周转率的情况下,测算不同空间的日空间容量,景区日空间容量 C_2 的测算公式为:

$$C_2 = \sum \frac{X_i}{Y_i} \times \frac{T}{t} = C_1 \times Z$$

式中: T 为景区每天的有效开放时间;

t 为每位旅游者在景区的平均游览时间;

Z 为整个景区的日平均周转率。

(二)设施容量

1. 瞬时设施容量

当景区设施容量成为景区容量的瓶颈时,或景区以设施服务为主要功能时,其瞬时容量取决于瞬时设施容量,瞬时设施容量 D_1 的公式为:

$$D_1 = \sum D_j$$

式中: D_j 为第 j 个设施单次运行最大载客量,可以用座位数来衡量。

2. 日设施容量

日设施容量与日空间容量的测算方法基本类似,景区的日设施容量 D_2 的公式为:

$$D_2 = \frac{1}{a} \sum D_j \times M_j$$

式中: D_j 为第 j 个设施单次运行最大载客量;

M_j 为第 j 个设施日最大运行次数;

a 为根据景区调研和实际运营情况得出的人均使用设施的个数。

设施容量的计算指标一般依据设施的座位数或床位数等计算。

(三)生态环境容量

依据《风景名胜区总体规划标准》(GB/T 50298—2018),生态环境容量测算的方法有三种:面积容量法、游道测算法和卡口容量法。

1. 面积容量法

以每个游人所占平均游览面积计。计算公式为:

$$C = \frac{A}{a} \times D$$

式中:C 为日环境容量,单位为人次;

A 为可游览面积,单位为 m^2;

a 为每位游客占用的合理游览面积,单位为 m^2/人;

D 为周转率,D＝景点全天开放时间(一般取 8 h)/游完景点所需时间。

依据《风景名胜区总体规划标准》(GB/T 5029—2018),游憩用地生态容量人均占地面积或单位面积容纳的游客数量应符合表 10-1 的规定。

表 10-1　游憩用地生态容量标准

用地类型	允许容人量和用地指标	
	(人/公顷)	(m^2/人)
(1)针叶林地	2～3	5000～3300
(2)阔叶林地	4～8	2500～1250
(3)森林公园	<15～20	>660～500
(4)疏林草地	20～25	500～400
(5)草地公园	<70	>140
(6)城镇公园	30～200	330～50
(7)专用浴场	<500	>20
(8)浴场水域	1000～2000	20～10
(9)浴场沙滩	1000～2000	10～5

注:表内指标适用于可游览区域。

(资料来源:《风景名胜区总体规划标准》(GB/T 5029—2018)。)

2. 游道测算法

游道测算法分为完全游道法和不完全游道法。

(1)完全游道法。

$$C = M \times D / m$$

(2)不完全游道法。

$$C = M \times D / [m + (m \times E / F)]$$

式中:C 为日环境容量,单位为人次;

M 为游道全长,单位为 m;

m 为每位游人占用的合理游览长度,单位为 m;

E 为沿游道返回所需的时间,单位为 h;

F 为游完全游道所需的时间,单位为 h;

D 为周转率。

每位游客占用的合理游览长度为 2～4 m,道路面积计为 5～10 m²。

3. 卡口容量法

卡口容量法公式如下：

$$C = B \times Q = t_1/t_3 \cdot Q = (H-t_2)/t_3 \cdot Q$$

式中：C 为日环境容量（人次）；

B 为日游客批数，$B = t_1/t_3$；

Q 为每批游客人数；

t_1 为每天卡口使用时间(h)，$t_1 = H - t_2$；

t_2 为游完全程所需时间(h)；

t_3 为每两批游客相距时间(h)；

H 为每天景区开放时间(h)。

(四)社会心理容量

社会心理容量的主要影响因素是拥挤度。对于它的测算也是一个比较复杂的问题。目前主要有两个模型可以利用：一是满意度模型，二是拥挤认识模型。

1. 满意度模型

周年兴(2003)构建了基于游客量和满意度的旅游心理容量测定模型。

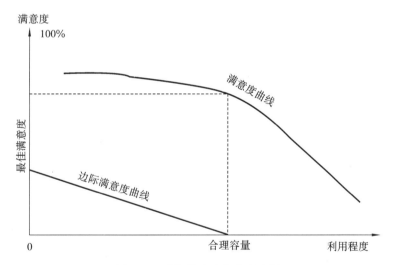

图 10-2　边际满意度与合理容量

(资料来源：周年兴《旅游心理容量的测定——以武陵源黄石寨景区为例》，《地理与地理信息科学》，2003(2)。)

从旅游者角度出发，当边际满意度等于 0 时，就达到游客社会心理容量的最佳值；边际满意度大于 0 时，增加游客量不会使游客满意度显著下降；当边际满意度小于 0 时，略微增加一些游客，游客的满意度呈显著下降趋势。

2. 拥挤认识模型

拥挤认识模型主要基于对人际关系距离的感知。游客之间的空间距离感知主要体现为社会距离。人际距离的几种类型见表 10-2。

表 10-2　人际距离几种类型

距离类型	适用对象	近程/cm	远程/cm
亲密距离	父母与子女、夫妻之间	15 cm 以内	15～45
个体距离	朋友、师生、亲戚之间	45～75	75～210
社会距离	同事、上下级、邻居之间	120～210	210～360
公众距离	演讲、演出、上课等	360～750	750 以上

社会心理容量的一般标准：游道人均游览长度为 1～3 m；陆地面积平均占地标准为 2 m²/人，山地面积平均占地标准为 4 m²/人，水面平均占地标准为 2 m²/人。

此外，孔博等（2011）提出了旅游地居民和游客的心理承载量测算模型，分为当地居民和游客心理承载力。

当地居民心理承载力测算公式为：

$$PEBC_1 = A \times P_a$$

$$P_a = \sum_{i=1}^{n} P_{ai} = \frac{R_i}{A_i}$$

式中：A 为旅游区面积（km²）；

P_a 为当地居民不产生反感的游客密度最大值（人/km²），R_i 为第 i 个景点的实际旅游人数，A_i 为第 i 个景点面积。

游客心理承载量测算模型公式为：

$$PEBC_2 = A \times P_a \times VDI$$

$$VDI = \frac{V}{R}$$

式中：VDI 为游客密度指数，也称游居比；

V 为游客人数；

R 为当地居民人数；

A 为旅游区面积（km²）；

P_a 为当地居民不产生反感的游客密度最大值（人/km²）。

（五）旅游容量的确定

目前认为要测算出某一旅游区的旅游容量，最基本的要求是测算其空间容量与设施容量，并分析生态环境容量和社会心理容量。如果上述四种容量都有测算值的话，那么一个旅游区的旅游容量应该是生态环境容量、社会心理容量、空间容量与设施容量之和三者中的最小值。

黄羊山（2010）指出，风景区游客的旅游行为和空间模式有很多种，尤其是在大型的风景区，很难用同一种方法求算空间容量，针对不同的旅游模式应该有不同的计算方法。另外，容量问题不仅仅是一个计算问题，而是基于管理、规划、设计和引导的综合性问题，还需要进行深入的研究。

三、旅游容量的应用

测算旅游容量的目的主要是在旅游规划、旅游开发和旅游管理中进行合理应用,防止旅游地超载对旅游资源和环境造成破坏,使旅游业真正得到持续、健康发展。

(一)合理设置旅游容量目标

1. 设置旅游区的年旅游容量

年旅游容量是指某一旅游区全年容纳的游客量,可表示为:

$$旅游区年旅游容量 = 旅游区全年可游天数 \times 日旅游容量$$

旅游区全年可游天数主要受地理纬度、气候条件、旅游资源的季节性、旅游活动类型等的影响。一般通过实地调查或查阅当地的气象资料、旅游区的经营资料等方式获得。

2. 设置旅游区的时点旅游容量

时点旅游容量,又称瞬时旅游容量,它是指旅游区在任意一个时点所能容纳的游客量,可表示为:

$$旅游区时点旅游容量 = \frac{旅游区日旅游容量}{周转率}$$

3. 分区旅游容量的设置

一个大的旅游区可以划分为不同的功能小区,在旅游区总容量的基础上,还应对各个分区的旅游容量进行设置。特别是一些生态敏感区和热点旅游区,更应该测算出其恰当的旅游容量,以便在旅游经营管理中予以控制。

4. 设置旅游区的分期旅游容量

旅游区近期、中期、远期的开发内容各异,设施容量不同开展的旅游活动内容不同,其旅游容量也不相同。一般而言,中远期的设施容量,其社会心理容量要比近期大一些,但空间容量相差不会太大。因此,就旅游区的总容量而言,中远期一般会大于近期。

(二)根据旅游容量情况把握好旅游推销的时机和力度

有些旅游区,在开发的初期阶段,由于旅游设施还不完善,旅游环境没有得到有效整治,其整体旅游容量较小。在这种情况下,不宜盲目进行大规模的宣传促销。

四、旅游容量的调控对策

(一)提高旅游区的旅游供给能力

要提高旅游区的旅游供给能力,具体举措如下:

1. 大力开发和宣传新的旅游景区,拓展旅游空间

旅游景区空间面积较小往往是制约旅游容量的主要原因。

2. 旅游区的后续增容性开发

优化空间布局、功能分区和线路设计,控制游客的活动范围和强度,避免走回头路。

3. 扩大旅游地居民的心理容量

有些旅游地的旅游容量较小，主要受制于旅游地居民的心理容量。在这种情况下，可以通过恰当的方式扩大旅游地居民的心理容量。旅游地居民的心理容量的大小，主要取决于其对当地发展旅游业的态度。因此，加大旅游地基础设施建设力度，大力吸收当地居民在旅游业中就业，增加其收入，以此来减轻发展旅游业给当地居民带来的诸如拥挤、物价上涨等负面影响，可以使旅游地居民的心理容量得到较大的提升。

(二) 实行游客人数总量控制，科学地分流旅游客源

对于绝大多数旅游地而言，旅游超载多表现为局部地方超载，季节性超载和局部时段超载，真正绝对超载的情况并不多。因此，可以从时间和空间两个方面科学地分流游客。

1. 利用价格杠杆调节旅游淡旺季

旅游旺季时提高旅游地各类旅游产品的价格，旅游淡季时则降低价格，可以调节一部分旅游客流，消除或减弱季节性超载。

2. 及时发布旅游信息，分流部分客源

通过现代信息手段和大众传播媒介，提醒游客避开当前达到旅游容量上限的热门景区或景点，从而影响旅游者选择旅游地的决策行为。

3. 建立并完善景区内部的疏散机制

对于旅游地的局部地方超载，可通过恰当的措施将超载地域的旅游客流分流到未超载的地域。具体方法如设计不同的游览线路，分时段开放游览，延长开放时间，对热门景点单独售票，及时发布拥挤信息和增加车辆调度等。

4. 通过行政手段分流

一是进行交通管制、门票禁售等，强制性限制进入，要少用慎用；

二是限制设施利用和建设，如限制停车位、索道等；

三是创新门票政策和宣传疏导，如宣传未超载景点错峰游览，采用套票制、买一赠一等。

(三) 完善旅游供求信息网络系统的建设

完善旅游供求信息网络系统的建设主要针对以下系统：

1. 信息发布系统

通过景区售票处、入口处、官方网站等渠道公布景区最大容量和是否超载等情况。

2. 预售预约系统

采用网上预约售票制度，实行日售票总量控制，提前预约可享受优惠价，使景区实现"削峰填谷"。

3. 监测系统

监测系统包括对资源环境状况和游客体验质量指标的监测。

4. 游客辅助调控系统

游客辅助调控系统也就是通过智慧景区建设，给旅游者提供及时的旅游信息，为旅游者优化旅游线路、合理调配游览行程。

(四)节假日及大型活动特别预案

举办大型活动的原则是"谁主办,谁负责",主办单位承担第一责任,审批单位承担监管责任。要求大型活动前,必须报上级主管部门同意,同时报当地公安、消防部门,审查批准后方准进行。

景区在黄金周、主要节假日及大型活动等重点时期,如遇有景区、展馆、桥梁和狭窄路段等处人员过多(室内达到1平方米/人、室外达到0.75平方米/人)或紧急情况和突发事件时,要立即启动应急预案,采取临时关闭景区、展馆、疏散游人等措施,并及时向有关部门报告。

知识链接 10-4

第三节 旅游资源与环境保护规划

旅游资源是旅游开发的基础,也是旅游地吸引游客的重要依托。然而,大多数旅游资源都具有不可再生性。在旅游活动中,一旦遭到破坏,就无法通过人工的方式再生。失去了旅游资源,旅游业的发展就成了无源之水、无本之木。因此,为了实现旅游业的可持续发展,必须加强对旅游资源的保护。旅游资源类型多样,保护的要求不一,应制定有针对性的保护规划。

旅游业作为一项环境资源型产业,对环境依存度高。良好的环境和自然生态系统是实现旅游业可持续发展的基本条件。环境价值是旅游价值的重要内容。经济开发与环境保护协调是旅游景区需要面对与处理的问题。如果旅游开发破坏了生态环境,那么就得不偿失了。因此,旅游环境保护势在必行。

一、旅游资源保护规划

(一)地质地貌旅游资源的保护规划

1.山体旅游资源的保护规划

山体旅游资源在旅游活动中具有观赏、休闲、健身、教育等多种功能。山体旅游资源的破坏主要来源于人类的生产活动、旅游建设活动,游客的不当行为也会对山体旅游资源造成破坏。

山体旅游资源保护规划的要点如下:

(1)严禁破坏旅游区的山体环境。

旅游区的山体环境是各类旅游景观形成的背景因素,必须加强保护。旅游区内修建公路、架设索道和桥梁、建造旅游设施应合理选址,精心设计,科学施工,要与周围山地环境相互协调。

(2)严禁破坏旅游区的山形。

在旅游区和游览道路的景观视线范围内,严禁开山采石,严禁修建对山形产生负面影响的高大建筑物,旅游区山体正面或游客视线所及范围内,禁止修建索道和盘山公路。

(3)对于体量较小的奇特山石,要予以特殊保护。

象形山石具有很强的观赏性和吸引力。对于奇特山石,应根据具体情况采取有针对性的保护措施。比如,设置隔离装置,避免游人近距离接触和乱刻乱画,控制游人的数量,避免超载带来的破坏等。

2.溶洞旅游资源的保护规划

溶洞因其幽深、虚幻、神秘、景观丰富等特点而对旅游者有着极大的吸引力。由于溶洞是一个相对封闭或半封闭的特殊生态环境,其生态系统十分脆弱,一旦受到污染或破坏,就很难恢复。因此,必须加强对溶洞旅游资源的保护。溶洞旅游资源保护规划的要点如下:

(1)维护岩溶地貌、洞穴体系及其形成条件,保护溶洞的各种景物及其形成因素,保护珍稀、独特的景物及其存在环境。

(2)防止溶洞开发中的建设性破坏。禁止在溶洞内进行有可能破坏溶洞生态环境和景观风貌的建设活动,如随意毁坏石笋、钟乳石,改变溶洞地下水的流向等。

(3)禁止在溶洞中人工开凿出口,防止"烟囱效应"的出现。一些开发单位,单纯从方便游客、避免游客走回头路的角度出发,在溶洞中开凿新的出口,形成空气强对流的"烟囱效应",极大地破坏了溶洞内的环境和景观。

(4)防止游客对溶洞景观的破坏。溶洞中的一些特殊景观,如鹅管、卷曲石,因其晶莹透明、观赏性强,部分游客在游览过程中随手扳折,据为己有。为此,可针对这些景观安装防护设施,或采取隔离措施,增加游客的观赏距离,杜绝游客的破坏行为。

(5)对溶洞内的灯光、灯具、各种电器进行有效控制,避免对溶洞环境造成不利影响。

3.其他地质地貌旅游资源的保护规划

对其他有科学和观赏价值的地质地貌旅游资源,如生物化石、典型地质构造、自然灾变遗迹、标准地层剖面等,应根据各自情况提出相应的保护措施。

(二)水体旅游资源的保护规划

1.江河旅游资源的保护规划

(1)严禁江河两岸的工矿企业和居民生活点直接向江河中排放污水。关停污染严重的工矿企业,建立污水处理设施,居民生活点和旅游接待设施的废弃物要集中处理。

(2)对江河中航行的船只加强监管,防止燃油和生活垃圾对江河的污染。

(3)严禁在游览区的江河中进行采砂作业。

(4)在江河的峡谷地带修建水利工程,应充分论证,避免有价值的江河旅游资源消失或观赏性降低。

2.湖泊旅游资源的保护规划

(1)作为生活水源的湖泊,不宜规划为水上运动场和开展水上娱乐活动,水上交通工具不能使用燃油动力设备。

(2)防止湖泊水体的富营养化。需要开展旅游活动的湖泊不能进行水产养殖,湖泊周边地区应积极发展生态农业,鼓励施用农家肥,使用无磷洗衣粉,定期对湖泊进行清淤等。

(3)严格控制湖畔建筑物的体量、高度、样式、色彩,防止造成对湖泊景观的不良影响。

3. 海滨旅游资源的保护规划

(1)控制海滨建筑物和防波堤离海岸线的距离。海滨的宾馆、餐馆、游乐场所等永久性设施离海岸线的距离应有 80~100 m。

(2)沿海工矿企业的工业污水和旅游区的生活污水,经过处理达标后才可排放到深海区,尽量减少对近岸海域的污染。

(3)对于各项海滩游乐、体育活动要加强管理,及时清除各类废弃物,确保沙滩的洁净。

(4)在游览海域航行的各类机动船舶,要防止机油和燃油的泄漏,减少对海水的污染。

4. 瀑布旅游资源的保护规划

(1)禁止在瀑布上游和景观视线范围内开办工矿企业,避免对瀑布景观造成破坏。

(2)保护瀑布周围的植被。瀑布上游要栽种水源林,瀑布周围应加强绿化,防止水土流失,破坏瀑布景观。

(3)可考虑建立瀑布蓄水系统,确保全年都能正常观赏瀑布景观。

5. 温泉旅游资源的保护规划

(1)有计划地开采温泉资源。应在科学测定温泉流量的基础上,适度开发浴池、温泉宾馆等,防止过度开发,避免水源枯竭。

(2)注意对温泉水脉的保护。

(3)游客使用后的温泉水应进行适当处理,防止出现新的污染。

(三)生物旅游资源的保护规划

1. 动物旅游资源的保护规划

(1)严格执行《中华人民共和国野生动物保护法》等国家有关保护野生动物的法律、法规,坚决打击滥捕乱杀、走私贩卖野生动物的违法活动。禁止旅游区餐馆出售野生保护动物相关食物,维护其正常的生态系统。

(2)严格保护野生动物的生存环境,维护其正常的生态系统。

(3)建立珍稀、濒危野生动物繁育基地。

(4)针对珍稀、濒危动物的科考旅游活动,要制定科学、周密的活动方案,经有关主管部门审批后进行,限定时间、地区和人数,并收取稀有资源保护费。

2. 森林植被旅游资源的保护规划

(1)科学管理,合理开发利用森林资源。严格控制计划外采伐,积极营造薪炭林,开发沼气等能源,减少旅游区居民因用柴而砍伐森林植被。

(2)加强森林防火。森林旅游区内要有专职或兼职消防人员,系统修建防火隔离带、瞭望台、蓄水池等设施,配备对讲机、灭火器等消防器材。

(3)强化森林病虫害防治。对森林病虫害要加强观察、预测,采取适当措施及早控制和消除。

(4)加强对游客的宣传教育,禁止(或控制)在林区野炊、吸烟,防止游客随意采摘花木枝叶。

(5)自然保护区和珍稀濒危植物保护中心,应严格执行《中华人民共和国自然保护区条例》,不得在核心区和缓冲区内开展任何形式的旅游活动,在试验区内有组织地、有控制地开展观光、科考、科普活动,不得搭建永久性住宿、餐饮、娱乐和其他设施。

(6)对古树名木分类登记,采取定期检查、隔离保护、专人监护等措施。

(7)维护原生种群和区系,培育地带性树种和特有植物群落。

3. 湿地生态旅游资源的保护规划

湿地是世界上面积最大,分布地域最广,生产力最高的自然景观类型。其结构和功能十分独特,作为自然界最大的物种和基因库,它聚集着大量的珍稀、濒危动植物资源,是人类休闲娱乐、科学考察和科普教育的重要基地。我国作为世界上湿地资源丰富的国家,湿地生态旅游资源开发利用前景十分广阔。

湿地生态系统旅游资源保护的要点如下:

(1)恢复重建,确保自然湿地面积。

对于已经受到破坏的湿地生态系统,要根据景观生态学原理,人为地改变和消除限制生态系统发展的不利因素,尽快成功恢复已退化的湿地生态系统,使其健康发展。

(2)加大宣传,注重湿地生态功能研究。

应建立湿地生物多样性宣教中心,加大湿地生态环境保护的宣传力度,使人们认识到湿地生态系统的重要性,合理地保护和开发湿地资源;加强对湿地生态功能的研究,利用现代化高新技术,开展我国湿地生态系统变化的动态监测,特别是在保护生物多样性、防洪抗旱、保持水土及旅游休闲等方面的生态功能的研究。

(3)标本兼治,保护湿地生态环境。

控制湿地的不合理开发,稳定湿地面积;退耕还沼,开展湿地生态防护林建设;减少泥沙淤积量,消除有害污染物的排放,标本兼治保护湿地。

(4)合理规划,开展湿地生态旅游。

科学地制定湿地生态旅游资源开发规划,确定湿地生态旅游开发的目标和方向及开发利用规模。严禁盲目开发和破坏湿地生态旅游资源,彻底改变只重湿地生产功能而忽视其生态功能的倾向,全面发挥湿地的经济和生态综合效益,实现湿地资源的永续利用(庄大昌等,2003)。

(四)文物古迹旅游资源的保护规划

文物古迹是人文旅游资源的重要组成部分,属于不可再生性旅游资源,一旦遭到破坏,危害严重。在旅游规划中,应加强对其的保护。

(1)对文物古迹的保护应依照国家相关的法律法规,贯彻"抢救第一、保护为主、合理开发、永续利用"的方针,严格遵守"修旧如旧"的原则。

(2)应保护文物古迹原来的建筑形式、结构,保存原来的材料、工艺,尽量保持其原有的风貌。

(3)根据文物古迹的等级、类型、密度等,将其划分为绝对保护区、环境影响区、环境协调区等,规定不同区域内所能开展的活动和项目。对于不同保护等级的文物,应制定相应的保护措施。

(4)在重要文物古迹的周边,应划分出一定的范围建设缓冲地带,限制工矿企业和居民的生活方式,杜绝对文物古迹的污染和破坏。

(5)对于珍贵的文物古迹,要采取物理、化学、生物和工程手段,对其进行有效保护。例如,增加防护栏,建造防水设施,在表面涂化学防护剂;对以木结构为主的古建筑,要有效的防火、防蚁、防雷。

(6)对那些等级高但旅游容量有限的文物古迹,应科学测算其旅游容量,在合理容量的范围内开展旅游活动。

(7)对因重大经济建设活动(如三峡工程)而受到威胁破坏的文物古迹,应整体搬迁。

(8)重要文物古迹保护区内,严禁增设与其无关的人为设施,严禁机动车进入,严禁任何不利于保护的因素进入。

(五)民族风情旅游资源的保护规划

民族风情是指某一地区、某一民族在自然环境和社会环境的影响与作用下,在生产和生活活动中所形成的特殊的风俗习惯。民族风情因其具有突出的差异性而深受现代旅游者的青睐。但是,民族风情旅游资源开发利用不当,同样也会面临被破坏的危险。其规划要点如下:

(1)对于原始性较强的民族地区的风情民俗,应保持其质朴淳厚的风格。在现代化的过程中,要妥善处理好继承优良文化传统与吸收外来先进思想和生活观念的关系,处理好经济发展与传统文化保护的关系。

(2)对于极具特色的民族建筑、民族服饰、民族饮食、民族歌舞、民族节庆、民族习俗、民族体育竞技、民族手工艺品等,应科学开发,加工提炼成旅游产品,为当地经济发展服务。

(3)对濒临消逝的民族文化,应加速抢救。例如,对民间流传的山歌、民间故事等要进行抢救性的记录、录音、录像;对趋于失传的民族技艺,应组织人力进行传承和恢复。

(4)在少数民族地区尽量不建民族村,对于移植到城市和旅游区内的民族村寨,要尽量真实地反映少数民族的风貌,避免过度商业化、现代化。

(5)对于民族风情类的旅游商品,提倡采用传统手工工艺,体现原汁原味,禁止或限制赝品。

二、旅游环境保护规划

知识链接 10-5

(一)旅游规划所涉及的环境质量标准

不同类型、不同地区的旅游规划所涉及的环境质量标准不完全一致。与旅游环境保护规划紧密相关的标准有《环境空气质量标准》(GB 3095—2012)、《声环境质量标准》(GB 3096—2008)、《地面水环境质量标准》(GB 3838—2002)、《污水综合排放标准》(GB 8978—1996)等。

1.《环境空气质量标准》(GB 3095—2012)

环境空气是指人群、植物、动物和建筑物所暴露的室外空气。环境空气功能区分为两类:一类区为自然保护区、风景名胜区和其他需要特殊保护的区域;二类区为居住区、商业交通居民混合区、文化区、工业区和农村地区。一类区适用一级浓度限值,二类区适用二级浓度限值。

2.《声环境质量标准》(GB 3096—2008)

按区域的使用功能特点和环境质量要求,声环境功能区分为五种类型:

(1)0类声环境功能区:康复疗养区等特别需要安静的区域。

(2)1类声环境功能区:以居民住宅、医疗卫生、文化教育、科研设计、行政办公为主要功能,需要保持安静的区域。

(3)2类声环境功能区:以商业金融、集市贸易为主要功能,或者居住、商业、工业混杂,需要维护住宅安静的区域。

(4)3类声环境功能区:以工业生产、仓储物流为主要功能,需要防止工业噪声对周围环境产生严重影响的区域。

(5)4类声环境功能区:交通干线两侧一定距离之内,需要防止交通噪声对周围环境产生严重影响的区域,包括4a类和4b类两种类型。4a类为高速公路、一级公路、二级公路、城市快速路、城市主干路、城市次干路、城市轨道交通(地面段)、内河航道两侧区域;4b类为铁路干线两侧区域。

各类声环境功能区的噪声限值见表10-3。

表10-3 环境噪声限值

(单位:dB)

声环境功能区类别		时段	
		昼间	夜间
0类		50	40
1类		55	45
2类		60	50
3类		65	55
4类	4a类	70	55
	4b类	70	60

知识链接10-6

3.《地表水环境质量标准》(GB 3838—2002)

该标准适用于中华人民共和国领域内江河、湖泊、运河、渠道、水库等具有使用功能的地表水水域。依据地表水水域环境功能和保护目标,按功能高低依次划分为五类。

Ⅰ类:主要适用于源头水、国家自然保护区。

Ⅱ类:主要适用于集中式生活饮用水地表水源地一级保护区、珍稀水生生物栖息地、鱼虾类产卵场、仔稚幼鱼的索饵场等。

Ⅲ类:主要适用于集中式生活饮用水地表水源地二级保护区、鱼虾类越冬场、洄游通道、水产养殖区等渔业水域及游泳区。

Ⅳ类:主要适用于一般工业用水区及人体非直接接触的娱乐用水区。

Ⅴ类:主要适用于农业用水区及一般景观要求水域。

对应地表水上述五类水域功能,将地表水环境质量标准基本项目标准值分为五类,不同功能类别分别执行相应类别的标准值。水域功能类别高的标准值严于水域功能类别低的标准值。同一水域兼有多类使用功能的,执行最高功能类别对应的标准值。

4.《污水综合排放标准》(GB 8978—1996)

该标准适用于现有单位水污染物的排放管理,以及建设项目的环境影响评价、建设项目环境保护设施设计、竣工验收及其投产后的排放管理。按照国家综合排放标准与国家行业排放标准不交叉执行的原则,《污水综合排放标准》(GB 8978—1996)具体规定了第一类、第二类污染物的最高允许排放浓度。此外,还对部分行业最高允许排水量做了相关规定。

5.《土壤环境质量 建设用地土壤污染风险管控标准(试行)》(GB 36600—2018)

该标准明确指出,建设用地是指建造建筑物、构筑物的土地,包括城乡住宅和公共设施用地、工矿用地、交通水利设施用地、旅游用地、军事设施用地等。建设用地土壤污染风险是指建设用地上居住、工作人群长期暴露于土壤中污染物,因慢性毒性效应或致癌效应而对健康产生的不利影响。该标准将建设用地根据保护对象暴露情况不同而划分为以下两类:

第一类用地:包括 GB 50137 规定的城市建设用地中的居住用地(R)、公共管理与公共服务用地中的中小学用地(A33)、医疗卫生用地(A5)和社会福利设施用地(A6),以及公园绿地(G1)中的社区公园或儿童公园用地等。

第二类用地:包括 GB 50137 规定的城市建设用地中的工业用地(M)、物流仓储用地(W)、商业服务业设施用地(B)、道路与交通设施用地(S)、公用设施用地(U)、公共管理与公共服务用地(A)(A33、A5、A6 除外),以及绿地与广场用地(G)(G1 中的社区公园或儿童公园用地除外)等。

(二)旅游(景)区应达到的环境质量标准

参照《旅游规划通则》(GB/T18971—2003)、《旅游区(点)质量等级的划分与评定》(GB/T 17775—2003)、《风景名胜区总体规划标准》(GB/T 50298—2018)等标准,旅游(景)区应达到的环境质量标准如下:

(1)空气环境质量应符合现行国家标准《环境空气质量标准》(GB 3095—2012)规定的一级标准。

(2)地表水环境质量应按现行国家标准《地表水环境质量标准》(GB 3838—2002)规定的Ⅰ类标准执行,游泳用水应执行现行国家标准《游泳场所卫生规范》(GB 9667)规定的标准,海水浴场水质不应低于现行国家标准《海水水质标准》(GB 3097)规定的第二类海水水质标准,生活饮用水应符合现行国家标准《生活饮用水卫生标准》(GB 5749)的规定。

(3)环境噪声质量达到现行国家标准《声环境质量标准》(GB 3096—2008)的 0 类或 1 类标准。

(4)文化娱乐场所和餐饮场所应分别达到现行《文化娱乐场所卫生标准》(GB

9664)和《饭店(餐厅)卫生标准》(GB 16153)规定的卫生标准。

(5)辐射防护应符合现行国家标准《电离辐射防护与辐射源安全基本标准》(GB 18871)的规定。

知识链接 10-7

(三)旅游环境保护规划要点

1. 大气环境保护规划要点

(1)规划依据及目标。

以国家标准《环境空气质量标准》(GB 3096—2012)为依据,旅游城市(镇)环境空气污染物符合二级浓度限值;以自然风光为主的旅游地环境空气污染物符合一级浓度限值。

(2)规划措施。

规划区应调整燃料结构,提倡或强制使用清洁能源,减少二氧化硫排放量,控制酸雨;减少旅游目的地汽车尾气造成的大气污染。旅游景区(点)内使用环保汽车或绿色交通工具(电动大巴、自行车、三轮车、滑竿、溜索、马、驴、骆驼、大象、电瓶车、竹筏、独木舟、羊皮筏、乌篷船等)。

2. 水体环境保护规划要点

(1)规划依据及目标。

认真贯彻执行《水污染防治法》等有关水环境保护的法律、法规,以国家标准《地表水环境质量标准》(GB 3838—2002)、《污水综合排放标准》(GB 8978—1996)、《生活饮用水卫生标准》(GB 5749—2022)为依据,旅游目的地的饮用水源水质、水功能区和地表水全部达到国家规定标准,城市饮用水质达标率大于95%。

(2)规划措施。

划定水环境功能区、饮用水源保护区和地下水源保护区,不同区域采取不同的保护措施:

①在旅游目的地内实施排污许可制度,严格控制污染物排放总量。

②主要旅游城市(镇)建立污水处理厂,加强废水处理设施的管理,提高其运转率、处理率和达标率。

③禁止向地下水体排放污染物,加强对地下水的保护。

④加强对海洋水体的保护,排入近岸海域的污染物应达到国家的相关要求。

3. 声环境保护规划要点

(1)规划的依据及目标。

以国家标准《声环境质量标准》(GB 3096—2008)为依据,旅游目的地的环境噪声应控制在 0 类和 1 类,即自然旅游区、休闲度假地应达到 0 类标准(昼间的噪声控制在 50dB 内,夜间控制在 40dB 内),旅游城市(镇)、主题公园等应达到 1 类标准(昼间的噪声控制在 55dB 内,夜间控制在 45dB 内)

(2)规划措施。

旅游城市(镇)的城区和与旅游景区相邻的交通道路,限制或禁止汽车鸣笛;江河、湖泊等应使用低噪声的游览船只。

4. 废弃物处理规划要点

(1)旅游城市(镇)、旅游区原则上应建立污水、垃圾和粪便无害化处理设施,实现旅游区、旅游城市(镇)产生的污水、垃圾、粪便及时处理。对那些短期内无法建立污水、垃圾、粪便无害化处理设施的旅游区(点),需将其废弃物运送到附近的城镇集中处理,山地旅游区(点)普及免冲水式旅游厕所。

(2)旅游厕所的数量、等级、档次应符合国家标准《旅游厕所质量要求与评定》的相关规定。

(3)旅游车船上,需配备必要的废弃物收集器具,防止直接向外倾洒。

(4)旅游地和居民生活区的垃圾应逐步实行分类回收、处理,提高旅游城市生活垃圾无害化处理率。

5.绿化规划要点

(1)旅游区应因地制宜地恢复、提高植被覆盖率,以适地适树的原则扩大林地,发挥植物的多种功能优势,改善旅游区的生态和环境。

(2)对各类植物景观的植被覆盖率、林木郁闭度、植物结构、季相变化、主要树种、地被与攀缘植物、特有植物群落、特殊意义植物等,应有明确的分区分级的控制性指标及要求。

(3)在旅游设施和居民社会用地范围内,应保持一定比例的高绿地率或高覆盖率控制区。

6.自然灾害防治规划要点

(1)对旅游活动产生不利影响的自然灾害主要有洪涝、台风、海啸、风暴潮、地震、滑坡、泥石流等。自然灾害对游客的生命安全构成严重威胁,在规划中必须予以重视。

(2)建立自然灾害信息系统,及时通报灾情,使游客科学安排旅游活动。

(3)完善防洪工程体系,加强主要旅游城市(镇)的防洪排涝设施建设,旅游景区(点)的设施建设要充分考虑防洪、排涝要求。

(4)所有旅游基础设施和接待设施,应按相应的防震、抗震标准进行建设。

(5)沿海城市及靠近海岸的旅游设施,应达到抵御台风、风暴潮的标准。

第四节 旅游人力资源规划

旅游规划的最终目的是形成各类旅游产品,而旅游产品具有明显的服务属性。服务贯穿旅游活动的全过程,而各类旅游从业人员是提供服务的主体。旅游人力资源规划能够为旅游提供更多优质的旅游从业人员。因此,旅游人力资源与旅游资源、资金、设施具有同等重要性,是实现旅游规划内容的重要保障。

一、旅游人力资源规划的相关概念

(一)人力资源与旅游人力资源

人力资源属于资源的范畴,是指一个国家或地区具有劳动能力的人口总和。旅人力资源则是指能够推动整个社会旅游经济发展的并且具有脑力劳动(或智力劳动)与体力劳动的劳动者。

(二)旅游人力资源规划

旅游人力资源规划是指为实现旅游组织发展目标与战略,根据旅游组织内外部环境的变化,运用科学的方法对规划地人力资源的供需进行预测,制定相应的政策和措施,从而使旅游人力资源供给和需求达到平衡,最终实现规划地的可持续发展目标的过程。简而言之,旅游人力资源规划是指进行旅游人力资源供需预测,并使之平衡、可持续发展的过程。

二、旅游从业人员的类型

按照不同的标准,旅游从业人员可以划分为不同的类型。

(一)世界旅游与观光理事会(WTTC)的分类

世界旅游与观光理事会(WTTC)根据旅游从业人员所从事工作性质的不同,将旅游从业人员划分为四类。

1.旅游服务人员

旅游服务人员具体包括航空公司、饭店、餐饮、景区、旅行社和出租车公司等服务企业的员工。

2.政府有关部门人员

政府有关部门人员主要包括各类与旅游有关的政府机构的工作人员,如文化和旅游局、边防、海关等部门的公职人员。

3.旅游投资建设方面的人员

旅游投资建设方面的人员主要是从事旅游投资建设工作的人员,如旅游基础设施、接待设施和游乐景点的投资建设人员。

4.旅游商品生产销售人员

旅游商品生产销售人员主要是从事旅游商品生产和销售工作的人员,如旅游商品的设计人员、旅游商品生产企业的工人、旅游商品的批发与零售人员等。

(二)按照旅游从业人员的职业属性分类

按照旅游从业人员的职业属性,可将其分为旅游经营管理人员和旅游服务人员两大类。

1.旅游经营管理人员

旅游经营管理人员既包括从事宏观管理的人员,也包括从事微观管理的人员;既包括与旅游相关的政府部门的行政管理人员,也包括各类旅游企业中的管理人员,甚至还包括从事市场营销、财务管理、旅游规划、旅游研究的各类专业人员等。

2.旅游服务人员

旅游服务人员主要指从事旅游服务工作的各类人员,他们中的绝大多数是一线工作人员,直接面对游客,如旅行社的导游人员、航空公司的空乘人员、饭店的各类服务人员、旅游景区(点)的讲解员等。

(三)按照旅游产业部门分类

按照旅游产业部门的不同,旅游从业人员可分为住宿与餐饮部门人员、娱乐服务部门人员、旅游中介部门人员、基础设施供应部门人员、旅游管理部门人员等(陈秋华等,2008)。

1. 住宿与餐饮部门人员

住宿与餐饮部门人员主要包括以下几类:

(1)管理人员:经理、副经理、销售经理、秘书、打字员。

(2)接待与前厅:前厅经理、接待员、助理接待员、预订员、出纳、接线员、行李领班、门童、行李员。

(3)客房:主管、助理客房主管、客房服务员、洗衣主管、洗衣工。

(4)餐厅酒吧:餐厅经理、酒吧主管、餐厅助理经理、领班、服务员、出纳等。

(5)厨房:厨师长、助理厨师长、厨师等。

(6)维修与保持:建筑维修工程师、园丁、清洁工、保安人员等。

2. 娱乐服务部门人员

娱乐服务部门的人员配置是不固定的,主要由娱乐项目决定。KTV、网球、游泳、高尔夫球、滑雪、游艇等娱乐项目,配置的人员主要有教练、陪练员、场地维护及工程技术人员、保安人员等。

3. 旅游中介部门人员

旅游中介部门主要指旅行代理机构,人员包括旅行社经理、票务主管、计划行程主管、销售经理、票务员、领队、导游、出纳、司机等。

4. 基础设施供应部门人员

基础设施供应部门主要包括交通、通信、供水、供电、医疗保健、治安管理、商业等各类服务,每一类服务都需要配备与之相应的人员。

5. 旅游管理部门人员

旅游管理部门人员主要包括旅游区管理委员会主任或集团公司总裁、营销主任、规划主管、营销专家、旅游信息专员等。

三、旅游人力资源需求预测

(一)规划区旅游从业人员总量预测

目前,我国在对规划区旅游从业人员需求总量进行预测时,常见的预测方法有三种:根据接待的游客数量预测、根据旅游营业收入预测和根据综合因素预测。

1. 根据接待的游客数量预测

王兴斌(2000)通过对 1996—1998 年我国接待海外和国内旅游者总数与旅游从业人员的比例,推测出现阶段我国旅游从业人员与年游客接待人数的比率为 1∶400 至 1∶600。

2. 根据旅游营业收入预测

根据我国目前旅游业的发展现状,以规划区旅游营业收入预测旅游从业人员的需求总量。预测公式为:

旅游区从业人员需求总量＝旅游区年营业收入/人均营业收入贡献额

根据以上公式,可对规划区不同时段的直接旅游从业人数进行预测。至于人均营业收入贡献额究竟取值多少,应视不同规划区的工资水平、经济状况等具体情况而定。

间接旅游从业人数可以按照国际惯例进行预测,即按直接旅游从业人数与间接旅游从业数的比例1∶5进行估算。

3. 综合因素预测法

在预测规划区旅游从业人员需求总数时,应综合考虑旅游业GDP、旅游从业人口、旅游人员数量、行业全员劳动生产率等因素。预测模型如下(唐代剑,2005):

$$Y_t = M_0(1+v_1)t \frac{G_0(1+v_2)t}{Q_0(1+v_3)t}$$

式中:Y_t 为规划目标年的旅游从业人员需求总量;

M_0 为基年的旅游专业技术人员密度;

G_0 为旅游业GDP;

Q_0 为行业全员劳动生产率;

v_1 为旅游专业技术人员年平均增长率;

v_2 为GDP年平均增长率;

v_3 为行业全员劳动生产率年平均增长率;

t 为预测年份。

(二)饭店从业人员预测

饭店从业人员数以床位数作为测算基数,确定床位与员工的匹配比例系数。饭店档次越高,该系数越大。王兴斌(2000)提出了不同星级饭店的床位数与所需从业人员的比例。五星级饭店比例为1∶1,四星级比例为1∶(0.6～0.9),三星级为1∶(0.4～0.6),二星级为1∶(0.2～0.4),一星级为1∶(0.05～0.2)。

(三)旅行社从业人员预测

旅行社从业人员数主要以有组织接待的年游客总数为测算基数,确定有组织的接待游客人数与从业人员数的匹配比例系数。其主要系数分为国际游客和国内游客,国际游客与从业人员的系数为300∶1;国内游客与从业人员的系数为600∶1。

旅行社内部各类员工的比例大致为:管理人员占15%,导游人员占55%,后勤人员占30%。

四、旅游人力资源规划的内容

(一)旅游人力资源的数量规划

1. 确定规划区不同时段的旅游从业人员需求总量

根据预测结果,结合规划区的实际情况,确定出规划区近期、中期、远期等不同阶段所需旅游从业人员的总量。

2. 确定规划区各类旅游从业人员的比例

王兴斌(2000)提出了旅游直接从业人员内部各类人员的比例关系:饭店员工占65%;旅行社员工占5%;旅游景区员工占15%;旅游车船公司员工占5%;行政管理人员占1%;其他人员占9%。但是,不同旅游区的比例关系是不一样的,应根据实际情况而定。

3. 主要旅游行业的人力资源数量规划

一般要对旅行社、旅游饭店、旅游景区的人力资源数量进行进一步规划。主要包括每个行业所需从业人员总数,以及内部不同工种人员数量。一般应以前面的预测为基础,结合实际情况进行适当修正。

(二)旅游人力资源的素质规划

1. 旅游从业人员应具备的基本素质

(1)思想道德素质。

旅游从业人员应爱国敬业,遵纪守法,团结协作,文明礼貌。

(2)文化素质。

旅游行政管理部门和旅游企事业单位高层领导应具有大学本科以上学历;中层领导和主管人员应具有大学专科以上学历;初级主管和接待服务人员应具有高中以上学历。导游人员应符合《导游人员管理条例》规定的要求。涉外单位的管理接待人员要掌握一门外语,最好能掌握主要客源国的语言。

(3)职业技术素质。

旅游企事业单位的中高层管理人员和各类服务人员逐步通过职业技术培训,普遍取得岗位资格证书。

2. 不同种类旅游从业人员应具备的素质

为了叙述简便,按照旅游从业人员的职业属性将其分为旅游经营管理人员和旅游服务人员两大类,并分别进行素质规划。

(1)旅游经营管理人员。

旅游经营管理人员的素质要求为:精深的业务经营才能、较强的创新意识和科学的思维方法、卓越的领导力。

(2)旅游服务人员。

旅游服务人员的素质要求为:强烈的服务意识、良好的个人修养、熟练的服务技能。

(三)旅游人力资源的引入规划

旅游人力资源的引入主要包括两个方面:一是旅游人才的招募,二是建立宽松的人才流动环境。

1. 旅游人才的招募规划

旅游人才招募是为旅游业中的岗位选拔出合格人才而进行的一系列活动,是旅游人力资源引入的主要方式,在规划时应明确以下几点。

(1)对招募的人才提出具体条件,主要包括招募人才的学历、年龄、专业技术、职称、工作经历、基本素质等。

(2) 选择恰当的招募方式，一般可供选择的招募方式有广告招募、人才市场招募、到各类学校应届毕业生中招募和特殊招募。

(3) 制定科学的招募程序，主要包括各种测试(笔试、面试)、能力考察等，应成立相应的招募机构，制定合理的评分标准，做到公正、公开、公平。

2. 建立宽松的人才流动机制

建立宽松的人才流动机制是引进人才的重要环节。实践表明，某一行业的人员流动性越强，其生命力就越旺盛，企业员工综合素质的提升就越迅速。人才流动机制的建立，有助于形成旅游人才在行业范围内的最佳配置，有助于激励旅游企业留住人才(刘丽梅、吕君,2008)。

旅游业人才流动机制主要包括内部流动机制和外部流动机制。内部流动即旅游人才在规划区内部不同区域、不同部门、不同岗位之间进行流动；外部流动则是指旅游人才在不同的旅游区域、不同的旅游部门、不同的旅游企业、不同的行业之间进行的流动。

(四) 旅游人力资源的教育培训规划

1. 建立和完善旅游教育培训结构

各级旅游行政管理部门应建立旅游教育培训机构，大型旅游企业应建立培训部。旅游行政管理部门主要负责全行业教育培训的管理和管理干部的培训，企业主要对本单位的职工进行在岗培训。

2. 旅游院校建设

旅游院校建设是针对各级旅游发展规划的一项内容。旅游区规划一般不会涉及旅游院校建设的内容。

学校教育是旅游人力资源的主要来源渠道，是旅游人力资源质量的基础。在旅游发展规划中，应明确在规划区域内需要建设的旅游高等院校、旅游职业技术学院、旅游中专的数量和地域分布，各类学校要达到的目标等。各类旅游院校在层次上应合理，一般而言高等院校、旅游职业技术学院、旅游中专应保持金字塔式结构。

3. 开展多种形式的旅游培训

旅游教育培训的类型众多，根据培训的性质可分为岗前培训、在岗培训、转岗培训、晋升培训、技术等级培训等；根据培训的对象可分为职业培训、发展培训等；根据培训的内容可分为知识培训、能力培训等。针对不同的培训对象和要求，可以采取不同的培训方式。

第五节　旅游投融资规划

旅游投融资是一个国家或地区旅游经济发展必不可少的前提条件。旅游规划涉及多方面大量的建设项目，因此旅游项目的投资和融资规划是旅游规划中不可缺少的一部分，投融资分析能够在最大程度上保证旅游规划的顺利实施。

一、旅游投资

投资是指经济主体为获取预期效益,投入一定量的资金(资本)而不断转化为资产的经济活动。旅游投资则是指在符合国家有关政策法规的前提下,在一定时期内,各投资主体根据旅游经济发展的需要,将一定数量的资金投入到旅游发展项目中,以获取一定预期收益为目的的行为和过程。

按旅游投资的性质不同,旅游投资可分为旅游固定资产投资和旅游流动资产投资;按筹集资金和运用方式的不同,旅游投资分为直接旅游投资和间接旅游投资。

旅游投资具有投资金额高、回收期较长、风险较大、综合性效益显著等特点,是旅游规划具体实施的财务保障。

(一)旅游投资估算

旅游投资估算是对旅游规划所涉及的各项投资分别进行估算,然后加总。估算的依据主要有两种:

一是相关国家标准和行业标准,如《建设工程工程量清单计价规范》(GB 50500—2013)。

二是规划地区同类建设项目的现行价格。

一般而言,大部分旅游规划的投资估算主要涉及以下几个方面的内容。

1. 旅游基础设施投资

旅游基础设施主要包括交通系统、通信系统、电力系统、给排水系统、燃气系统、供暖系统、治安管理系统、医疗救护系统、其他公用设施等。其中,交通系统对旅游规划实施的影响最大,投资额度最高,建设内容最多,包括机场、公路、铁路、航道、停车场、码头、索道等的建设投资。

2. 旅游服务设施投资

旅游服务设施主要包括旅游住宿设施、旅游餐饮设施、旅游娱乐设施、旅游购物设施等。其中,旅游住宿设施的投资额度最大。

3. 旅游景区建设投资

旅游景区是规划区域吸引力的源泉,是旅游规划实施的重中之重。旅游景区建设涉及的投资内容较多,主要包括景区内的道路(机动车道路、游道等)、游客中心、旅游解说系统、旅游景观设施、游憩设施、管理设施、员工食宿设施、景区内的旅游服务设施等。需要说明的是,凡是纳入景区投资估算的旅游基础设施和旅游服务设施投资的,就不再计入前面的旅游基础设施投资和旅游服务设施投资中。

4. 旅游环境整治和生态环境保护投资

旅游目的地需要营造出优美宜人的环境,涉及的主要投资项目包括绿化、城市(镇)风貌改造、民居风貌改造等。生态环境保护涉及的投资项目包括环境保护和教育、病虫害防治、环境卫生、垃圾处理、污水处理、地质灾害防治等。

5. 旅游市场推广投资

旅游市场推广涉及的投资主要包括市场调查、广告宣传、各类促销活动、旅游节庆活动等。对于该部分投资的估算,既可以按照旅游规划所涉及的旅游市场推广项目逐项估算,也可以按照旅游市场推广费用占旅游规划投资总额的一定比例推算。根据惯例,旅游市场推广费用占总投资的比例为5%~10%。

6. 旅游人力资源培训投资

旅游人力资源培训是各类旅游规划的内容之一,涉及的投资一般按总投资的3%~5%估算。

7. 旅游规划设计投资

旅游发展规划、旅游区总体规划一般只是就旅游规划区的宏观和中观层次进行蓝图描绘,旅游规划区的具体建设活动还需依赖更加详细和可操作性的一系列详细规划和设计。这部分投资一般应占总投资的5%~8%。

8. 其他投资

一是不可预见费用,一般按照总投资的5%估算;二是规划区社区居民搬迁费用,应根据具体的规划进行估算,但不是所有的旅游规划区域都会涉及。

(二) 旅游投资效益分析

1. 经济效益分析

经济效益分析主要是对旅游规划的投资可行性进行定量分析。任何投资活动,都需要分析经济上的可行性,以便做出正确的投资决策。所谓旅游投资决策,是指在旅游经济活动中,依据一定的行为准则,为达到一定的目标,在资金投入方向上,存在多个方案的比较中,选择和确定一个最优方案或最接近于理想方案的过程。正确的旅游投资决策是建立在对旅游投资项目的财务评价基础上的。

(1) 旅游产出估算。

主要估算规划区域开发的旅游产品一年的全部收入。常见的估算方法有两种:一是按吃、住、行、游、购、娱六大类产品分别统计;二是根据预测的年接待人次和游客的人均消费额进行估算。

(2) 投资回收期。

投资回收期就是计算投资返本年限。它是指一项投资收回全部投资额所需要的时间,以年计,自建设开始年算起。一般投资回收期越短,所承担的投资风险就越小,方案越可行。

(3) 盈亏平衡分析。

盈亏平衡分析是对旅游企业的成本、收入和利润三者的关系进行综合分析,从而确定旅游企业的保本营业收入,并分析和预测在一定营业收入水平上可能实现的利润水平。通常,影响利润高低的因素有两个,分别是营业收入和经营成本。按照成本性质划分,经营成本又可分为固定成本和可变成本。于是,收入、成本和利润的关系可用以下公式表示:

$$P = QW - QCv - TF$$

式中:P 为企业利润;

Q 为游客接待量;

W 为人均消费额;

Cv 为单位可变成本;

TF 为固定成本。

盈亏平衡分析中,S_0 为保本点营业收入额,Q_0 为保本点业务量。若令 $Q=Q_0$,$P=0$,则盈亏平衡公式为:

$$Q_0 = TF/(W-Cv)$$
$$S_0 = W \cdot Q_0$$

(4)投资利润率。

投资利润率反映的是每百元投资每年可创造的利润额。投资利润率越高,说明投资的经济效益越好。一般将投资利润率与同期银行贷款利率进行比较,投资利润率高于银行同期的贷款利率,在经济上就是可行的;反之,在经济上就是不可行的。

$$投资利润率 = 年均利润额/总投资额 \times 100\%$$

(5)净现值。

现值是指未来某一金额的现在价值。把未来金额折算成现值的过程称为折现或贴现,贴现中所使用的利率为贴现率或折现率,一般用复利计算。

净现值是指投资项目的未来净现金流入量总现值减去现金流出量总现值的余额。

$$NPV = \sum_{i=1}^{n} \frac{CI}{(1+K)^t} - CO$$

式中:NPV 为净现值;
  CI 为现金流入量;
  CO 为现金流出量;
  K 为贷款利率;
  t 为年份。

当 NPV>0 时,表明该方案可获得一定的投资效益,有利于投资者财务目标的实现;当 NPV<0 时,表明该方案达不到规定的收益标准,是不可取的;当 NPV=0 时,表明正好满足预期收益的要求。

(6)净现值率。

净现值考虑了资金的时间价值,能反映方案的盈亏金额,但它只反映了投资方案经济效益的总量(盈亏总额),并没有说明投资方案经济效益的质量,即每单位资金投资的效率。这容易促使决策者趋向选择投资大、盈利多的方案,而忽视盈利总额较小、投资更少、经济效益更好的方案。净现值率可以较好地避免净现值的缺陷。

净现值率是指投资项目净现值与全部投资额之比,即单位投资额能获得的净现值。其计算公式为:

$$净现值率 = 净现值/全部投资额 \times 100\%$$

(7)利润指数。

利润指数是用单位投资所获得的净现金效益来比较投资方案经济效果的方法。其计算公式为:

$$PI = \sum_{i=1}^{n} \frac{CI}{(1+K)^t} - CO$$

式中:PI 表示利润指数,其他符号与净现值法公式中的符号相同。

当 PI>1 时,表明投资会取得盈余,可以为投资者接受;当 PI<1 时,表明投资会亏

损,投资者就不能接受。

(8)风险率。

旅游投资回收期较长,旅游业受自然、经济、政治等各种因素影响较大,其风险较高。在进行经济可行性分析时,可计算其风险率。风险率是指标准离差率与风险价值系数的乘积。其计算公式为:

$$\delta = \sigma' \cdot F$$

式中:δ 为风险率;

σ' 为标准离差率;

F 为风险价值系数。

风险价值系数一般由投资者主观决定,愿冒风险以追求高额利润的投资者可以将风险价值系数取值小一些,反之可取值大一些。风险率计算出来后,和银行贷款利率相加,所得之和如果小于投资利润率,那么方案是可行的,否则就不可行的(杨晓霞、向旭等,2013)。

2. 社会效益分析

社会效益分析主要分析旅游规划实施后给目的地社会发展、社会进步所带来的好处。不同的规划区域、不同类型的旅游规划所产生的社会效益是不一样的。一般而言,主要应从以下几个方面展开分析:

(1)增加就业机会,消化当地剩余劳动力。

(2)调整目的地产业结构,使其向合理化和高级化方向发展。

(3)旅游基础设施的完善和旅游服务设施的增加,改善目的地居民的生活环境和生存条件。

(4)改善投资环境,促进对外开放。

(5)促进目的地民族文化的保护和传承。

(6)有利于文化交流,促进社会进步。

3. 环境效益分析

环境效益分析主要分析旅游规划实施后对生态环境方面的影响,既要分析正面影响,也要客观地分析负面影响。分析的主要方面包括生态环境保护的意识、环境污染与治理、生态变异与保育、物种多样性等。

(三)旅游投资规划

1. 我国现行的旅游投资类型

(1)政府投资。

政府投资包括中央政府和地方政府的投资,主要偏重跨地区的或区域性的公用事业、基础设施等的建设投资。

政府直接对旅游开发建设进行投资主要存在两方面的问题:

一是政府财力有限,不可能拿出大量的资金用于旅游开发建设。

二是政府投资建成的旅游项目和设施大都按公益性、公共性的基础设施进行运营,加大了政府的财政负担。

因此,这种投资方式在计划经济时代多被采用,市场经济时代则较少采用。

(2)银行贷款。

贷款单位需提出申请,经银行严格审查,符合条件者即能取得贷款。从银行贷款,要按合同规定的贷款期限,按年支付利息,按期还本付息。

(3)自筹资金。

自筹资金主要是指各企事业单位自己筹措的资金。自筹资金由各部门、各地区、各企业、各单位自收自支,具有较大的自主性。

(4)利用外资。

利用外资的形式分为外商直接投资和间接利用外资。外商直接投资主要有中外合资经营、中外合作经营、外方独资经营、补偿贸易等方式;间接利用外资主要包括利用外国政府、国际金融机构的优惠贷款,利用中国银行及其海外分支机构向外国银行借款和吸收外资存款,利用外国商业银行借款,利用出口信贷及采用发行国际债券等形式筹集资金等方式。

2.旅游投资类型的选择

在旅游规划中,旅游投资类型主要根据规划旅游区的性质、旅游建设项目的性质来确定。一般而言,只有那些重大的旅游建设项目,对国家、区域旅游发展产生重大影响的旅游项目才能选择国家和地方政府的投资,绝大多数旅游项目只能选择银行贷款、利用民间资本或外资等。

二、旅游融资

融资是企业的资金筹集行为与过程,即企业根据自身的生产经营、资金拥有的状况,以及公司未来经营发展的需要,通过科学的预测和决策,采用一定的方式,从一定的渠道向企业的投资者和债权人去筹集资金,以保证企业正常生产的理财行为。

旅游融资是指旅游投资者通过各种途径和相应的手段取得旅游开发建设资金的过程。一般分为内源融资和外源融资。内源融资是旅游投资者不断将自己内部积累的资金转化为投资的过程;外源融资是投资者吸引其他经济主体的资金,使之转化为投资资金的过程。

(一)我国现行的主要旅游融资模式

我国现行的主要旅游融资模式有以下几种:

1.政策支持性融资

政策支持性融资是充分利用国家鼓励政策,进行政策支持性的信贷融资。目前推行的政策支持性融资主要有旅游国债、乡村振兴基金、生态保护专项资金、文物保护专项资金、国家及省市旅游产业结构调整基金等。这些政策支持的资金,主要用于特定区域、特定项目的旅游开发,一般只能作为旅游开发的启动资金。

2.银行信贷

银行信贷是开发商主要的融资渠道。旅游开发可以采用项目信贷的方式借款。项目信贷要求自有资本投入25%以上。开发商可以以土地使用权、相关建筑物的所有权、开发经营权、未来门票或其他收费权等为抵押或质押。

3. 资本市场融资

在国内外资本市场上进行旅游开发建设融资，成为我国旅游开发融资的主体，主要有发行股票、发行债券、股票置换等方式。

(1) 发行股票。

这是一个效率高、额度大、稳定性强的融资途径，可使旅游开发者在短期内筹集到大量的资金。股票筹资没有固定的利息负担和固定的到期日，股本是企业的永久性资本，利用股票筹资，财务风险较小。但是，目前旅游企业上市的难度相对较大，特别是对那些刚刚准备开发的旅游目的地来说，几乎是不可能的。

(2) 发行债券。

我国近年来在发行旅游债券方面进行了一些尝试，例如，2008年，重庆交通旅游投资集团有限公司发行15亿元人民币的债券，主要用于重庆市境内的旅游开发建设活动。发行债券的旅游企业，一般要有较大的规模，对于那些中小型旅游企业而言几乎是不可能的。但是，对于旅游目的地来说，可以通过政府出面协调，通过兼并、重组等方式，将一些旅游企业组合成规模较大的企业后，获得发行债券的权利。

(3) 股权置换。

股权置换主要是在上市公司和非上市公司之间进行。由于旅游业具有良好的发展前景，一些传统产业上市公司有可能调整经营方向和投资方向，寻找旅游业的发展机会。而拥有优质旅游项目的旅游公司可能又不具有上市权，这时可与上市公司进行股权或资产置换。

(4) 旅游产业投资基金。

发放旅游产业投资基金是经国家许可，向社会发行旅游产业基金受益凭证，从而获得社会公众资金的一种融资形式。可通过专业的旅游投资基金管理公司的规范运作，投资旅游项目，既解决了我国旅游项目投资不足的困难，也为居民开辟了新的投资渠道。

4. BOT 融资

BOT 是英文 build-operate-transfer 的缩写，意为建设-经营-转让，是20世纪80年代以后在国际市场上出现的一种带资承包方式。典型的 BOT 模式是指当地政府同项目公司（投资者）签订合同，由该项目公司承担一个基础设施或公共工程项目的筹资、建造、营运、维修及转让。在双方商定的一个固定期限内（一般为15—20年），项目公司对其筹资建设的项目行使营运权，以便收回对该项目的投资，偿还该项目的债务并赚取利润。协议期满后，项目公司将该项目无偿转让给当地政府。

在发展的过程中，先后出现了一系列的变异模式，如 BOO（build-own-operate，建设-拥有-经营）、BOOT（build-own-operate-transfer，建设-拥有-经营-转让）、BOOST（build-own-operate-subsidize-transfer，建设-拥有-经营-补贴-转让）、BTO（build-transfer-operate，建设-转让-经营）、BT（build-transfer，建设-转让）等。

BOT 模式适用范围较广，但主要适用于基础设施和公共部门的建设项目，如高速公路、污水处理、铁路、桥梁、港口、隧道、机场、电厂（水电、火电、核电）等。这些项目工程量大，建设周期长，耗资巨大。在旅游开发建设中，一般旅游基础设施可采用该类融资模式解决资金问题。

5. TOT 融资

TOT 即 transfer-operate-transfer 的缩写，意为转让-经营-转让。它是将建设好的项目（多为公共工程，如道路、桥梁等）转让给外商或私营企业进行一定期限的营运管理，在合约期满后，再交回所建部门或单位的一种融资方式。在移交给外商或私营企业中，政府或其下设经济实体将取得的一定资金以再建设其他项目。

通过 TOT 模式引进私人资本，可以减少政府的财政压力，提高基础设施运营管理效率。TOT 模式与 BOT 模式相比具有许多优点：TOT 融资模式只涉及经营权转让，不存在产权、股权之争；有利于盘活国有资产存量，可以为新建基础设施筹集资金，加快基础设施建设步伐；有利于提高基础设施的管理水平，加快城市现代化的步伐。

6. ABS 融资

ABS 融资，即以项目所属的资产为支持的证券化融资方式，简称"资产收益证券化融资"。它是以项目所拥有的资产为基础，以该项目资产可以带来的预期收益为保证，通过在资本市场上发行债券筹集资金的一种项目融资方式。

这种融资，获得资金的方式不是负债，而是用未来收入来抵押，它出售的是未来资产收入而不是资产本身，对于项目后期的发展十分有利。具体操作方法是，预测某一项目未来的现金收入，由金融机构进行评级并担保，然后向资本市场发行债券。

ABS 融资中，项目资产是许多已建成的良性资产的组合，政府部门可以运用 ABS 融资方式以这些良性资产的未来收益为担保，为其他基础设施项目融资。因此，这种融资方式多被应用于旅游基础设施建设领域，因为旅游基础设施的收入较为稳定、安全，未来的预期收益容易测算。

7. PPP 融资

PPP 融资，是指政府、私营企业以某个项目为基础形成的相互合作的模式。通过这种合作模式，合作各方可以得到比单独行动更有利的结果。合作各方参与某个项目时，政府并不是把项目的责任全部转移私人企业，而是由参与合作的各方共同承担责任和融资风险。

PPP 模式的最大特点是将私人部门引入公共领域，从而提高公共设施服务的效率和效益，避免公共基础设施项目建设超额投资、工期拖延、服务质量差等弊端。同时，项目建设与经营的部分风险由合作的公司承担，分散了政府的投资风险。在旅游基础设施建设项目融资中可广泛采用。

（二）选择旅游融资方式

不同的旅游建设项目，因其所需资金量、建设周期、风险性、收益大小和收益期长短不同，所选择的融资方式也不相同。

1. 旅游基础设施建设项目的融资方式

旅游基础设施建设项目的投资规模大、建设周期长、风险较高，对于一个地区旅游业的发展会起到十分关键的作用。因此，一般外商、私营企业都不愿意投资。

旅游基础设施建设项目在融资方式上，多选择政策支持性融资、BOT 融资、TOT 融资、ABS 融资、PPP 融资、银行信贷融资等方式。

2. 旅游服务设施建设项目的融资方式

旅游服务设施的情况较为复杂，资金需求量较大的主要包括饭店和景区的建设。

(1)饭店建设项目的融资方式。

饭店建设项目的融资方式主要可选择银行贷款、发行股票、发行债券、股权置换、旅游产业投资基金、TOT 融资等方式。

(2)旅游景区建设项目的融资方式。

不同类型景区的经营目的不同,选择的融资方式也不相同。

第一,文化类景区的融资方式。文化类景区主要包括各种历史文物、古建筑、古代遗迹、革命纪念地等。这些旅游景点具有准公共产品的性质,大多为国家或政府所拥有,在开发建设的资金筹集上应由国家发挥主导作用。其融资方式主要有政府直接投资、政策支持性融资、国际金融组织的专项贷款等。

第二,人造景区的融资方式。人造景区是专门为吸引旅游者而建造的,是市场化的产物,其融资方式主要包括发行股票、发行债券、股权置换、BOT 融资、TOT 融资等。

第三,自然类景区的融资方式。自然类景区包括的范围十分广泛,由于资源的不可再生性,在开发利用中要加强保护。在融资方式上多以政府直接投资、政策支持性融资、银行贷款为主,适当运用资本市场进行融资,如发行股票、债券、旅游产业投资基金等。

本章要点

(1)国土空间规划中的"三区"是指生态空间、农业空间和城镇空间,对应的"三线"分别为生态保护红线、永久基本农田和城镇开发边界。

(2)"三线"的划定应遵循三条原则:底线思维,保护优先;多规合一,协调落实;统筹推进,分类管控。

(3)旅游土地利用规划应扩展风景游赏用地(甲类),控制旅游服务设施用地(乙类)、交通与工程用地(丁类)、耕地(庚类),严格控制居民社会用地(丙类),缩减滞留用地(癸类)。

(4)旅游容量是指在保持景观稳定性,保障游客游赏质量和舒适安全,以及合理利用资源的限度内,旅游区在特定时间内所允许容纳的游客数量。

(5)旅游容量可以分为空间容量、设施容量、生态环境容量和社会心理容量四类。要测算出某一旅游区的旅游容量,最基本的要求是测算其空间容量与设施容量,并分析生态环境容量和社会心理容量。如果上述四种容量都有测算值的话,那么一个旅游区的旅游容量应该是生态环境容量、社会心理容量、空间容量与设施容量之和三者中的最小值。

(6)旅游人力资源规划是指进行旅游人力资源供需预测,并使之平衡、可持续发展的过程。

(7)旅游投资效益分析包括经济效益分析、社会效益分析和环境效益分析。其中,经济效益分析的分析指标有旅游产出估算、投资回收期、盈亏平衡分析、投资利润率、净现值、净现值率、利润指数、风险率。

(8)我国现行的主要旅游融资模式有政策支持性融资、银行信贷、资本市场融资、BOT 融资、TOT 融资、ABS 融资、PPP 融资等。

核心概念

旅游用地　tourism land
旅游容量　tourism capacity
空间容量　spatial capacity
设施容量　facilities capacity
生态容量　ecological capacity
社会心理容量　psychological capacity
旅游环境　tourism environment
旅游人力资源　tourism human resources
旅游投资　tourism investment
旅游融资　tourism financing

思考与练习

一、选择题（请扫描边栏二维码）

二、简答题

1. 简述"三区三线"边界划定的原则。
2. 简述旅游用地规划的分类及一般原则。
3. 简述文物古迹旅游资源的保护规划要点。
4. 简述生态环境的保护规划要点。
5. 阐述人力资源规划的流程。
6. 简述我国现行的主要旅游融资模式。

三、实践操作题

1. 某旅游区森林面积 140 hm²，沙滩、浴场面积 7.6 hm²，森林公园的环境容量为 20 人/hm²，浅水、白色沙滩、海滩等岛型旅游区的基本空间标准 1000 人/hm²。此外，该景区的游道空间环境主要涵盖环保观光车辆共 360 辆，拥有 360 人的瞬时游客容纳水平，每辆车平均乘车次数为 5 次，游客利用率 10%；2 个渡船码头，共 6 艘船，平均乘客容纳数量为 150 人，往返 40 min，如果涵盖了乘客上下轮渡的时间则总共 60 min，运行时间为 7:40—18:00，平均全负荷运转时间为 8 h。根据住房和城乡建设部 2009 年颁布的《旅游景区建设规范》（DB51/T 979—2009），景区步行轨道的基本空间基准数值是 5 m/人。景区日均开放时间为 10 h，平均访问时间 4 h，游客周转率 2.5。

据此，试使用面积法计算该旅游区的日生态空间容量，并计算该景区日旅游容量。

2.某峡谷长6.2 km,游客合理占用游道长度为5 m/人;峡谷每日开放9 h,游人游览该峡谷需要2 h。假设有50%的游客需要从原路返回,返回时间为2 h。请用线路法测算该峡谷的日旅游容量。

推荐阅读

1. 魏旭红,开欣,王颖,郁海文.基于"双评价"的市县级国土空间"三区三线"技术方法探讨[J].城市规划,2019 (7).
2. 李婷.产业融合视角下的旅游项目投融资模式创新研究[D].北京:北京交通大学,2016.
3. 马勇,李玺.旅游规划与开发[M].北京:高等教育出版社,2002.
4. 杨振之.旅游规划用地问题与用地创新[J].旅游学刊,2017 (8).

第十一章
旅游规划的管理与实施

学习引导

"三分规划,七分管理",科学的规划需要有效的管理。旅游规划的管理是一项复杂而重要的工作。规划管理必须在相关规章制度及程序监督的指导下才能够达到理想的结果。规划是为了指导行动,旅游规划的实施是检验旅游规划科学性的试金石,是创造综合效益的必由之路。那么,旅游规划如何管理?旅游规划如何实施落地?如何评估旅游规划的实施效果?我们这一章就来探讨这些问题。

学习目标

(一)知识目标
1. 了解:旅游规划的立项管理、招投标管理、成果管理和旅游规划实施。
2. 理解:旅游规划的衔接和论证管理。
3. 掌握:旅游规划的评审管理。

(二)能力目标
1. 能够运用所学知识撰写旅游规划评审意见。
2. 能够按照旅游规划的招投标要求和相关程序从事旅游规划实践。

(三)价值塑造目标
1. 认识到旅游规划管理和实施工作的重要意义,增强职业素养和社会责任感。
2. 遵守旅游规划管理和实施的相关法律、法规、标准和伦理道德规范。

思维导图

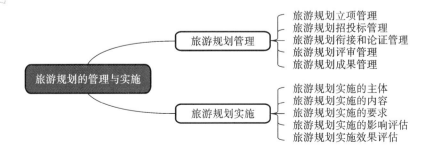

案例导入 11-1

第一节　旅游规划管理

一、旅游规划立项管理

（一）旅游规划立项的要求

根据《文化和旅游规划管理办法》，规划编制单位应对规划立项的必要性进行充分论证，如编制可行性研究报告。属日常工作或任务实施期限少于3年的，原则上不编制规划。规划编制单位应制定相应工作方案，对规划期、论证情况、编制方式、进度安排、人员保障、经费需求等进行必要说明。规划编制单位应深化重大问题研究论证，深入研究前瞻性、关键性、深层次重大问题，充分考虑要素支撑条件、资源环境约束和重大风险防范。

（二）旅游规划立项的备案管理

所有旅游规划（项目）都须先经过相关旅游主管部门批准后方可立项备案，进入规划程序。各级行政区旅游发展规划（项目）须经同级人民政府同意，然后由旅游行政管理部门等立项备案，进入规划程序；跨行政区旅游发展规划项目须经过相关人民政府同意，然后由上级旅游行政管理部门等立项备案，进入规划程序；旅游区规划由业主提出项目意向，旅游行政管理部门牵头组织相关部门和专家，对项目的必要性和可行性进行初步论证后方可立项备案，进入规划程序；专项旅游规划的立项要求由各级旅游行政管理部门确定。

（三）旅游规划立项后的前期工作

规划立项后，规划编制单位要认真做好基础调查、资料搜集、课题研究等前期工作，编制招标文件，科学测算目标指标，对需要纳入规划的工程和项目进行充分论证。坚持开门编制规划，提高规划编制的透明度和社会参与度。

旅游规划招标文件主要包括招标邀请书、投标人须知、技术规范、规划项目资料、协议书、违约保证书等。旅游规划招标邀请书没有具体的编写格式，可以参照工程或建设项目招标书的格式编写；投标人须知包括项目概况、投标单位的资格要求、时间安排、投标书的编制要求、开标时间、评标与定标的基本原则等。

二、旅游规划招投标管理

招投标是"招标"和"投标"的简称。根据《中华人民共和国招标投标法》，招标投标活动应当遵循公开、公平、公正和诚实信用的原则。旅游规划招标就是旅游规划委托方选择合适的旅游规划编制单位的工作过程。

(一)旅游规划招标方式

旅游规划招标方式有三种:

1. 公开招标

公开招标是委托方以招标公告的方式邀请不特定的旅游规划设计单位投标。公开招标的优点是公开、公正、公平,能够避免旅游规划项目委托中出现的不公平和不透明等问题,能够将最优秀的旅游规划编制单位遴选出来。但公开招标耗时长、成本高,只适用于编制经费充裕的大型旅游规划。

2. 邀请招标

邀请招标是委托方以投标邀请书的方式邀请特定的旅游规划设计单位投标。与公开招标相比,邀请招标程序相对简化,不需要在媒体上公开发布招标公告,只对自己了解的旅游规划编制单位发出招标邀请书。邀请招标的投标方一般为3~10家。其优点是易于掌控、比较经济,缺点是竞争范围和选择余地较小,比较适合编制经费或规模中等的旅游规划。

3. 直接委托

直接委托是委托方直接委托某一特定规划设计单位进行旅游规划的编制工作。这种方式适宜的旅游规划项目编制情况有三种:

一是规模或经费较小的旅游规划项目。

二是时间紧的旅游规划项目。

三是专业性和保密性强的旅游规划项目。

其特点是只有直接委托,不走招标程序,可以为委托方节省时间、金钱和人力,但容易滋生腐败。

旅游规划三种招标方式优缺点比较见表11-1。

表11-1 旅游规划三种招标方式优缺点比较

招标方式	优点	缺点
公开招标	公开、公正、公平	耗时长、成本高
邀请招标	易于掌控、比较经济	竞争范围和选择余地较小
直接委托	节省时间、金钱和人力	容易滋生腐败

(二)旅游规划招标管理

参照《中华人民共和国招标投标法》,旅游规划招标管理主要包括招标项目管理、招标方式管理和时间管理。

1. 招标项目管理

(1)招标项目按照国家有关规定需要履行项目审批手续的,应当先履行审批手续,获得批准。任何单位和个人不得将依法必须进行招标的项目化整为零或者以其他任何方式规避招标。依法必须进行招标的项目,其招标投标活动不受地区或者部门的限制。

(2)招标人可以根据招标项目本身的要求,在招标公告或者投标邀请书中要求潜在投标人提供有关资质证明文件和业绩情况,并对潜在投标人进行资格审查;国家对投标人的资格条件有规定的,依照其规定。招标人不得以不合理的条件限制或者排斥潜在投标人,不得对潜在投标人歧视。

(3)招标人应当根据招标项目的特点和需要编制招标文件。招标文件应当包括招标项目的技术要求、对投标人资格审查的标准、投标报价要求和评标标准等,以及拟签订合同的主要条款。

(4)招标人可以根据招标项目的具体情况,组织潜在投标人踏勘项目现场。

2. 招标方式管理

(1)招标人有权自行选择招标代理机构,委托其办理招标事宜。任何单位和个人不得以任何方式为招标人指定招标代理机构。招标代理机构应当具有从事招标代理业务的营业场所和相应资金,有能够编制招标文件和组织评标的相应专业力量。

(2)招标人采用公开招标方式的,应当发布招标公告。依法必须进行招标的项目的招标公告,应当通过国家指定的报刊、信息网络或者其他媒介发布。招标公告应当载明招标人的名称和地址、招标项目的性质、数量、实施地点和时间以及获取招标文件的办法等事项。

(3)招标人采用邀请招标方式的,应当向三个以上具备承担招标项目能力、资信良好的特定法人或者其他组织发出投标邀请书。投标邀请书的内容参照招标公告。

(4)招标人不得向他人透露已获取招标文件的潜在投标人的名称、数量以及可能影响公平竞争的有关招标投标的其他情况。招标人设有标底的,标底必须保密。

3. 时间管理

(1)招标人对已发出的招标文件进行必要的澄清或者修改的,应当至少在招标文件要求提交投标文件截止时间十五日前,以书面形式通知所有招标文件收受人。该澄清或者修改的内容为招标文件的组成部分。

(2)招标人应当确定投标人编制投标文件所需要的合理时间。但是,依法必须进行招标的项目,自招标文件开始发出之日起至投标人提交投标文件截止之日止,不得少于二十日。

(三)旅游规划投标管理

(1)投标人应当具备承担招标项目的能力。

国家有关规定对投标人资格条件或者招标文件对投标人资格条件有规定的,投标人应当具备规定的资格条件。旅游规划项目主持人应来自拥有资质的规划主持单位,具有主持相关规划项目的实际经验,与主要成员有着合作共事的基础。主持人应是规划设计的实际负责者,必须能实际参与规划设计的整个过程(包括实地调查、规划文本编制、征求意见、成果评审等环节)。

(2)投标人应当按照招标文件的要求编制投标文件。

投标文件应当对招标文件提出的实质性要求和条件做出响应。

(3)投标人应当在招标文件要求提交投标文件的截止时间前,将投标文件送达投标地点。

招标人收到投标文件后,应当签收保存,不得开启。投标人少于三个的,招标人应当依照《中华人民共和国招标投标法》重新招标。

(4)投标人根据招标文件载明的项目实际情况,拟在中标后将中标项目的部分非主体、非关键性工作进行分包的,应当在投标文件中载明。

(5)两个以上法人或者其他组织可以组成一个联合体,以一个投标人的身份共同投标。

联合体各方均应当具备承担招标项目的相应能力;国家有关规定或者招标文件对投标人资格条件有规定的,联合体各方均应当具备规定的相应资格条件。由同一专业的单位组成的联合体,按照资质等级较低的单位确定资质等级。联合体各方应当签订共同投标协议,明确约定各方拟承担的工作和责任,并将共同投标协议连同投标文件一并提交招标人。联合体中标的,联合体各方应当共同与招标人签订合同,就中标项目向招标人承担连带责任。

(6)投标人不得相互串通投标报价,不得排挤其他投标人的公平竞争,损害招标人或者其他投标人的合法权益。

(7)投标人不得与招标人串通投标,损害国家利益、社会公共利益或者他人的合法权益。

禁止投标人以向招标人或者评标委员会成员行贿的手段谋取中标。

(8)投标人不得以低于成本的报价竞标,也不得以他人名义投标或者以其他方式弄虚作假,骗取中标。

(四)旅游规划开标、评标和中标管理

知识链接 11-1

1. 开标管理

(1)开标应当在招标文件确定的提交投标文件截止时间的同一时间公开进行;开标地点应当为招标文件中预先确定的地点。

(2)开标由招标人主持,邀请所有投标人参加。

(3)开标时,由投标人或者其推选的代表检查投标文件的密封情况,也可以由招标人委托的公证机构检查并公证;确认无误后,由工作人员当众拆封,宣读投标人名称、投标价格和投标文件的其他主要内容。

2. 评标管理

(1)评标由招标人依法组建的评标委员会负责。评标委员会由招标人的代表和有关旅游规划、经济等方面的专家组成,成员人数为五人以上单数,其中技术、经济等方面的专家不得少于成员总数的三分之二。专家来源由招标人从国务院有关部门或者省、自治区、直辖市人民政府有关部门提供的专家名册或者招标代理机构的专家库内的相关专业的专家名单中确定;一般招标项目可以采取随机抽取的方式,特殊招标项目可以由招标人直接确定。与投标人有利害关系的人不得进入相关项目的评标委员会;已经进入的应当更换。评标委员会成员的名单在中标结果确定前应当保密。

(2)招标人应当采取必要的措施,保证评标在严格保密的情况下进行,任何单位和个人不得非法干预、影响评标的过程和结果。

(3)评标委员会可以要求投标人对投标文件中含义不明确的内容做必要的澄清或者说明,但是澄清或者说明不得超出投标文件的范围或者改变投标文件的实质性内容。

(4)评标委员会应当按照招标文件确定的评标标准和方法,对投标文件进行评审和比较;设有标底的,应当参考标底。评标委员会完成评标后,应当向招标人提出书面评标报告,并推荐合格的中标候选人。

(5)招标人根据评标委员会提出的书面评标报告和推荐的中标候选人确定中标人。招标人也可以授权评标委员会直接确定中标人。

3. 中标管理

(1)中标人的投标应当符合下列条件之一:一是能够最大限度地满足招标文件中规定的各项综合评价标准;二是能够满足招标文件的实质性要求,并且投标价格最低的,投标价格低于成本价的除外。

(2)评标委员会经评审,认为所有投标都不符合招标文件要求的,可以否决所有投标。依法必须进行招标的项目的所有投标被否决的,招标人应当依照《中华人民共和国招标投标法》重新招标。

(3)在确定中标人前,招标人不得与投标人就投标价格、投标方案等实质性内容进行谈判。

(4)评标委员会成员应当客观、公正地履行职务,遵守职业道德,对所提出的评审意见承担个人责任。评标委员会成员不得私下接触投标人,不得收受投标人的财物或者其他好处。评标委员会成员和参与评标的有关工作人员不得透露对投标文件的评审和比较、中标候选人的推荐情况以及与评标有关的其他情况。

(5)中标人确定后,招标人应当向中标人发出中标通知书,并同时将中标结果通知所有未中标的投标人。中标通知书对招标人和中标人具有法律效力。中标通知书发出后,招标人改变中标结果的,或者中标人放弃中标项目的,应当依法承担法律责任。

(6)招标人和中标人应当自中标通知书发出之日起三十日内,按照招标文件和中标人的投标文件订立书面合同。招标人和中标人不得再行订立背离合同实质性内容的其他协议。招标文件要求中标人提交履约保证金的,中标人应当提交。

(7)依法必须进行招标的项目,招标人应当自确定中标人之日起十五日内,向有关行政监督部门提交招标投标情况的书面报告。

(8)中标人应当按照合同约定履行义务,完成中标项目。中标人不得向他人转让中标项目,也不得将中标项目肢解后分别向他人转让。中标人按照合同约定或者经招标人同意,可以将中标项目的部分非主体、非关键性工作分包给他人完成。接受分包的人应当具备相应的资格条件,并不得再次分包。中标人应当就分包项目对招标人负责,接受分包的人就分包项目承担连带责任。

(五)旅游规划招投标管理的步骤

旅游规划招投标管理的步骤极其烦琐。总体来说,可以分为委托方和规划方两个方面。

1. 委托方

委托方的旅游招标管理步骤主要包括:确定招标方式,发布招标公告或投标邀请书,编制并发放资格预审文件和递交资格预审申请书,资格预审并确定投标申请人,编制和发出招标文件,评标和议标,签订合同。

2.规划方

规划方的旅游投标管理步骤主要包括:接受旅游招标信息,准备相关材料,按照规定编制旅游投标书,投标,答辩,签订合同。

旅游规划招投标管理的步骤见图11-1。

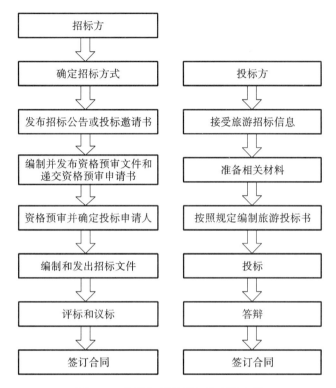

图 11-1　旅游规划招投标管理的步骤

三、旅游规划衔接和论证管理

(一)旅游规划衔接管理

(1)各级文化和旅游行政部门应当建立健全规划衔接协调机制。

总体规划要与国家发展规划进行统筹衔接,落实国家发展规划的要求。地方文化和旅游发展规划要与上级文化和旅游发展规划、本地区经济社会发展规划相衔接。专项规划、区域规划、地方文化和旅游发展规划的目标、任务、布局等要与总体规划保持一致,各类规划的重要目标指标及工程、项目、政策要相互衔接。

(2)文化和旅游规划应当与国土空间规划、环境保护规划以及其他相关规划相衔接。

(二)旅游规划论证管理

(1)规划编制单位应当采取多种形式广泛听取基层群众、基层文化和旅游单位、相关部门、专家学者的意见,必要时公开征询社会公众意见。

(2)规划编制单位应在规划报批前,委托研究机构或组织专家组对规划进行论证,形成论证报告。参与论证的机构和专家,应严格遵守相关保密规定。

四、旅游规划评审管理

旅游规划文本、图件及附件完成后,由规划委托方提出申请,上一级旅游行政主管部门组织评审。规划评审是集思广益、实行科学决策、保证旅游规划质量的重要环节。

(一)旅游规划评审的程序

1. 旅游规划评审的方式和要求

旅游规划的评审采用会议审查方式。规划成果应在会议召开五日前送达评审人员审阅。评审会召开前,一般应组织评委会成员对规划区域的主要旅游资源、设施和环境进行实地考察。参与规划评审的机构和专家,应严格遵守相关保密规定。

2. 旅游规划评审会的程序

旅游规划评审会的程序有以下几个方面:

(1)评委会组长或副组长宣布评审会开始。

(2)规划课题组代表就规划编制的过程、指导思想和基本内容向全体评委做陈述,并向评委和与会人员展示规划图件及有关规划成果材料(课题组汇报陈述与成果展示)。

(3)评委质询,课题组答辩。

(4)评委讨论与表决。在旅游规划委托方和编制方均回避的情况下,经全体评审人员讨论、表决,并有 3/4 以上评审人员同意,方为通过。评审意见应形成文字性结论,并经评审小组全体成员签字。

(5)评委会组长宣读评审意见。

(二)评审人员的组成

旅游发展规划的评审人员由规划委托方与上一级旅游行政主管部门商定;旅游区规划的评审人员由规划委托方商请当地旅游行政主管部门确定。

旅游规划评审组由 7 人以上组成。其中,行政管理部门代表不超过 1/3,本地专家不少于 1/3。规划评审小组设评委会组长 1 人,根据需要可设副组长 1~2 人。组长、副组长人选由委托方与规划评审小组协商产生。

按照惯例,旅游规划编制单位的成员不宜入选评委会成员。这有助于评审的公正性,确保评委会的意见具有权威性。旅游规划评审人员应由经济分析专家、市场开发专家、旅游资源专家、环境保护专家、城市规划专家、工程建筑专家、旅游规划管理官员、相关部门管理官员等组成。

(三)旅游规划评审的重点和依据

旅游规划评审应围绕规划的目标、定位、内容、结构和深度等方面进行重点审议。具体包括:

(1)旅游产业定位和形象定位的科学性、准确性和客观性。

(2)规划目标体系的科学性、前瞻性和可行性。
(3)旅游产业开发、项目策划的可行性和创新性。
(4)旅游产业要素结构与空间布局的科学性、可行性。
(5)旅游设施、交通线路空间布局的科学合理性。
(6)旅游开发项目投资的经济合理性。
(7)规划项目对环境影响评价的客观可靠性。
(8)各项技术指标的合理性。
(9)规划文本、附件和图件的规范性。
(10)规划实施的可操作性和充分性。

旅游规划的评审依据主要包括是否达到《旅游规划通则》的要求,是否达到规划合同书的要求。

(四)旅游规划的评审意见

评审意见应以书面形式表达,并经评审组全体成员签字后方为有效。评审意见应包括是否通过评审的明确结论(分为一致同意通过、原则同意通过、暂缓通过、不予通过四级)、对规划成果的具体评价、修改完善的具体意见等内容。

目前,我国旅游规划的评审意见无固定格式,但一般包括以下内容:

(1)评审会的时间、地点和与会人员概况。
(2)对规划基本内容的简要概括。
(3)对规划的基本评价。

对规划的基本评价包括:规划是否符合实际情况;是否符合国家和地方相关法律法规和方针政策;是否与国民经济和社会发展规划、国土空间规划、交通规划、自然保护区规划等其他专业规划相衔接;是否符合行业标准和技术规范;是否科学、合理、可行等。此外,对规划存在的不足之处亦应明确指出。

(4)对规划进行结论性评价。

根据旅游规划成果的评分标准(见表11-2),将旅游规划评审的等级确定为四级:一致通过,评审组全体表示同意,总平均分数为85分及以上;原则通过,评审组提出较多修改意见,但没有原则性问题,总平均分数在70～84分;暂缓通过,评审组提出较多修改意见,但有原则性问题,如发展目标模糊、主题定位不准、文本图件缺失等,总平均分数在60～69分;不予通过,评审组中60%的成员表示不同意通过,总平均分数为59分及以下(唐代剑,2005)。

表 11-2 旅游规划成果评分标准

大项	小项	分值	备注
规范性 (35分)	文本	15	
	图则	15	
	附件	5	

续表

大项	小项	分值	备注
可行性 （55分）	功能与主题定位	10	
	目标与市场定位	5	
	产业开发与项目策划	10	
	要素结构与空间布局	10	
	服务设施与游线设计	5	
	主要技术指标	5	
	旅游保障规划	5	
	投资与效益分析	5	
创新性（10分）	内容、技术与深度	10	
满分		100	

（资料来源：《旅游规划通则》实施细则。）

旅游规划评审的四级结论见表11-3。

表11-3　旅游规划评审的四级结论

评审结论	特征	平均分值 （总分100分）
一致通过评审	评审组全体表述同意	85分及以上
原则通过评审	评审组提出较多修改意见，但没有原则性问题	70~84分
暂缓通过评审	评审组提出较多修改意见，但有原则性问题，如发展目标模糊、主题定位不准、文本图件缺失等	60~69分
不予通过评审	评审组中60%的成员表示不同意通过	59分及以下

旅游规划的评审结论应实事求是，不能人为拔高或故意贬低。旅游规划评审意见中可将评审会上评委对旅游规划存在的问题一一列出，也可以将需要进一步修改完善的意见以会议纪要的形式列出，不具体出现在评审意见中。

规划案例 11-1

五、旅游规划成果管理

(一) 规划成果的总体要求

1. 规划成果的形式

旅游规划成果一般应由规划文本、规划图件和附件（含规划说明及基础资料）三部分构成。

2. 规划成果的数量

规划项目承担方应向委托方提交的成果数量应事先在合同书中明确规定（含征求意见稿、评审稿和最终修订稿）。

(二)旅游规划的上报与审批管理

(1)旅游规划文本、图件及附件,经规划评审会议讨论通过并根据评审意见修改后,由委托方按有关规定程序报批。

(2)旅游规划按行政序列实行分级审批。跨省级区域的旅游规划,由文化和旅游部征求有关地方人民政府意见后审批;地方旅游规划在征求上一级旅游行政管理部门的意见后,由当地旅游行政管理部门报当地人民政府审批,或由当地人大审议后由政府发布。

(3)文化和旅游行政部门应严格履行规划报批程序。以文化和旅游部名义发布的规划原则上须经部党组会议审定,规划报批前应充分征求文化和旅游部各相关司局和单位意见并达成一致,各业务领域的专项规划和区域规划报批时须会签政策法规司。

(4)需报国务院审批的国家级专项规划,经文化和旅游部党组会议审定后,由规划编制单位送国家发展改革部门会签后上报。

(5)规划报批时,除规划文本外还应附下列材料:

①编制说明,包括编制依据、编制程序、未采纳相关意见的理由等。

②论证报告。

③法律、法规规定需要报送的其他相关材料。

(三)旅游规划成果归档与发布管理

成果归档与发放管理有两层含义:

一是对旅游规划文本的数量及发放范围进行控制,并对发放的规划文本进行记录和跟踪。

二是对其成果进行归档备案和保管,统一使用。

对于上报的规划成果,必须在上级主管部门进行备案,以便查询。

文化和旅游部建立规划信息库。省级文化和旅游行政部门应在省级文化和旅游发展规划印发一个月内,将规划纸质文件和电子文档报送文化和旅游部备案。文化和旅游部各司局和单位在专项规划、区域规划印发后,应及时将规划纸质文件和电子文档送政策法规司入库。地方各级文化和旅游部门也应建立规划信息库和备案制度。

除法律法规另有规定以及涉及国家秘密的内容外,各类规划应在批准后一个月内向社会公开发布相关内容。

(四)旅游规划预执行管理

预执行管理是以贯彻执行旅游规划为目的的准备性管理工作,包括实施旅游规划的宣传准备、资料准备和组织准备等。预执行管理的目的在于提高实施人员对旅游规划思想理念和内容任务的理解,从而在旅游规划实施中统一思想,加强贯彻落实。编制和实施旅游发展规划,应当遵守《旅游发展规划管理办法》。编制旅游开发建设规划应当服从旅游发展规划。

第二节 旅游规划实施

旅游规划作为一种行动纲领,一般都要经历规划的编制、实施、评估、修编等过程。旅游规划编制工作的完成仅仅是第一步,旅游规划能否顺利实施,则是规划成功的关键。

一、旅游规划实施的主体

不同层次、不同类型的旅游规划的实施主体不尽相同。旅游规划实施的主体主要有政府、企业和社区。

(一)政府

旅游规划实施中的政府涵盖各级政府、旅游管理部门、旅游区管委会以及各类资源直属管理部门等,它们既是旅游规划编制的委托方、审批者,又是旅游规划的实施者、协调者。纵观我国政府主导旅游发展的历程,政府在旅游规划实施或开发中主要有政府包办式、政府主导式和政府服务式三种形式。

1. 政府包办式

政府包办式是政府大包大揽的实施模式,政府承担旅游规划的监督管理者、委托方、开发投资者、项目建设者、运营者、市场营销者等综合职能,主要适合于旅游业刚起步时期。

2. 政府主导式

政府主导式坚持"统一规划、政府主导、市场运作、社会投资"的原则,充分发挥政府在政策法规制定、旅游规划和市场管理方面的主导作用,广泛吸纳社会投资,共同开发建设和管理运营旅游项目。这种形式主要适合于范围较广的区域性旅游规划,是我国目前较为普遍的开发方式。

3. 政府服务式

政府服务式的特点是各级政府或部门退出旅游开发经营领域,主要提供行政管理服务、旅游中长期规划、利益相关者协调及一些公共服务,最大限度地吸纳外资或民营资本来投资建设。例如,政府把一些景区或景点的经营权租赁给企业或个人投资运营。随着旅游地的不断成熟,旅游主管部门的主要职责从旅游资源开发转移到对外推介旅游产品、对内服务旅游企业两大功能上来,不断强化旅游法规建设和市场监管,维护旅游者和经营者的合法权益。

(二)企业

企业是市场经济的主体,旅游企业在旅游市场经济中的主体作用日益显现。越来越多的旅游规划由旅游企业出资委托编制和实施。旅游企业在旅游规划实施过程中更加注重时效性和经济效益,容易从自身利益出发,因此需要政府的有力监管。

(三)社区

社区居民参与旅游规划是当前旅游研究的热点和难点。从目前实践经验来看,社区居民参与旅游规划有三种不同的形式:

一是社区紧密参与型,社区全程参与旅游规划的编制和实施。

二是社区非紧密参与型,社区只承担环境改善和配合实施的职责。

三是社区无关型,社区只是旅游规划中的一个利益主体,不参与规划决策和实施,到最后利益分配的时候社区参与分成。

二、旅游规划实施的内容

旅游规划实施的主要内容一般包括旅游项目开发、旅游市场推广、旅游服务设施建设、旅游基础设施建设、旅游环境保护与建设等五个方面。不同的实施内容,其参与主体及参与程度有所差异。

(一)旅游项目开发

旅游项目开发是旅游规划实施的关键。旅游规划是否具有可行性和可操作性,取决于旅游项目能否落地。旅游项目的开发建设一般以企业为主,政府规划审批或从旁协助、监管。

(二)旅游市场推广

旅游项目开发建设好之后,就需要进行市场宣传和推广,以吸引大规模的旅游者。旅游市场推广包括旅游形象宣传和旅游产品促销等内容。一般以政府与企业合作为主,政府负责旅游地的整体形象推广与组织旅游地市场营销活动,而企业则负责具体的产品宣传促销活动。

(三)旅游服务设施建设

旅游服务设施建设主要包括住宿设施、餐饮设施、游乐设施以及其他旅游服务设施的建设,如游客服务中心、旅游咨询中心、观景台、旅游购物场所等。旅游服务设施建设一般以企业为主,由政府规划引导。

(四)旅游基础设施建设

旅游基础设施建设一般由道路及交通配套设施建设、防灾设施建设、给排水设施建设、邮电通信设施建设等组成,以政府投资建设为主,企业可采取 BOT 模式等参与部分基础设施项目投资建设。

(五)旅游环境保护与建设

旅游环境保护与建设包括对旅游区生态环境系统的维护与修复、植被景观的保护、重点区段点的绿化、社区文化氛围的营造、旅游服务环境的改善等,以政府为主,社区参与,企业协助。在旅游规划实施中,要培训并配备专业人员参与各种旅游环境的保护与建设,包括对道路及景观植被进行定期的维护与修复工作,保障森林植被和生物物种的多样性,保持生态平衡,等等。

三、旅游规划实施的要求

根据《文化和旅游规划管理办法》,旅游规划实施的要求如下:

(1)旅游发展规划经批复后,由各级旅游局负责协调有关部门纳入国土规划、土地利用总体规划和城市总体规划等相关规划。旅游发展规划所确定的旅游开发建设项目,应当按照国家基本建设程序的规定纳入国民经济和社会发展规划。

(2)按照谁牵头编制谁组织实施的基本原则,规划编制单位应及时对规划确定的任务进行分解,制定任务分工方案,落实规划实施责任。

(3)规划编制单位应制定年度执行计划,组织开展规划实施年度监测分析,强化监测评估结果应用。文化和旅游行政部门在制定政策、安排项目时,要优先对规划确定的发展重点予以支持。

(4)上级文化和旅游行政部门应加强对下级文化和旅游行政部门规划实施工作的指导和监督。

(5)规划编制单位应组织开展规划实施中期评估和总结评估,积极引入第三方评估。

(6)规划经评估或因其他原因确需要修订的,规划编制单位应按照新形势、新要求调整完善规划内容,将修订后的规划履行原编制审批程序。

(7)文化和旅游行政部门要把规划工作列入重要日程,纳入领导班子、领导干部考核评价体系,切实加强组织领导、监督检查和队伍建设。

(8)规划工作所需经费应在本单位预算中予以保障。

(9)审批后的旅游规划,其所规划的产业定位、发展目标、总体布局和主导产品等内容,具有指导性,必须贯彻执行。

四、旅游规划实施的影响评估

旅游规划实施对当地的影响可以从经济、社区、文化和生态环境四个方面进行分析评估。

(一)对当地经济的影响

1. 正面影响

一是增强区域旅游吸引力,带来大量的国内外游客。
二是有利于提高当地的经济发展水平。
三是有利于促进区域间经济合作和社会的协调发展。

2. 负面影响

一是容易导致当地物价和地价上涨。
二是影响国民经济的稳定。

(二)对社区发展的影响

1. 正面影响

一是有利于改善社区基础设施和服务设施,从而改善地方社区生存和发展环境。

二是有利于调整旅游地产业结构,增加旅游地的就业机会。

三是有利于提高社区居民对发展旅游的认同程度。

2. 负面影响

一是增加了当地的交通压力、生态环境压力,可能影响社区居民的生活质量。

二是旅游发展加剧了人员流动,容易产生一系列的社会治安问题,降低了当地社区的安全系数。

三是加剧贫富分化,容易产生文化冲突和社会矛盾。

(三)对当地文化的影响

1. 正面影响

一是增进文化传播和彼此相互了解。

二是强化民族文化认同。

三是大量传统的风俗习惯、民间艺术和历史遗迹成为地方独特的旅游资源而被开发利用,有利于保存地方文化个性。

2. 负面影响

一是旅游发展打破了原先相对均衡和谐的状态,加剧了一系列社会病态现象的出现,造成社会失范。

二是旅游地受外部世界意识形态中的不良文化因子的渗透,容易滋生变异的思想和价值观。

三是旅游地文化不合理的商品化和庸俗化容易导致文化滥用和异化。

(四)对生态环境的影响

1. 正面影响

一是有利于保护自然景观和历史古迹。

二是有利于提高绿化比例和环境质量。

2. 负面影响

一是不当的旅游规划实施后,容易造成众多建设性破坏或污染,破坏当地生态系统。

二是导致过度拥挤,超出生态环境承载能力。

三是游客的不文明行为或保护不力,可能损毁文物古迹。

五、旅游规划实施效果评估

(一)依据:《旅游发展规划实施评估导则》(LB/T 041—2015)

该标准规定了旅游发展规划实施评估的主体、方式、程序、内容与标准及监督落实。

适用于各级旅游发展规划的实施评估,旅游专项规划可参照此标准开展评估。

(二)评估机制

旅游发展规划评估工作按照政府组织、专家评估、公众参与的原则,宜建立相应的评估工作机制和工作程序。评估工作应由非利益相关的第三方专业机构组织专家进行评估,并广泛征求社会各方意见,建立第三方主导、多方参与的规划实施评估机制。

(三)评估原则

按照"定量与定性评估相结合,自我评估、专家评审与社会参与相结合,材料审查与实际考察论证相结合"等原则,应对规划实施进行综合评估,具体评分可另制定评分细则。

(四)评估方式

评估主要采用专家评审会的会议审查方式。有特殊情况的,可以采取其他评审方式,并形成统一书面评审意见,经评审专家组全体成员签字。每位评审专家形成独立的专家意见评估表并签名。

(五)规划实施评估报告内容

规划实施评估报告的内容包括:规划的基本情况;规划主要目标的落实情况;规划主要内容、重点项目、重点任务的执行进展情况;规划实施的综合影响;总体评价及原因分析;问题与建议等。

政府部门评估表见表 11-4。

表 11-4 政府部门评估表

项目名称					
部门名称					
评估时间		评估地点		评估形式	
	综合性的评估报告				
旅游发展规划的评价表	评分项目		评分值 (请在分数处打√)		
	规划的后评估	2	1	0	−1
	旅游产业要素结构与空间布局的科学性、可行性				
	旅游服务体系、交通线路空间布局的科学合理性				
	旅游开发项目投资的经济合理性				
	旅游发展规划的系统性、衔接性				
备注:					
				部门代表签字: 年　月　日	

(六)评估程序

1. 评估准备

应成立评估领导协调小组,提出评估要求,确定评估工作方案,委托负责评估的单位组建专家委员会,明确相关责任。

2. 编写规划实施评估报告

承担评估任务的单位应组织相关领域专家在系统收集资料、实证调查分析、深入比较研究等基础上,负责编制旅游发展规划实施评估报告,并收集准备各种相关内容证明材料。

3. 广泛征求各方意见

形成的旅游规划实施评估报告,应以书面形式征求本级人民政府相关部门、行政隶属的下级人民政府、重点旅游企业等相关方的意见,承担评估任务的单位应根据各方意见对报告修改完善。

4. 组织专家进行评阅

对评估报告应进行专家评阅,提高评估报告的专业性、科学性。评阅专家组由相关领域专家组成。评阅专家组设专家组组长1人,主持专家评阅会。专家组对规划实施评估报告进行认真审查讨论、检查复核相关材料,形成专家评阅意见。评估报告须经全体评审人员讨论表决,有三分之二以上专家同意,方为通过。

5. 评估结果社会公示并建立反馈制度

评估报告形成后,应通过政府网站、政府公报、新闻发布会以及报刊、广播、电视、网络等,将规划执行和落实情况向社会公示,公示不应少于十五天。第三方评估机构汇总公众意见,吸纳合理内容,对评估报告修改完善,形成旅游发展规划评估报告最终成果。

旅游发展规划评估的程序见图11-2。

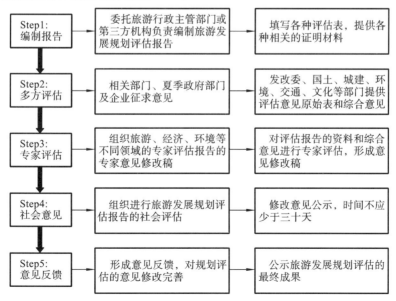

图11-2 旅游发展规划评估的程序

本章要点

(1) 招投标是"招标"和"投标"的简称。旅游规划招标就是旅游规划委托方选择合适的旅游规划编制单位的工作过程。

(2) 旅游规划招投标方式有公开招标、邀请招标和直接委托。

(3) 旅游规划评审应围绕规划的目标、定位、内容、结构和深度等方面进行重点审议。

(4) 不同层次、不同类型的旅游规划的实施主体不尽相同。旅游规划实施的主体主要有政府、企业和社区。

(5) 旅游规划实施的主要内容一般包括旅游项目开发、旅游市场推广、旅游服务设施建设、旅游基础设施建设、旅游环境保护与建设等五个方面。不同的实施内容,其参与主体及其参与程度有所差异。

(6) 旅游规划实施对当地的影响可以从经济、社区、文化和生态环境四个方面进行分析评估。

(7) 旅游规划实施效果评估是依据《旅游发展规划实施评估导则》来执行。

核心概念

公开招标　public bidding
邀请招标　invitation bidding
直接委托　agent bidding
旅游规划管理　tourism planning management
旅游规划实施　implementation of tourism planning
旅游规划评审　tourism planning evaluation
旅游规划成果　tourism planning results
旅游规划实施评估　tourism planning for the implementation of assessment

思考与练习

一、选择题(请扫描边栏二维码)
二、简答题
1. 简述旅游规划招投标的三种方式及其各自的特征和适用条件。
2. 简述旅游规划投标管理和投标管理的步骤。
3. 简述旅游规划的管理内容
4. 简述旅游规划评审的重点。

5. 简述旅游规划实施的内容。

6. 简述旅游规划实施的要求。

三、实践操作题

请选定一个旅游规划文本,假如你是该规划的评审专家,运用所学知识,撰写旅游规划评审意见。

推荐阅读

1. 唐代剑,等.旅游规划理论与方法应用[M].北京:中国旅游出版社,2016.
2. 陈南江.旅游规划的管理优化:体系、标准与规范[J].旅游学刊,2014(5).

参考文献
References

[1] Bédard Francois. 旅游规划的战略工具：全球可持续旅游目的地标准[J]. 旅游学刊，2013(9).

[2] Blancas F J, Lozano-Oyola M, Gonzalez M, et al. How to use sustainability indicators for tourism planning: The case of rural tourism in Andalusia (Spain)[J]. Science of the Total Environment, 2012(412-413).

[3] Briggs E, Janakiraman N. Slogan recall effects on marketplace behaviors: The roles of external search and brand assessment[J]. Journal of Business Research, 2017(80).

[4] Galí N, Camprubí R, Donaire JA. Analysing tourism slogans in top tourism destinations[J]. Journal of Destination Marketing & Management, 2017, 6(3).

[5] Gunn C A. Prospects for tourism planning: issues and concerns [Invited Senior Scholar Editorial.][J]. Journal of Tourism Studies, 2004, 15(1).

[6] Pike S. Destination Image Analysis: A review of 142 papers from 1973 to 2000[J]. Tourism Management, 2002, 23(5).

[7] 帕洛格. 旅游市场营销实论[M]. 李天元，李曼，译. 天津：南开大学出版社，2007.

[8] Steve Pan. Tourism slogans—Towards a conceptual framework[J]. Tourism Management, 2019, 72.

[9] 艾·里斯，杰克·特劳特. 定位[M]. 谢伟山，苑爱冬，译. 北京：机械工业出版社，2013.

[10] 曹李梅，曲颖. 旅游口号的内源性-外源性设计模式构建——基于扎根理论的探索性研究[J]. 地域研究与开发，2019，38(2).

[11] 陈南江. 旅游规划的管理优化：体系、标准与规范[J]. 旅游学刊，2014(5).

[12] 陈秋华，张健华. 旅游规划教程[M]. 北京：中国科学技术出版社，2008.

[13] 陈英. 旅游规划：问题导向与目标导向及其选择[J]. 旅游研究，2009(2).

[14] 邓昭明，王甫园，王开泳，王诚庆. 生态文明建设视域下的区域旅游规划：理念，功能与发展趋向[J]. 生态经济，2018(10).

[15] 范业正，陶伟，刘锋. 国外旅游规划研究进展及主要思想方法[J]. 地理科学进展，

1998(3).
- [16] 范业正.国外旅游地规划的理论与技术方法[J].国外城市规划,2000(3).
- [17] 冯学钢,金川.旅游规划的道德约束和价值导向[J].旅游学刊,2014(12).
- [18] 冯学钢,吴文智,于秋阳.旅游规划[M].上海:华东师范大学出版社,2011.
- [19] 高曾伟.旅游资源学[M].4版.上海:上海交通大学出版社,2007.
- [20] 郭鲁芳,吴儒练.旅游商品:概念-范畴-特征[J].江苏商论,2008(10).
- [21] 郭英之.旅游市场研究理论与案例[M].北京:科学出版社,2008.
- [22] 郝玲,刘顺,吴左宾.基于生态环境评价的小城镇旅游发展规划研究——以陕西省三原县为例[J].西北大学学报(自然科学版),2015(5).
- [23] 张立明,胡道华.旅游景区解说系统规划与设计[M].北京:中国旅游出版社,2006.
- [24] 黄明华,赵阳,高靖葆,王阳.规划与规则——对控制性详细规划发展方向的探讨[J].城市规划,2020(11).
- [25] 黄羊山.对旅游空间容量计算方法的数学思考[J].旅游学刊,2010(8).
- [26] 江金波,舒伯阳,等.旅游策划原理与实务[M].重庆:重庆大学出版社,2018.
- [27] 金海水.我国旅游市场细分及优先发展对策[J].宏观经济管理,2010(10).
- [28] 李国平,王志宝.中国区域空间结构演化态势研究[J].北京大学学报(哲学社会科学版),2013(3).
- [29] 李蕾蕾.旅游目的地形象策划:理论与实务[M].广州:广东旅游出版社,2008.
- [30] 李天元,曲颖.旅游目的地定位主题口号设计若干基本问题的探讨——基于品牌要素视角的分析[J].人文地理,2010(3).
- [31] 李天元.旅游学概论[M].天津:南开大学出版社,2015.
- [32] 李晓琴,朱创业.旅游规划与开发[M].2版.北京:高等教育出版社,2021.
- [33] 李燕琴,吴必虎.旅游形象口号的作用机理与创意模式初探[J].旅游学刊,2004(1).
- [34] 廖培.基于利益相关者理论的旅游规划评价初探[J].财经问题研究,2010(6).
- [35] 林祖锐,周维楠,常江,杨冬冬.LAC理论指导下的古村落旅游容量研究——以国家级历史文化名村小河村为例[J].资源开发与市场,2018(2).
- [36] 刘锋.旅游规划要讲科学有艺术[J].旅游学刊,2013(9).
- [37] 刘俊.旅游景区项目开发研究——以重庆市九龙坡区为例[D].重庆:重庆师范大学,2004.
- [38] 刘琴.旅游项目规划的理论与方法研究进展[J].安徽农业科学,2011(8).
- [39] 罗兹柏.旅游规划的特殊性与专业依托探讨[J].旅游学刊,2014,29(05):7-9.
- [40] 吕连琴.旅游规划[M].郑州:郑州大学出版社,2018.
- [41] 马梅.格式塔——旅游地形象宣传口号的原型分析[J].城市规划汇刊,2004(3).
- [42] 马耀峰,黄毅.旅游规划创新模式研究[J].陕西师范大学学报(自然科学版),2014(3).
- [43] 马耀峰.旅游规划[M].北京:中国人民大学出版社,2011.
- [44] 马勇,韩洁,刘军.旅游规划与开发[M].武汉:华中科技大学出版社,2018.

[45] 马勇,李玺.旅游规划与开发[M].北京:高等教育出版社,2002.
[46] 石美玉.从利益相关者视角看我国旅游规划的发展[J].旅游学刊,2008(7).
[47] 石培华,王屹君,李中.元宇宙在文旅领域的应用前景、主要场景、风险挑战、模式路径与对策措施研究[J].广西师范大学学报(哲学社会科学版),2022(4).
[48] 宋文丽.旅游项目策划初探[J].重庆师范学院学报:自然科学版,2000(S1).
[49] 孙根年.论旅游业的区位开发与区域联合开发[J].人文地理,2001(4).
[50] 孙九霞,保继刚.从缺失到凸显:社区参与旅游发展研究脉络[J].旅游学刊,2006(7).
[51] 覃成林,唐永.河南区域经济增长俱乐部趋同研究[J].地理研究,2007(3).
[52] 覃永晖,吴晓,张连彪,等.基于门槛理论的湘西北少数民族聚居地新农村整治规划[J].广东农业科学,2009(7).
[53] 唐代剑,等.旅游规划理论与方法应用[M].北京:中国旅游出版社,2016.
[54] 田里,徐尤龙.旅游口号名实相符度和接受度测量——以云南16个州市旅游口号为例[J].思想战线,2015(1).
[55] 汪德根,钱佳."创意旅游"时代的旅游规划体系创新思考[J].旅游学刊,2014(5).
[56] 汪淑敏,杨效忠.基于区域旅游整合的旅游线路设计——以皖江一线旅游区为例[J].经济问题探索,2008(4).
[57] 王德刚,史云.传承与变异——传统文化对旅游开发的应答[J].旅游科学,2006(4).
[58] 王德刚.旅游规划与开发[M].北京:中国旅游出版社,2017.
[59] 王建军.对概念性旅游规划的认识[J].旅游学刊,2001(3).
[60] 王晶晶,刘清泉,司端勇.乡村振兴视角下基于地方特色资源开发的乡村旅游规划研究[J].中国市场,2020(34).
[61] 王兴斌.旅游产业规划指南[M].北京:中国旅游出版社,2000.
[62] 王莹,陈洁.旅游专项规划编制的理论与实践探析[J].江苏商论,2015(8).
[63] 魏小安.旅游目的地发展实证研究[M].北京:中国旅游出版社,2002.
[64] 魏旭红,开欣,王颖,等.基于"双评价"的市县级国土空间"三区三线"技术方法探讨[J].城市规划,2019(7).
[65] 吴必虎,俞曦.旅游规划原理[M].北京:中国旅游出版社,2010.
[66] 吴必虎.区域旅游规划原理[M].北京:中国旅游出版社,2001.
[67] 吴必虎,金华茬,张丽.旅游解说系统的规划和管理[J].旅游学刊,1999(1).
[68] 吴国清.旅游线路设计[M].北京:旅游教育出版社,2006.
[69] 吴俊.中外区域旅游口号设计质量比较研究[D].乌鲁木齐:新疆师范大学,2014.
[70] 吴人韦.旅游规划的发展历程与发展趋势[J].生态与农村环境学校,2000(1).
[71] 向旭,杨晓霞,施俊庄.洞穴旅游容量测算方法探讨[J].中国岩溶,2010(3).
[72] 肖敏,李山,徐秋静,等.旅游口号创意模式的尺度差异研究[J].旅游学刊,2011(3).

[73] 徐建中,赵忠伟.经济预测[M].哈尔滨:哈尔滨工程大学出版社,2016.
[74] 徐彤,张毓利.全域旅游规划的本质特征、典型模式与内容体系探析[J].四川烹饪高等专科学校学报,2021(2).
[75] 徐尤龙.基于品牌理论的旅游目的地口号资产价值研究[M].北京:科学出版社,2017.
[76] 杨锐,张攀,牛永革.旅游口号信息诉求对口号态度和旅游意愿的影响研究——基于心理意象加工的视角[J].旅游学刊,2018(6).
[77] 杨晓霞,向旭.旅游规划原理[M].北京:科学出版社,2013.
[78] 杨艳蓉.旅游市场营销与实务[M].北京:北京理工大学出版社,2016.
[79] 禹贡,胡丽芳.旅游景区景点营销[M].北京:旅游教育出版社,2005.
[80] 岳邦瑞.风景名胜区控制性详细规划指标体系研究[J].西安建筑科技大学学报(自然科学版),2005(4).
[81] 张宏,魏华梅,寇俊.旅游景点修建性详细规划理论与编制方法研究[J].地域研究与开发,2012(3).
[82] 张宏,魏素俊,杜慧荣.旅游区修建性详细规划编制探析[J].地域研究与开发,2008(3).
[83] 张凌云,刘威.旅游规划理论与实践[M].北京:清华大学出版社,2012.
[84] 赵建春,王蓉.蜈支洲岛景区的旅游环境容量测算研究[J].地域研究与开发,2021(3).
[85] 周年兴.旅游心理容量的测定——以武陵源黄石寨景区为例[J].地理与地理信息科学,2003(2).
[86] 庄大昌,丁登山,任湘沙.我国湿地生态旅游资源保护与开发利用研究[J].经济地理,2003(4).
[87] 邹统钎.旅游开发与规划[M].广州:广东旅游出版社,2001.

教学支持说明

为了改善教学效果,提高教材的使用效率,满足高校授课教师的教学需求,本套教材备有与纸质教材配套的教学课件(PPT 电子教案)和拓展资源(案例库、习题库、视频等)。

为保证本教学课件及相关教学资料仅为教材使用者所得,我们将向使用本套教材的高校授课教师免费赠送教学课件或者相关教学资料,烦请授课教师通过电话、邮件或加入旅游专家俱乐部 QQ 群等方式与我们联系,获取"电子资源申请表"文档并认真准确填写后反馈给我们,我们的联系方式如下:

地址:湖北省武汉市东湖新技术开发区华工科技园华工园六路

邮编:430223

电话:027-81321911

传真:027-81321917

E-mail:lyzjjlb@163.com

旅游专家俱乐部 QQ 群号:758712998

旅游专家俱乐部 QQ 群二维码:

群名称:旅游专家俱乐部5群
群　号:758712998

电子资源申请表

填表时间：_____年___月___日

1. 以下内容请教师按实际情况填写，★为必填项。
2. 根据个人情况如实填写，可以酌情调整相关内容提交。

★姓名		★性别	□男 □女	出生年月		★职务	
						★职称	□教授 □副教授 □讲师 □助教

★学校		★院/系	
★教研室		★专业	
★办公电话		家庭电话		★移动电话	
★E-mail		★QQ号/微信号	
★联系地址		★邮编	

★现在主授课程情况	学生人数	教材所属出版社	教材满意度
课程一			□满意 □一般 □不满意
课程二			□满意 □一般 □不满意
课程三			□满意 □一般 □不满意
其 他			□满意 □一般 □不满意

教材出版信息			
方向一	□准备写 □写作中	□已成稿	□已出版待修订 □有讲义
方向二	□准备写 □写作中	□已成稿	□已出版待修订 □有讲义
方向三	□准备写 □写作中	□已成稿	□已出版待修订 □有讲义

请教师认真填写下列表格内容，提供申请教材配套课件的相关信息，我社根据每位教师填表信息的完整性、授课情况与申请课件的相关性，以及教材使用的情况赠送教材的配套课件及相关教学资源。

ISBN（书号）	书名	作者	申请课件简要说明	学生人数（如选作教材）
			□教学 □参考	
			□教学 □参考	

★您对与课件配套的纸质教材的意见和建议有哪些，希望我们提供哪些配套教学资源：